Das strafprozessuale Beschleunigungsgebot in Gesetzgebung und Rechtsprechung Deutschlands und Taiwans

Europäische Hochschulschriften Recht

European University Studies in Law

Publications Universitaires Européennes de Droit

Band/ Volume **6283**

Jung-Yi Hsu

Das strafprozessuale Beschleunigungsgebot in Gesetzgebung und Rechtsprechung Deutschlands und Taiwans

PETER LANG

Bibliografische Information der Deutschen Nationalbibliothek
Die Deutsche Nationalbibliothek verzeichnet diese Publikation in der Deutschen Nationalbibliografie; detaillierte bibliografische Daten sind im Internet über http://dnb.d-nb.de abrufbar.

Zugl.: Frankfurt (Main), Univ., Diss., 2021

Gedruckt auf alterungsbeständigem, säurefreiem Papier.

D 30
ISSN 0531-7312
ISBN 978-3-631-81784-1 (Print)
E-ISBN 978-3-631-86082-3 (E-PDF)
E-ISBN 978-3-631-86083-0 (EPUB)
DOI 10.3726/b19605

Peter Lang – Berlin · Bern · Bruxelles · New York · Oxford · Warszawa · Wien

Diese Publikation wurde begutachtet.

www.peterlang.com

Vorwort

Die vorliegende Arbeit wurde im Wintersemester 2018/2019 vom Fachbereich Rechtswissenschaft der Johann Wolfgang Goethe Universität Frankfurt am Main als Dissertation angenommen. Zur Veröffentlichung wurde das Manuskript dieser Arbeit nur geringfügig modifiziert.

Ein besonders herzlicher Dank gebührt meinem verehrten Doktorvater Herrn Professor Dr. Cornelius Prittwitz nicht nur dafür, dass er mir während meiner Promotionszeit ständig mit Rat und Ermutigung zur Seite stand, sondern auch dafür, er mich als Doktorand freundlich annahm, als es mir fast aussichtslos erschien, an einer deutschen Universität zu promovieren. Herrn Professor Dr. Klaus Günther schulde ich besonderen Dank sowohl für die zügige Erstellung des Zweitgutachtens meiner Dissertation als auch für seine hilfreiche Anmerkung meiner Dissertation in der Disputation. Herrn Professor Dr. Ulfrid Neumann, der den Vorsitz meines Prüfungsausschusses innehatte, danke ich herzlich für die freundliche Leitung und die zügig Bearbeitung meiner Disputation.

Mein taiwanischer Betreuer meiner Masterarbeit Herrn Professor Dr. Lai-Jie He und Herrn Professor Dr. Ping-Chiun Liu vermittelte mir umfangreiches strafrechtliches Wissen, sondern ermunterte mich dazu, nach Deutschland zu promovieren. Für diese möchte ich ihnen herzlich danken.

Schließlich widme ich dieses Buch meinen Eltern und meiner Tante. Ohne ihre finanzielle und seelische Unterstützung während meiner Promotionszeit kann ich nicht diese Arbeit störungsfrei erfassen.

Jung-Yi Hsu

Mai 2021, New Taipei City, Taiwan

Inhaltsverzeichnis

Vorwort 5

Inhaltsverzeichnis 7

Abkürzungsverzeichnis 11

Einführung 15

I. Beschleunigungsgebot als Forschungsgegenstand 15

II. Ursachen überlanger Strafverfahren 18

A. Zunahme von Normverletzungen 18

B. Schwierigkeit der Aufklärung des Sachverhalts 22

C. Verfahrensgarantie im Strafverfahren 23

D. Knappe Ausstattung der Justiz und Untätigkeit des Gerichts 26

E. Umfang der Sachaufklärung 27

F. Strenge Befolgung von Prozessmaximen 27

III. Gang der Untersuchung 28

IV. Forschungsgrenze 30

Erster Abschnitt: Die Grundlage des Beschleunigungsgebots 31

I. Der Begriff des Beschleunigungsgebots 31

II. Beschleunigungsgebot als Prozessmaxime 31

III. Die Herleitung des Beschleunigungsgebots 33

A. EMRK 33

B. GG 36

IV. Öffentliches Interesse am Beschleunigungsgebot 41

A. Ambivalentes Beschleunigungsgebot 41

B. Beschleunigungsgebot zur Rechtfertigung der Beschränkung des Beschuldigtenrechts 42

Zweiter Abschnitt: Die Gewährleistung des angemessenen Strafverfahrens gem. Art. 6 Abs. 1 S. 1 EMRK 65

I. Schutzbereich des Art. 6 Abs. 1 Satz 1 EMRK 65
A. Persönlicher Schutzbereich 65
B. Sachlicher Schutzbereich 65

II. Die Feststellung der unangemessenen Verfahrensdauer 76
A. Die Unangemessenheit im Sinne des Beschleunigungsgebots als Verhaltensfaktor oder Zeitfaktor 76
B. Überblick über die Rechtsprechung 79
C. Würdigung der Prüfungsmethode und Kriterien 83
D. Konkretisierung des Prüfungsvorgangs 100
E. Konkretisierung des unangemessenen Verhaltens des Staats 111

Dritter Abschnitt: Rechtsfolgen der rechtsstaatswidrigen Verzögerung 125

I. Strafzumessungslösung 125
A. Entwicklung durch die Rechtsprechung 125
B. Grundlage der Strafzumessungslösung und deren Kritik 126
C. Kompensationslücken in der Strafzumessungslösung 131

II. Strafvollstreckungslösung 137
A. Anlass des Systemwechsels 137
B. Vorgehensweise der Kompensation 139
C. Vereinbarkeit der Vollstreckungslösung mit geltendem Recht 141
D. Anwendbarkeit der Einstellung des Verfahrens 145

III. Entschädigung gem. dem Rechtsschutz bei überlangen Gerichtsverfahren und strafrechtlichen Ermittlungsverfahren 156
A. Anlass einer gesetzlichen Regelung 156
B. Die gesetzliche Garantie nach §§ 198 und 199 GVG 159

C. Besondere Fragen hinsichtlich der Verzögerungsrüge 167

Vierter Abschnitt: Die Einwirkung des Beschleunigungsgebots im deutschen Recht 173

I. Einschränkung des Unmittelbarkeitsprinzips 173

A. Potential der Beschleunigung 173

B. Zweck und Begriff des Unmittelbarkeitsprinzips 173

C. Grundlage der Einschränkung 174

D. Verfahrensbeschleunigung als Rechtfertigung der Einschränkung 175

E. Beschleunigungsinteresse als Rechtfertigung einer pauschalen Einschränkung des Unmittelbarkeitsprinzips 177

II. Ausdehnung des Selbstleseverfahrens 180

A. Potential der Beschleunigung 180

B. Vereinbarkeit mit anderen strafprozessualen Grundsätzen 180

C. Erweiterung der Möglichkeit des Selbstleseverfahrens 182

III. Erledigung des Strafverfahrens durch Absprache 184

A. Beschleunigungspotenzial und die Risiken der Absprache 184

B. Gegenwärtige Vorschrift in StPO und die Interpretation des BVerfG 185

C. Auffassung im Schrifttum 187

D. Absprache mit Konsens 189

Überblick über das strafrechtliche Beschleunigungsgesetz von Taiwan und Schlussfolgerung 199

I. Überblick über das strafrechtliche Beschleunigungsgesetz von Taiwan 199

A. Herleitung des Beschleunigungsgebots in Taiwan 199

B. Feststellung des Verstoßes gegen das Beschleunigungsgebot 201

II. Schlussfolgerung 211

A. Der Begriff und die Herleitung des Beschleunigungsgebots sowie dessen ambivalente Wirkung 211

B. Gewähr des Beschleunigungsgebots gem. Art. 6 Abs. 1 Satz 2 EMRK 212
C. Kriterien zur Feststellung der unangemessenen Verfahrensdauer 212
D. Der Vorgang zur Bestätigung der Unangemessenheit 214
E. Rechtsfolge der Verletzung des Beschleunigungsgebots 215
F. Die Einwirkung des Beschleunigungsgebots im deutschen Recht 217

Literaturverzeichnis 221

Abkürzungsverzeichnis

aA	anderer Ansicht
Abs.	Absatz
aF	alte Fassung
AL	AD Legendum
AnwBl	Anwaltsblatt
AT	*Allgemeiner Teil*
Aufl.	Auflage
BayObLG	Bayerisches Oberstes Landesgericht
BGBl	Bundesgesetzblatt
BGH	Bundesgerichtshof
BGHR	BGH Rechtsprechung
BGHSt	Entscheidungen des Bundesgerichtshofes in Strafsachen
BMJ	Bundesministerium der Justiz
BRAK	Bundesrechtsanwaltskammer
BT	Besonderer Teil
BT-Drucks.	Drucksache des Bundestages
BVerfG	Bundesverfassungsgericht
BVerfGE	Entscheidungen des Bundesverfassungsgerichtes
BVerfGK	Kammerentscheidungen des Bundesverfassungsgerichts
bzw.	beziehungsweise
d.h.	das heißt
DÖV	Die öffentliche Verwaltung
DRB	Deutscher Richterbund
DRiZ	Deutsche Richterzeitung
DStR	Deutsches Steuerrecht
DZPhil	Deutsche Zeitschrift für Philosophie
Einl.	Einleitung
EGMR	Europäischer Gerichtshof für Menschenrechte
EMRK	Europäische Konvention zum Schutz der Menschenrechte und Grundfreiheit
EU	Europäische Union
EuGRZ	Europäische Grundrecht Zeitschrift
Fn	Fußnote
FS	Festschrift
GA	Goltdammer's Archiv für Strafrecht

GG	Grundgesetz für die Bundesrepublik Deutschland
GK	Grundgesetz Kommentar
HdV	Handbuch des Verfassungsrechts
HRRS	Onlinezeitschrift für Höchstrichterliche Rechtsprechung zum Strafrecht
i.e.S.	im engeren Sinne
i.S.v.	im Sinne vom
i.V.m.	in Verbindung mit
JR	Juristische Rundschau
JZ	Juristenzeitung
Kap.	Kapitel
KG	Kammergericht (Berlin)
KJ	Kritische Justiz
KK	Karlsruher Kommentar
KritV	kritische Vierteljahresschrift für Gesetzgebung und Rechtswissenschaft
LG	Landgericht
LR	Löwe-Rosenberg Kommentar
MDR	Monatsschrift für deutsches Rechtes
NdsRpfl	Niedersächsische Rechtspflege
NJ	Neue Justiz
NJW	Neue Juristische Wochenschrift
NStZ	Neue Zeitschrift für Strafrecht
NStZ-RR	NStZ-Rechtsprechung-Report Strafrecht
NVwZ	Neue Zeitschrift für Verwaltungsrecht
NZS	Neue Zeitschrift für Sozialrecht
NZWiSt	Neue Zeitschrift für Wirtschafts-, Steuer- und Unternehmensstrafrecht
RegE	Regierungsentwurf
Rn	Rundnummer
SK	Systematischer Kommentar zur stopp mit GVG und EMRK
StA	Staatsanwalt/Staatsanwaltschaft
StPO	Strafprozessordnung
StraFo	Strafverteidiger Forum
StV	Strafverteidiger
StVÄG	Strafverfahrensänderungsgesetz 1979
u.U.	unter Umständen
VR	Verwaltungsrundschau
wistra	Zeitschrift für Wirtschafts- und Steuerstrafrecht

Ziff.	Ziffer
ZIS	Zeitschrift für internationale Strafrechtsdogmatik
ZRP	Zeitschrift für Rechtspolitik
ZStW	Zeitschrift für die gesamte Strafrechtswissenschaft
ZZP	Zeitschrift für Zivilprozess
usw.	und so weiter

Einführung

I. Beschleunigungsgebot als Forschungsgegenstand

„*Justice delayed, justice denied*". Wenn Straf- und Ermittlungsverfahren mehrere Jahre in Anspruch nehmen, bedeutet das für den Beschuldigten nicht nur eine lange Zeit der Unsicherheit, sondern im Einzelfall kann diese Phase die Freiheit und die Freiheitsrechte des Beschuldigten wesentlich beeinträchtigen können. Deshalb hat jeder Person ein Recht darauf, dass die gegen sie erhobene strafrechtliche Anklage „innerhalb angemessener Frist verhandelt wird".[1] Laut dem Beschleunigungsgebot hat der Staat die Pflicht, das Verfahren zügig und ohne Verzögerung durchzuführen.

In Taiwan gibt es einen prominenten Fall, in dem das Beschleunigungsgebot gravierend verletzt wurde. Der Fall wurde unter dem Namen „Die drei zum Tode Verurteilten" bekannt. Das Strafverfahren wegen eines Totschlages und eines Bandenraubs begann 1991. 2012 wurden die Beschuldigten freigesprochen. Das Verfahren hatte somit 21 Jahre gedauert. In diesem Zeitraum hatten die Beschuldigten sich in Untersuchungshaft befunden. Sie waren zunächst insgesamt fünfmal zum Tode verurteilt worden, doch diese Urteile wurden immer wieder vom Obersten Gerichtshof[2] aufgehoben und an den oberen Gerichtshof zurückverwiesen, weil das höchste Gericht noch starke Zweifel an der Tatbegehung durch die Beschuldigten hatte.[3]

Angesichts dieser Situation haben Nichtregierungsorganisationen (NRO),[4] Wissenschaftler und die Anwälte gefordert, dass Strafverfahren zügig durchgeführt werden sollen. Im Jahr 2009 hat das Justizministerium dem gesetzgeberischen Organ den Entwurf eines strafrechtlichen Beschleunigungsgesetzes vorgelegt. 2010 trat das strafrechtliche Beschleunigungsgesetz in Kraft.

Während das Beschleunigungsgebot in Taiwan einen neuen und noch nicht vollständig erforschten Rechtsgedanken darstellt, hat die deutsche Justiz mit dem

---

1 Die Rechtsquelle des Beschleunigungsgebots seht 1. Abschnitt. III.

2 Der Oberste Gerichtshof ist zuständig für die Revisionen gegen Urteile des oberen Gerichtshofs in erster Instanz, die Revisionen gegen Urteile des oberen Gerichtshofs in zweiter Instanz, die Beschwerde gegen Beschlüssen des oberen Gerichtshofs und weitere Fälle, die von anderen Gesetzen vorgeschrieben werden (tGVG).

3 Vgl. http://web.archive.org/web/20100330085849/http://www.jrf.org.tw/sue/info.html.

4 Beispielsweise die Taiwan Alliance to End the Death Penalty, Judicial Reform Foundation.

Beschleunigungsgebot bereits viel Erfahrung. Das BVerfG hat das Beschleunigungsgebot vor langer Zeit anerkannt, indem es dieses aus Art. 2 Abs. 2 Satz 2 GG i.V.m. dem Rechtsstaatsprinzip, Art. 20 Abs. 3 GG, hergeleitete.[5] Im Jahr 2009 wurde Deutschland in 14 Fällen vom EGMR aufgrund einer konventionswidrigen Verfahrenslänge verurteilt.[6]

In Deutschland ist das Beschleunigungsgebot seit einigen Jahren ein wesentliches Thema der Forschung zum Strafverfahrensrecht.[7] In der bisherigen Diskussion darüber wird vor allem der Begriff des Beschleunigungsgebots behandelt. Das Beschleunigungsgebot verlangt nicht nach einem schnellen Strafverfahren.[8] Es bedeutet vielmehr ein angemesseneres Verfahren oder ein Verzögerungsverbot.[9] Zunächst wurde geklärt, wie eine unangemessene Verzögerung in einem Strafverfahren festgestellt wird. Dazu wurde die Frage behandelt, wann das Verfahren beginnt und wann es endet. Ferner wurde die Kriterien zur Beurteilung der Angemessenheit der Verfahrensdauer dargelegt. Das Strafverfahren beginnt, wenn der Beschuldigte offiziell von den Ermittlungen unterrichtet wird,[10] und endet mit dem rechtskräftigen Urteil der letzten Instanz.[11] In der Entscheidung des EGMR wurden folgende Kriterien zur Feststellung der rechtsstaatswidrigen Verfahrensverzögerung entwickelt:[12] die Bedeutung der Sache für den Beschwerdeführer, die Komplexität des Falls, das Verhalten des Beschwerdeführers und das Verhalten der Behörden. Schließlich beschäftigte sich der EGMR mit den Folgen der Verletzung des Beschleunigungsgebots. Wenn die Verletzung von Art. 6 EMRK festgestellt wird, wird diese durch eine gerechte Entschädigung nach Art. 41 EMRK kompensiert. Auf der Ebene des deutschen Rechts hat das BGH anerkannt, dass die Verletzung des Beschleunigungsgebots zu einer

---

5 BVerfG NJW 2001, S. 2707.

6 Ambos, Internationales Strafrecht, § 10, Rn. 21, Fn. 107.

7 Kudlich, Beschleunigungsgebot; Kühne, JZ 2010, S. 821 ff.; Landau, FS-Hassemer, S. 1073 ff.; Laue, GA 2005, S. 648 ff.; I. Roxin, GA 2010, S. 425 ff.; Tepperwien, NStZ 2009, S. 1 ff.; Franke, StV 2010, S. 433 ff.; Wohlers, NJW 2010, S. 2470 ff.; Ziegert, StraFo 2008, S. 321 ff.

8 Paeffgen, GA 2014, S. 277.

9 BGHSt 47, 105, 109; Degener, FS-Dencker, S. 43; Fezer, FS-Widmaier, S. 179.

10 Beulke, StPO Rn. 26.

11 EGMR StV 2001, S. 489; Kühne, StV 2001, S. 529; Waßmer, ZStW 2006, S. 170.

12 Grabenwarter/Pabel, EMRK/GG Band I, Kap. 14 Rn. 114.

Anrechnung auf die zu vollstreckende Strafe führt (Vollstreckungslösung).[13] In Extremfällen kann das Verfahren eingestellt werden, weil dann wegen der besonders langen Verzögerung des Verfahrens und der damit verbundenen Belastungen für den Beschuldigten das Rechtsstaatsgebot ein anerkennenswertes Verfolgungsinteresse entfallen lasse und eine Fortführung des Strafverfahrens nicht mehr annehmbar sei.[14] In den Fällen, in denen der Beschuldigte freigesprochen wird, lag im deutschen Recht vorher eine genügende gesetzliche Maßnahme zur Kompensation des Schadens bei überlanger Verfahrensdauer nicht vor. Der EGMR erkannte, dass die Schäden nach Art. 41 EMRK mit Geldzahlungen entschädigt werden können.[15] Darüber hinaus mahnte der EGMR im Hinblick auf Art. 13 EMRK, dass in Deutschland ein Rechtsbehelf mit präventiver bzw. zumindest kompensatorischer Wirkung bei überlanger Verfahrensdauer aufgestellt werden müsse.[16] Der Gesetzgeber hat diese Forderungen erfüllt und das Gesetz über Rechtsschutz bei überlangen Gerichtsverfahren und strafrechtlichen Ermittlungsverfahren (§ 198 GVG) aufgestellt.

Die bisher dargelegte Diskussion über das Beschleunigungsgebot fokussiert sich auf den Schutz des Beschuldigten vor einer Verzögerung durch staatliche Instanzen (beschuldigtenschützende Dimension). Aber die Verzögerung kann auch durch den Verteidiger oder den Beschuldigten selbst verursacht werden. In diesem Fall handelt es sich nicht um eine rechtsstaatswidrige Verfahrensverzögerung. Nach neuerer Rechtsprechung werden die Verzögerungen aufseiten des Beschuldigten als Topos angewandt, um beschränkte Anwendung des Verfahrensrechts auf den Beschuldigten zu rechtfertigen (verfahrensökonomische Dimension des Beschleunigungsgebots).[17]

Bekannte Fälle sind die Fristsetzung für Beweisanträge,[18] die Beschränkung der freien Wahl des vom Beschuldigten vertrauten Pflichtverteidigers,[19] die

---

13 BGHSt 52, 124. Vor dieser Entscheidung hat das Gericht eine überlange Verfahrensdauer als einen Umstand gehandhabt, der im Rahmen der Strafzumessung als mildernd zu berücksichtigen war (Strafzumessungslösung); vgl. BGHSt 24, 239; 35, 137, 141.

14 BVerfG NStZ 1984, S. 128; BVerfG NJW 2003, S. 2897; BGHSt 46, 159, 171 f; Kempf, StV 2001, S. 134.

15 EGMR StV 2009, S. 519.

16 EGMR NJW 2006, S. 2389; NJW 2010, S. 3355.

17 Kudlich, Beschleunigungsgebot, S. 86; Kühne, JZ 2010, S. 821; Trepperwien, NStZ 2009, S. 1, 5.

18 BGHSt 51, 333. Bestätigung bei BVerfG NJW 2010, S. 2036.

19 BGH StV 2009, S. 567.

zusätzliche Voraussetzung für die Revision,[20] die Abschaffung des Verbots der Rügeverkümmerung[21] und die Begründung der Anerkennung der Verständigung im Strafverfahren[22].

Da wie beschrieben das Beschleunigungsgebot in Taiwan noch nicht ausführlich zur Anwendung kommt, scheint es sinnvoll, zu erläutern, wie das Beschleunigungsgebot in deutschen Schriften und Rechtsprechungen des EGMR sowie deutscher Gerichte dargelegt und angewendet wird. Anhand dieser erfahrungsreichen Auslegungen des Beschleunigungsgebots kann dann das taiwanische strafrechtliche Beschleunigungsgesetz weiter überprüft sowie verbessert.

II. Ursachen überlanger Strafverfahren

Wird das Beschleunigungsgebot erläutert, wird das Phänomen deutlich, dass in Deutschland immer wieder überlange Verfahren vorkommen.[23] Die Ursachen einer überlangen Verfahrensdauer aufzuklären, kann nützlich sein, um die Feststellung der unangemessenen Verfahrensdauer und die Maßnahmen zur Beschleunigung des Strafverfahrens zu erörtern. Ist die Ursache der überlangen Verfahrensdauer bekannt, kann entschieden werden, ob sie sich als unangemessen einordnet. Zudem lassen sich mit diesem Wissen Maßnahmen ableiten, die einer langen Verfahrensdauer begegnen. Vor der näheren Auseinandersetzung mit dem Beschleunigungsgebot ist es also nötig, die Ursachen einer langen Verfahrensdauer auszuführen.

A. Zunahme von Normverletzungen

Die Justiz wird stärker belastet, wenn es vermehrt zu Normverletzungen kommt und damit vor Gericht mehr Anklagen erhoben werden. Die Ursachen der zunehmenden Normverletzungen werden nachfolgend erörtert.

---

20 Frisch, FS-Fezer, S. 389 ff.

21 BGH 51, 298, 310.

22 BGHSt 50, 40, 54.

23 „Das Problem der überlangen Verfahrensdauer im deutschen Strafprozess hat in der Rechtsprechung insgesamt Konjunktur." in Krehl/Eidam, NStZ 2006, S. 2. „Es hat sich aber die Dauer der einzelnen Hauptverhandlung vervielfacht, was auf gestiegene Anforderungen an die Wahrheitsfindung (...)" in Roxin/Schünemann, Strafverfahren, § 16 Rn. 6. „Eine überlange Verfahrensdauer hat sich erst Anfang der siebziger Jahre zu einem ernsteren Problem entwickelt "in Scheffler, Die überlange Dauer, S. 19; „Großverfahren prozessual angemessen zu bewältigen." in Wolfslast, NStZ 1990, S. 410.

1. Zunahme der Normen durch sozialen Wandel

Die Weiterentwicklung von Wissenschaft, Technik, Wirtschaft und Kultur wirkt sich einerseits auf das Gemeinschaftswesen und andererseits auf die Situation des Einzelnen aus. Die allseitige Komplizierung der Lebensverhältnisse führt zu einem zusätzlichen Normenbedarf. Das Strafrecht wird daher auf neue Gebiete des Wirtschaftsstrafrechts und des Umwelt- und Datenschutzrechts ausgedehnt.[24]

Durch die Weiterentwicklung von Wissenschaft, Technik, Wirtschaft und Kultur weitet sich das materielle Strafrecht aus. Der Gesetzgeber verstärkt und verlagert den Strafrechtsschutz durch die neuen Vorschriften und die Ergänzung der geltenden Normen. Beispielsweise hat der Gesetzgeber die Vorschrift des Subventionsbetrugs (§ 264 StGB), des Ausschreibungsbetrugs (§ 263 StGB) sowie der Straftaten nach UWG aufgestellt.[25] Ins Umweltrecht wurden die Strafdrohung wie das Gesetz zur Bekämpfung der Umweltkriminalität (UKG) und Straftaten gegen die Umwelt im 29. Abschnitt des StGB eingesetzt, um besonders schwere Gesetzesverletzungen zu bekämpfen[26] und eine generalpräventive Wirkung zu erzielen[27]. Um die bei §§ 242, 246 StGB verbleibende Lücke zu schließen, hat der Gesetzgeber schon 1900 die Vorschrift der Entziehung elektrischer Energie eingefügt, [28] da fraglich ist, ob elektrische Energie im Rechtssinne als Sache gilt. Zum Schutz von Daten wurden die Vorschriften der Datenveränderung (§ 303a StGB) und der Computersabotage (§ 303b StGB) beschlossen. Diese Vorschriften haben die Lücke geschlossen, dass Daten weder Sachen noch Eigentum beinhalten und daher nicht den Tatbestand des § 303, erfüllen.[29]

Durch die Industrialisierung der Gesellschaft ist die Technik immer weiter vorangeschritten, sodass man neue unkontrollierbare Großgefahren erfährt.[30] Beschrieben wird dies mit dem Begriff der Risikogesellschaft. Diese Risikogesellschaft kann folgendermaßen charakterisiert werden:

---

24 Vogel, JZ 1979, S. 322.

25 Brettel/Schneider, Wirtschaftsstrafrecht, Rn. 509.

26 Kloepfer, Umweltrecht, § 7 Rn. 2.

27 Schall, NJW 1990, S. 1264.

28 Durch das Gesetz betreffend die Bestrafung der Entziehung elektrischer Arbeit vom 9.4.1900 (RGBl. I S. 228); die Vorschrift wurde 1953 durch das 3. StrÄndG ins StGB überführt.

29 Wessels/Hillenkamp, Strafrecht BT II, Rn. 58.

30 Beck, Risikogesellschaft, S. 29

Der technische Fortschritt bringt unbekannte Großgefahren und damit ein Potenzial zur Selbstzerstörung mit sich. Die Risikogesellschaft kann als „(Groß-) Gefahrgesellschaft“ bezeichnet werden.[31] Es ließe sich von der Risikogesellschaft als einer „verunsicherten Gesellschaft“ sprechen. Diese These wird jedoch kritisiert, da in der Risikogesellschaft nicht alles unsicherer geworden sei. Aber Soziologen konnten einleuchtend bestätigen und erklären, in welchen Bereichen die objektive Sicherheit gewachsen ist und wo subjektive Unsicherheit zugenommen hat. Auch auf die subjektive Unsicherheit sollte reagiert werden.[32] Die Risikogesellschaft bringt das Phänomen hervor, dass die Nebenfolgen einer Handlungen wichtiger sind als die mit der Handlung intendierten Folgen.[33]

Mit dem Entstehen und Erkennen neuer Großgefahren spielt das Strafrecht eine neue Rolle, indem dieses die Gefahren steuern soll.[34] Solchen Gefahren muss durch ein präventives Strafrecht entgegengewirkt werden.[35] Entsprechend dieser Entwicklung hat sich der Schutz des Strafrechts auf den Gefährdungsbereich ausgedehnt (z.B. § 325 StGB).[36]

Daneben führt der soziale Wandel zum Aufbrechen eines langen stabil wirkenden Konsenses z.B. über Wachstumsvorteile und -grenzen der kapitalistischen Industriegesellschaft. Ein Teil der Bürger betrachtet wirtschaftliches Wachstum nicht mehr als das Maß aller Dinge, andere dagegen beharren auf der früheren Vorstellung. Die Aufkündigung dieses Konsenses hat zur Notwendigkeit von staatlich gesetzten Leitlinien in Form von sanktionsbewehrten Rechtsregeln geführt. Sie dienen der Beseitigung der Gegensätze.[37]

2. Schwund von Selbstregulierungsmechanismen

Früher regulierten gemeinsame religiöse und andere Wertvorstellung das Verhalten des Menschen. Dieses wurde auch durch außerrechtliche Autoritäten beeinflusst, wenn keine Rechtsordnung vorlag.[38]

---

31 Prittwitz, StV 1991, S. 438.

32 Prittwitz, StV 1991, S. 438.

33 Blanke, Leviathan 1990, S. 135.

34 Vgl. Jakobs, ZStW 107 (1995), S. 855 ff.; Kuhlen, GA 1994, S. 363; Roxin, Strafrecht AT, § 2 Rn. 69; Schünemann, GA 1995, S. 212.

35 Lüderssen, Abschaffen, 1995, S. 11; Schünemann, GA 1995, S. 207; dagegen Hassemer, ZRP 1992, S. 383; P.A. Albrecht, KritV 1993, S. 163, 180; Prittwitz, StV 1991, S. 439; Raucke, KritV 1993, S. 135, 158, 161.

36 Roxin, Strafrecht AT, § 2 Rn. 69.

37 Holtschneider, Normenflut, S. 47.

38 Benda, Der soziale Rechtsstaat, in HdV 1983, S. 507.

Heute haben sich traditionelle Ansichten über Familie und Berufsstand sowie von Kirche und Moral verändert.[39] Orientierungspunkte durch außerrechtliche Autoritäten sind inzwischen weitgehend verschwunden.[40] Wegen dieses Rückgangs vorrechtlicher Wertevorstellungen muss der Staat mehr gesetzliche Leitlinien wie § 247 StGB aufgestellt.[41]

3. *Spezialpräventives Denken und Eintritt des Wohlfahrtsstaats*

Die Spezialprävention wurde von Franz v. Liszt eingeführt. Es lassen sich zwei Formen unterschieden, die positive Spezialprävention und die negative Spezialprävention. Die positive Spezialprävention besagt, dass der besserungsfähige und besserungsbedürftige Täter durch Erziehung und anderen ähnlichen Maßnahmen gebessert wird. Die negative Spezialprävention dient der Sicherung der Gesellschaft durch den Staat mittels der Einschließung des Täters.[42] Mit dem Vordringen spezialpräventiven Denkens entwickelte das Strafrecht einen zunehmend therapeutischen und pädagogisch orientierten Charakter.[43] Damit hat das Strafrecht seine Kontrolle ins Vorfeld der Auffälligkeit verlagert. Damit wurde die Eingriffsintensität der strafrechtlichen Maßnahmen gegen den Einzelnen ausgeweitet.[44]

Wegen der Kapitalisierung beruht die Gesellschaft auf dem Privateigentum an Produktionsmitteln, der Warenproduktion und der Konkurrenz. Die Gesellschaftsmitglieder befinden sich in unterschiedlichen sozialen Gruppen, Schichtern und Klassen, was zu Niveauunterschieden führt.[45] Wenn diese Unterschiede nicht kompensiert werden, verspüren die Menschen eine wachsende Unzufriedenheit und revolutionäre Bewegungen entwickeln sich.[46] Im 20. Jahrhundert wurde die wohlfahrtsstaatliche Politik in den westlichen Industriestaaten immer mehr zum Gegenstand sozialwissenschaftlicher Untersuchungen[47]. Die wohlfahrtsstaatliche Politik verlangt, dass der Staat seine Bürger vor den Wechselfällen des Lebens und vor Verelendung schützen und die Gleichheit

---

39 Holtschneider, Normenflut, S. 47.
40 Benda, Der soziale Rechtsstaat, in HdV 1983, S. 507.
41 Holtschneider, Normenflut, S. 47; Vogel, JZ 1979, S. 322.
42 Wessels/Beulke/Satzger, Strafrecht AT, Rn. 12
43 Ludwig-Mayerhofer, in Normenerosion, S. 163.
44 Ludwig-Mayerhofer, in Normenerosion, S. 164.
45 Butterwegge, Wohlfahrtsstaat, S. 18.
46 Butterwegge, Wohlfahrtsstaat, S. 16.
47 Schmidt/Ostheim, in Der Wohlfahrtsstaat, S. 21.

der Lebensführungschancen fördern soll.[48] Um dieses Ziel zu erreichen, müssen mehr soziale und personenorientierte Interventionen (wie Eingriffe in die Einkommensverteilung, Dienstleistungen, Güterproduktion sowie Gebote und Verbote[49]) durchgeführt werden.[50] Die Gesellschaft wird vom Recht umfassend erfüllt.[51]

B. Schwierigkeit der Aufklärung des Sachverhalts

Durch die weiter voranschreitende Globalisierung und internationalen Verflechtungen treten die Menschen weltweit immer öfter in Verbindung miteinander. Dies betrifft u.a. den Handel sowie den Austausch und Kontakt zwischen den Staaten. Ein klassisches Beispiel dafür ist, dass EU-Bürger ohne Visum problemlos in jeden EU-Staat einreisen können. Vorstellbar wäre, dass ein Ausländer an einem Strafverfahren beteiligt ist. Der Ausländer könnte als Beschuldigter auftreten. Der Richter könnte während der Beweisaufnahme einen ausländischen Zeugen vernehmen und müsste dazu einen Dolmetscher einsetzen. Dadurch würde das Verfahren verlangsamt.[52] Daneben wird die Schwierigkeit der Strafverfolgung wegen der voranschreitenden Mobilität erhöht, wovon der oder die Täter profitieren können.[53] Für die Strafverfolgungsbehörden wird es aufwendiger, flüchtige oder verborgene Täter zu ermitteln.

Die lange Verfahrensdauer ergibt sich aus einem komplizierten und umfangreichen Strafverfahren. Die rechtlich und tatsächlich mühsamen neuen Tatbestände im Bereich des Wirtschaftslebens und die Abwehr von Gefahren für die moderne Industriegesellschaft verkomplizieren das Strafverfahren.[54] Das Wirtschaftsstrafverfahren dauert oft überdurchschnittlich lange.[55] Wegen der zunehmenden Komplexität des modernen Wirtschaftslebens mit seinen undurchschaubaren Geschäftspraktiken und wegen des Missbrauchs von Machtpositionen wird die Überführung der Täter immer schwieriger; verstärkt bedarf es des Einsatzes von Sachverständigen. Wirtschaftskriminalität

---

48 Schmidt/Ostheim, in Der Wohlfahrtsstaat, S. 21.

49 Schmidt/Ostheim, in Der Wohlfahrtsstaat, S. 21.

50 Ludwig-Mayerhofer, in Normenerosion, S. 165.

51 Ludwig-Mayerhofer, in Normenerosion, S. 165.

52 Meyer-Goßner/Ströber, ZRP 1996, S. 355. Der empirische Nachweis, vgl. ter Veen, StV 1997, S. 378.

53 Peters, in Strafprozeß und Reform, S. 87.

54 Hanack, JZ 1971, S. 705.

55 Müller-Gugenberger/Bieneck, Wirtschaftsstrafrecht, 5. Aufl. § 21 Rn. 39.

bedingt umfangreiche Ermittlungen, weil sie von verschiedenen Orten aus und an verschiedenen Orten begangen wird. Üblicherweise überschreitet die Wirtschaftskriminalität auch die Staatsgrenze und braucht damit dann zusätzliche Ermittlung im Ausland.[56]

Der Wandel des Strafrechts hin zum spezialpräventiven Täterstrafrecht kann dazu führen, dass das Strafverfahren komplex wird. Das Täterstrafrecht verlangt im Rahmen der Strafzumessung eine umfassende Persönlichkeitserforschung.[57] Die Durchführung der Ermittlungs- und Untersuchungstätigkeit erfordert viel Zeit und verzögert den Abschluss des Strafverfahrens. Oft mangelt es dem Richter an fachlichen Fähigkeiten, wenn es etwa darum geht, eine Persönlichkeitserforschung (z.B. in Form von psychologischen bzw. psychiatrischen Gutachten über den Beschuldigten) vorzunehmen. In diesem Fall soll ein Sachverständiger bestellt werden.[58] Die Erstellung eines Sachverständigengutachtens braucht allerdings wieder Zeit.

C. Verfahrensgarantie im Strafverfahren

Je gründlicher und stärker die Beteiligten im Strafverfahren gewährleistet werden, desto länger dauert in aller Regel das Verfahren.[59] Im Bereich der Ermittlung wurden die Anhörungsrechte ausgeweitet.[60] Nach § 163a StPO ist das Gericht vor dem Abschluss der Ermittlung zu einer Vernehmung des Beschuldigten verpflichtet. Der Zweck der Vorschrift ist, dass der Beschuldigten das rechtliche Gehör und die Möglichkeit zu seiner Verteidigung erhalten.[61]

Im Ermittlungsverfahren sollen viele Zwangsmaßnahmen durch den Richter angeordnet werden. Dieser Richtervorbehalte dient der Kontrolle und Hemmung der exekutiven Eingriffsbefugnis, weil eine unbefangene Prüfung der Voraussetzung der Anordnung einer Zwangsmaßnahme ausschließlich durch Strafverfolgungsorgane nicht erwartet werden kann.[62] Im Übrigen zielt der Richtervorbehalt im Ermittlungsverfahren auf den präventiven Rechtsschutz des betroffenen Einzelnen ab.[63] Um die Kontrollfunktion und die

---

56 Küng-Hofer, Beschleunigung, S. 10 f.
57 Hanack, JZ 1971, S. 705; Mertens, Schnell oder Gut?, S. 8; Waßmer, ZStW 2006, S. 166.
58 Mertens, Schnell oder Gut?, S. 8.
59 Hanack, JZ 1971, S. 705; Waßmer, ZStW 2006, S. 166.
60 Hanack, JZ 1971, S. 705; Waßmer, ZStW 2006, S. 166.
61 LR-Erb § 163a, Rn. 1; Meinecke, StV 2015, S. 326; SK-Wohlers § 163a, Rn. 4.
62 Prechtel, Ermittlungsrichter, S. 131; Bachmann, Rechtsschutz, S. 72.
63 Hilger, JR 1990, S. 485; Schnarr, NStZ 1991, S. 209; Amelung, NStZ 2001, S. 338; Geppert, DRiZ 1992, S. 409. Zur Begründung der Notwendigkeit des präventiven

Rechtsschutzfunktion des Richtervorbehalts zu erreichen, soll der Ermittlungsrichter den Sachverhalt intensiv überprüfen und längere Zeit ins Aktenstudium investieren,[64] weshalb die Ermittlung viel Zeit in Anspruch nimmt.

Nach dem Ermittlungsverfahren entscheidet das Gericht, ob das Hauptverfahren eröffnet wird. Das Zwischenverfahren stellt fest, ob tatsächlich hinreichende Verdachtsgründe bestehen. Im Zwischenverfahren informiert der Vorsitzende des Gerichts vor allem den Angeschuldigten über die Anklageschrift und fordert ihn gleichzeitig auf, innerhalb einer zu bestimmenden Frist zu erklären, ob er die Vornahme einzelner Beweiserhebungen vor der Entscheidung über die Eröffnung des Hauptverfahrens beantragen oder Einwendungen gegen die Eröffnung des Hauptverfahrens vorbringen will (§ 201 Abs. 1 StPO). Danach bestimmt das Gericht, ob die Hauptverhandlung eröffnet wird. Das Zwischenverfahren bezweckt, schwere Nachteile des Beschuldigten zu verhüten.[65] Bei der Durchführung dieses Verfahrens benötigt das Gericht Zeit, weil es auf die Beweisanträge oder Einwendung des Angeschuldigten oder seines Verteidigers warten muss. Vor der Entscheidung geht das Gericht auf den Sachverhalt ein und legt fest, ob eine ausreichende Beurteilungsgrundlage vorliegt, um eine Wahrscheinlichkeitsentscheidung in Bezug auf eine zu erwartende Verurteilung

---

Rechtsschutzes bestehen unterschiedliche Anschauungen: (1) Der Richtervorbehalt gleicht einen schwerwiegenden und tief greifenden Grundrechtseingriff aus. Vgl. BVerfG NJW 2001, S. 1121. (2) Das strafprozessuale Zwangsmittel führt normalerweise überraschend zur Vermeidung der vorherigen Beseitigung der beweiserheblichen Information durch. Somit ist es erforderlich, dass der Richter bei der Anordnung der Zwangsmaßnahme mitwirkt, weil der Betroffene danach keine nachträglichen Rechtsschutzmöglichkeiten mehr verfügen kann. Durch die vorherige Teilnahme des Richters ließe sich der irreparablen Beeinträchtigung begegnen. Vgl. Hilger, JR 1990, S. 485; Prechtel, Ermittlungsrichter, S. 131, 155; BVerfGE 37, 150, 153.(3) Bei geheimen Maßnahmen ist der Richtervorbehalt unerlässlich, weil bei der Durchführung dieser Maßnahme der Betroffene den Grundrechtseingriff teileweise nie bemerken kann. Der nachträgliche Rechtsschutz ist ausgeschlossen. Vgl. Asbrock, KritV 1997, S. 256. (4) Wegen des Überraschungs- und Geheimhaltungscharakters strafprozessualer Grundrechtseingriffe könne der Betroffene vor der Anordnung und Ausübung des Zwangsmittels nicht gehört werden. Der Richtervorbehalt gleiche aus, dass die Anordnung der strafprozessualen Zwangsmaßnahme ohne eine vorherige Anhörung i.S.d. Art. 103 Abs. 1 GG erfolge. Vgl. Amelung, NStZ 2001, S. 338; Geppert, DRiZ 1992, S. 409; Fezer, Jura 1982, S. 129; Schnarr, NStZ 1991, S. 210.

64 Kühne, StPO, Rn. 410.

65 Beulke, StPO, Rn. 352.

treffen zu können. Das Zwischenverfahren kostet also ebenfalls Zeit und kann die Dauer des Strafverfahrens in die Länge ziehen.

Um die Subjektstellung des Angeklagten[66] und dessen aktive Teilnahme am Verfahren[67] zu gewährleisten, haben der Angeklagte und sein Verteidiger das Recht, das Gericht durch einen Beweisantrag zur Beweisaufnahme zu zwingen oder dazu, zumindest im Rahmen eines Ablehnungsbeschlusses zu begründen, warum der Beweisantrag abgelehnt wird.[68] Ein Beweisantrag könnte durch Erhebung des Beweises oder durch Ablehnung des Beweisantrags erledigt werden.[69] Nicht nur die Erhebung des Beweises, sondern auch die Ablehnung des Beweisantrags durch den Beschluss des Gerichts kostet Zeit. Im Extremfall könnte der Beweisantrag von den Verfahrensteilnehmern missbraucht werden. Eine Hauptverhandlung wird dadurch verzögert, dass der Antragsteller durch Beweisanträge ausschließlich eine Prozessverschleppung bezweckt.[70]

Die Rechtsmittelinstanz führt ebenfalls dazu, dass das Verfahren länger dauert.[71] Mögliche Rechtsmittel sind die Berufung, die Revision und die Beschwerde. Mit der Berufung werden die Urteile tatsächlich und rechtlich überprüft. Das Revisionsgericht findet heraus, ob das angefochtene Urteil einen rechtlichen Fehler aufweist. Mit der Beschwerde wird ermittelt, ob Beschlüsse und Verfügungen rechtliche oder tatsächliche Fehler beinhalten.[72]

Die Tätigkeit des Verteidigers könnte die Verfahrensdauer ebenfalls verlängern. Vor allem liegt ein Verzögerungspotenzial bei der Bestellung des Verteidigers vor. Der Vorsitzende des Gerichts ist zur Terminbestimmung verpflichtet (§ 213 StPO). Nach der Rechtsprechung des BGH muss das Gericht bei der Bestimmung des Termins der Hauptverhandlung mindestens ernsthaft versuchen, dem Angeklagten das Recht zur freien Wahl eines Verteidigers zu gewähren, dem er vertraut.[73] Der Vorsitzende muss so früh wie möglich nach Eingang der Anklage einen Termin anberaumen[74], damit die Möglichkeit besteht, dass

66 Frister, ZStW 105 (1993), 360 ff.

67 Kühne, StPO, Rn. 761.

68 BGH 21 124; NStZ 1997, S. 504; Kühne, StPO, Rn. 761; Schatz, Beweisantragsrecht, S. 232 ff.; Widmaier, NStZ 1994, S. 415 f.

69 KK-Krehl, §244, Rn. 104.

70 Landau, FS-Hassemer, S. 1082.

71 Hanack, JZ 1971, S. 705; Waßmer, ZStW 2006, S. 166.

72 Beulke, StPO, Rn. 535.

73 BGH StV 2009, S. 567 Rn. 25.

74 OLG Köln StV 2006, S. 463; OLG Hamburg NJW 2006, S. 2792.

die Verteidiger des Vertrauens freie Termine haben.[75] Wenn der Verteidiger des Vertrauens, innerhalb kurzer Zeit keinen freien Termin hat, wird dem Angeklagten das Recht auf die freie Wahl eines Verteidigers seines Vertrauens garantiert, sodass diese das Verfahren ebenso verzögern könnte.

Der Abschluss des Verfahrens wird sich verschieben, wenn viele Verteidigungsrechte in Anspruch genommen werden. Zahlreiche wissenschaftliche, berufspraktische und kriminalpolitische Diskussionen beklagen die zunehmende Dauer des Strafverfahrens infolge der Konfliktverteidigung.[76] Unter Konfliktverteidigung ist der exzessive Gebrauch von Verteidigungsrechten durch Verteidiger zu verstehen, womit ein Strafverfahren künstlich schwer durchführbar bis unmöglich gemacht wird.[77] Die Konfliktverteidigung wird als wesentliche Ursache der Verfahrensverzögerung und als Begründung für das Verlangen angesehen, durch geringere Verteidigungs- und Beschuldigtenrechte dem überlangen Strafverfahren zu begegnen.[78]

D. Knappe Ausstattung der Justiz und Untätigkeit des Gerichts

Eine knappe personelle und materielle Ausstattung der Justiz führt zur Verlangsamung des Verfahrens.[79] Wegen der unzureichenden Personalausstattung der Justiz sind die Strafverfolgungsorgane überlastet und können das Strafverfahren nicht zügig durchführen.

Die 1967 eingeführte Fünftagewoche hat die wöchentlich Arbeitszeit verringert. Das führt bei gleichbleibendem Personalbestand ebenfalls zu einer Verzögerung des Strafverfahrens, sodass die Justiz Hilfspersonalnutzen muss, um die Verzögerung des Strafverfahrens wegen der knappen persönlichen Ausstattung zu vermeiden.

---

75 Beukelmann, NJW-Spezial 2007, S. 280.

76 Barton, FS-Bemann, S. 524; Peters, in Strafprozeß und Reform, S. 88; Senge, NStZ 2002, S. 225; ter Veen, StV 1997, S. 374; Waßmer, ZStW 2006, S. 166.

77 Stollenwerk, DRiZ 2012, S. 225.

78 Barton, FS-Bemann, S. 524.

79 Hanack, JZ 1971, S. 705; Kühne, StPO, Rn. 274; Pfeiffer, FS-Baumann, S. 329; Trurnit/Schroth, StraFo 2005, S. 358; Waßmer, ZStW 2006, S. 166; laut einer empirischen Untersuchung fehlen in Deutschland circa 3000 Richter und Staatsanwälte, vgl. Vorwerk, JZ 2004, S. 555; einem anderen Untersuchungsergebnis fehlen bundesweit über 4000 Richter, vgl. Frank, DRiZ 2007, S. 301.

Es liegt auf der Hand, dass die persönliche und sachliche Ausstattung der Strafjustiz mit den zugenommenen Zahlen der Straftäter und den gesteigerten Schwierigkeiten der modernen Strafrechtspflege nicht mithalten konnte.[80]

Auch die unzureichende Verfahrensförderung durch die verantwortlichen Organe erhöht die Strafverfahrensdauer.[81] Die unzureichende Verfahrensförderung der verantwortlichen Organe bewirkt das Versäumnis des Verfahrens. Im äußersten Fall führt sie zum völligen Erliegen des Strafverfahrens.

E. Umfang der Sachaufklärung

Die Ermittlung des wahren Sachverhalts ist das Hauptziel des Strafprozesses.[82] Nach § 244 Abs. 2 ist das Gericht verpflichtet, die Beweisaufnahme von Amts wegen auf alle Tatsachen und Beweismittel zu erstrecken, um die Wahrheit zu erforschen. Hierin aber liegt ein Dilemma: Je gründlicher und sorgfältiger das Gericht die Wahrheit erforscht, umso länger dauert das Verfahren.[83]

F. Strenge Befolgung von Prozessmaximen

1. Legalitätsprinzip

Das strafprozessuale Legalitätsprinzip verlangt von den Strafverfolgungsbehörden, beim Verdacht von Straftaten Ermittlungen einzuleiten und, wenn sich nach den Ermittlungen ein hinreichender Tatverdacht ergeben hat, Anklage zu erheben. Das gilt für sämtliche Straftaten, die erkannt werden können. Die lange Dauer der Strafverfahren kommt besonders bei denjenigen Verfahren zutage, in denen einem oder mehreren Tätern eine Vielzahl von Gesetzesverstößen überführt wird. Wenn das prozessuale Legalitätsprinzip befolgt wird, muss jeder einzelnen Tat, die nicht so bedeutend ist, nachgegangen werden. Durch die strenge Befolgung vom prozessualen Legalitätsprinzip wird ein erheblicher Aufwand an Zeit und persönlichen und sachlichen Mitteln betrieben.[84]

---

80 Vgl. Herrmann, ZStW 1973, S. 263; Hanack, JZ 1971, S. 705.

81 Hillenkamp, JR 1975, S. 133; Waßmer, ZStW 2006, S. 167.

82 BVerfGE 33, 367, 383; 57, 250, 275; 63, 45, 61; BGHSt 1, 94, 96; 10, 116, 118; 23, 176, 187.

83 Hanack, JZ 1971, S. 705; Waßmer, ZStW 2006, S. 166.

84 Küng-Hofer, Beschleunigung, S. 15 f.

2. *Grundsatz der materiellen Wahrheit*

Das Ziel des Strafverfahrens ist die Realisierung des staatlichen Strafanspruchs. Es bedeutet, dass die Schuldigen bestraft und die Unschuldigen vor Strafe bewahrt werden. Damit muss die Strafverfolgungsbehörde die gegen den Beschuldigten erhobenen Vorwürfe genau und sorgfältig überprüfen, um die Wahrheit und Gerechtigkeit im Einzelfall zu verwirklichen. Obwohl ein Geständnis vom Beschuldigten abgelegt wird, ist der Richter zur Aufklärung in die Pflicht genommen. Während der Zivilprozess die formelle Wahrheit verlangt, fordert der Strafprozess die materielle Wahrheit. Das verpflichtet die Strafverfolgungsorgane, ihre Ermittlungen unparteiisch und auf eine objektiv gerechte Aufklärung des Sachverhalts und Anwendung der Strafgesetze zu richten. Wenn der materielle Wahrheitsgrundsatz streng befolgt wird, ist der zeitliche Aufwand unvermeidbar.[85]

3. *Prinzip der Unmittelbarkeit*

Der Grundsatz der Unmittelbarkeit verlangt in Rahmen der Hauptverhandlung, dass das Gericht einen möglichst direkten, unvermittelten Eindruck vom Tatgeschehen bekommen muss.[86] Die Einhaltung des Grundsatzes der Unmittelbarkeit bringt mit sich, dass der Inhalt der Akten nicht die Urteilsgrundlage bilden darf. Zeugen und Sachverständige, die als Beweismittel zur Aufklärung des Sachverhalts beitragen, müssen somit grundsätzlich persönlich durch das Gericht vernommen werden. Das Verlesen von Protokollen der Voruntersuchung ist nur ausnahmsweise zulässig. Das hat zur Folge, dass sich in Strafsachen, die schon im Ermittlungsverfahren lange Zeit gedauert haben, nun auch noch lange Hauptverhandlungen anschließen.[87]

III. Gang der Untersuchung

Um das oben dargestellte Forschungsziel zu erreichen, ist die Arbeit wie folgt aufgebaut:

Im ersten Abschnitt geht es um die Grundlagen des Beschleunigungsgebots. Vor allem wird der Begriff „Beschleunigungsgebot“ ausführlich erläutert, um das Missverständnis zu vermeiden, das Beschleunigungsgebot verlange, eine

85 Küng-Hofer, Beschleunigung, S. 16
86 Beulke, StPO, Rn. 24.
87 Küng-Hofer, Beschleunigung, S. 17.

Rechtssache um jeden Preis so schnell wie möglich zu erledigen. Das Beschleunigungsgebot wird in der StPO als eine Prozessmaxime angesehen. Dann wird beschrieben, wie das Beschleunigungsgebot in der StPO verortet ist und wie es zu Auslegung der Vorschriften in der StPO beiträgt. Während das Beschleunigungsgebot in der EMRK explizit niedergeschrieben ist, findet sich darüber keine ausdrückliche Angabe in der StPO. Somit muss untersucht werden, ob die Vorschrift in der EMRK zur Herleitung des Beschleunigungsgebots dient oder woraus das Beschleunigungsgebots im deutschen Recht hergeleitet werden kann. Viele Veröffentlichungen[88] bescheinigen dem Beschleunigungsgebot eine ambivalente Wirkung. Es diene nicht nur dem Interesse des Beschuldigten, sondern auch dem öffentlichen Interesse. Dieses wird am Ende des ersten Abschnitts vorgestellt (1. Abschnitt).

Um das Beschleunigungsgebot zu konkretisieren, wird anschließend die Gewährleistung der angemessenen Verfahrensdauer gem. Art. 6 Abs. 1 S. 1 EMRK erläutert. Der zweite Abschnitt behandelt den Schutzbereich des Beschleunigungsgebots, den Inhalt der unangemessenen Verfahrensdauer, und Überprüfung der Kriterien, durch die die unangemessene Verfahrensdauer festgestellt wird sowie die Konkretisierung des unangemessenen Verhaltens des Staats (2. Abschnitt).

Sodann wird die Frage beantwortet, welche Rechtsfolge sich aus der Verletzung des Beschleunigungsgebots ergibt. Die Darstellung der Strafzumessungslösung, der Strafvollstreckungslösung, der Einstellungsmöglichkeit von Verfassungs wegen und die Entschädigung gem. § 198 und 199 GVG bilden den dritten Abschnitt (3. Abschnitt).

Der EGMR hat in seiner Rechtsprechung bei lange bestehenden Rückständen des innerstaatlichen Gerichts verlangt, dass die Konventionsstaaten ihr Gerichtssystem so einrichten müssen, dass sie der Anforderung von Art. 6 EMRK entsprechen. Im vierten Abschnitt werden die Maßnahmen, die der Beschleunigung des Verfahrens dienen, nämlich die Einschränkung des Unmittelbarkeitsprinzips, die Ausdehnung des Selbstleseverfahrens sowie die Verfahrenserledigung durch Absprache-, dargestellt. (4. Abschnitt).

88 Franke, StV 2010, S. 433 ff.; I. Roxin, GA 2010, S. 425 ff.; dies, StV 2010 S. 437 ff.; Kolleck-Feser, AnwBl. 2016, S. 465 ff.

IV. Forschungsgrenze

Die Literatur[89], die sich mit dem Beschleunigungsgebot befasst, hat eine ambivalente Wirkung des Beschleunigungsgebots erkannt. Obwohl in dieser Arbeit auch die verfahrensökonomische Dimension des Beschleunigungsgebots skizziert wird, konzentriert sich diese Arbeit auf das Beschleunigungsgebot, das dem Interesse des Beschuldigten dient. Somit bleiben die Maßnahmen der Beschleunigung des Verfahrens zur Gewährleistung des öffentlichen Interesses, in dieser Arbeit unberücksichtigt, beispielsweise die Fristsetzung für Beweisanträge, die Beschränkung der freien Wahl des vom Beschuldigten vertrauten Pflichtverteidigers, die zusätzliche Voraussetzung für die Revision und die Abschaffung des Verbots der Rügeverkümmerung.

Zudem werden bei der Erörterung der Maßnahme der Beschleunigung des Verfahrens zum Schutz des Beschuldigten einige nennenswerte Möglichkeiten auseinandergesetzt.

89 Franke, StV 2010, S. 433 ff.; I. Roxin, GA 2010, S. 425 ff.; dies, StV 2010 S. 437 ff.; Kolleck-Feser, AnwBl. 2016, S. 465 ff.

Erster Abschnitt: Die Grundlage des Beschleunigungsgebots

I. Der Begriff des Beschleunigungsgebots

Das Beschleunigungsgebot beschreibt ein zügiges und unverzögertes Strafverfahren.[90] Im alltäglichen Sprachgebrauch ist die „Beschleunigung" als „Schnelligkeit" oder „Steigerung von Geschwindigkeit" definiert.[91] Wird die alltagssprachliche Deutung zugrunde gelegt, könnte der Begriff des Beschleunigungsgebots in der Weise verkannt werden, dass eine Rechtssache um jeden Preis so schnell wie möglich erledigt werden muss.[92] Die EMRK verlangt nur, eine gegen die Person erhobene strafrechtliche Anklage innerhalb einer angemessenen Frist zu verhandeln. Das Beschleunigungsgebot ist ein Verzögerungsverbot. Es geht also nicht um die Beschleunigung als Selbstwert, sondern vor allem um die Vermeidung unangemessener Verzögerungen.[93] Daher schützt das Beschleunigungsgebot vor einem unnötig langen Strafverfahren.[94] Es fordert nicht ein „speedy trial",[95] also die optimale oder maximale Beschleunigung des Verfahrens,[96] oder eine schnelle Verurteilung, die Fehler in Kauf nimmt, sondern ein bei aller Sorgfalt zügiges Strafverfahren.[97]

II. Beschleunigungsgebot als Prozessmaxime

Das Beschleunigungsgebot wird als eine Prozessmaxime in der StPO anerkannt.[98] Die Prozessmaxime charakterisiert eine bestimmte, vielfach zeitgebundene Anschauung des Gesetzgebers und der Rechtsgemeinschaft darüber, welche Form zur Erreichung des Prozesszwecks am dienlichsten ist.[99] Einen heuristischen Wert gewinnen die Prozessmaximen dadurch, dass die Auffassung

90 Albrecht, NJ 1994, S 396; Waßmer, ZStW 118(2006), S. 159.
91 Degener, FS-Dencker, S. 24.
92 Tepperwien, NStZ 2009, S. 1.
93 Paeffgen, GA 2014, S. 278; KK-Fischer, Einl. Rn. 35; Waßmer, ZStW 118(2006), S. 159.
94 I. Roxin, StV 2010 S. 437.
95 Paeffgen, GA 2014, S. 278.
96 I. Roxin, StV 2010 S. 438.
97 Gollwitzer, FS-Kleinknecht, S. 150 f; Pfeiffer, FS-Baumann, S. 335.
98 Vgl. Beulke, StPO, Rn. 21; Kudlich, Beschleunigungsgebot, S. 12.
99 LR-Kühne, Einl. I, Rn. 1.

zur Erreichung des Prozessziels wandelbar und verschiedenartig sein kann, auch wenn die einheitliche Auffassung besteht, dass die Maßnahme zur Erreichung des Prozessziels durch unterschiedliche und gegenläufige Interessen und Schwierigkeiten beeinflusst sein kann.[100] Die Prozessmaximen können als antagonistische Gegenmaximen betrachtet werden, weil sie einen von mehreren theoretisch möglichen Wegen zum Prozessziel beschreiben.[101] Beispielsweise steht das Opportunitätsprinzip dem Legalitätsprinzip gegenüber. Es ist notwendig, dass bei der Gestaltung des Verfahrens vielfach die Interessen ausgeglichen werden. Somit sind fast alle Prozessmaximen einschränkbar.[102]

Die Funktionen der Prozessmaxime sind in die rechtsgestaltende Funktion, die systematische Funktion und die interpretatorische Funktion unterteilt. Prozessmaximen können zum einen programmatisch zusammenfassender Beschreibung eines noch zu schaffenden Rechtszustands auf einer mittleren Abstraktionsebene dienen. Insoweit richten sie sich als rechtspolitisches Verlangen an den Gesetzgeber (rechtsgestaltende Funktion). Ob der Gesetzgeber die Forderung der Prozessmaxime erfüllt, ergibt sich durch die Eignung des Gesetzes, den jeweils anzugebenden oder vorausgesetzten übergeordneten Zweck zu erreichen.[103] Prozessmaximen sind auch zur Erklärung, Auslegung und Fortentwicklung des geltenden Rechts verwendbar. Dadurch werden übergeordnete rechtspolitische Entscheidungen der *lex lata* aus den Einzelheiten und dem Gesamtzusammenhang der geltenden gesetzlichen Vorschrift hergeleitet (systematische Funktion).[104] Prozessmaximen werden auch bei der Rechtsanwendung zur Auslegung und Fortbildung einzelner Regelungen eingesetzt (interpretatorische Funktion).[105]

Die Prozessmaximen werden unterteilt in klassische Prozessmaximen[106] und verfassungsrechtliche Prozessmaximen.[107] Während die klassischen Prozessmaximen nur eine Zwischenebene zwischen den allgemeinen verfassungsrechtlichen Grundsätzen und den strafprozessualen Einzelvorschriften darstellen,[108] haben die verfassungsrechtlichen Prozessmaximen eine primär verfassungsrechtliche

100 Rieß, FS-Rebmann, S. 382
101 Roxin/Schünemann, Strafverfahren, § 10, Rn. 4
102 LR 1988-K. Schäfer, Einl. Kap. 13 Rn. 2.
103 Rieß, FS-Rebmann, S. 383.
104 Rieß, FS-Rebmann, S. 383.
105 LR-Kühne, Einl. I, Rn. 2.
106 LR-Kühne, Einl. I, Rn. 9.
107 LR-Kühne, Einl. I, Rn. 71.
108 LR-Kühne, Einl. I, Rn. 71; Münchener Kommentar I-Kudlich, Einl., Rn. 120.

Fundierung.[109] Die verfassungsrechtlichen Prozessmaximen werden durch den klar umrissenen Inhalt im Grundgesetz ausdrücklich festgestellt, und von der Verfassungsrechtsprechung und -dogmatik aus verfassungsrechtlichen Gesamtzusammenhängen oder der Sicherung der EMRK abgeleitet.[110]

Damit stellt sich die Frage, zu welcher Gruppe das Beschleunigungsgebot gehört. Die h. M. identifiziert das Beschleunigungsgebot mit der Konzentrationsmaxime[111] und das Beschleunigungsgebot wird auf klassische Prozessmaxime platziert. Obwohl eine Konzentration des Verfahrens auch der Beschleunigung des Verfahrens dient, hat sie eine unterschiedliche Schutzrichtung. Das Beschleunigungsgebot schützt davor, dass die durch das Verfahren verursachten Belastungen für den Beschuldigten nicht auf unabsehbare Zeit fortgesetzt werden.[112] Im Vergleich mit dem Beschleunigungsgebot gewährleistet die Konzentrationsmaxime die Sicherung der Wahrheitsfindung.[113] Beide Maximen haben unterschiedliche Schutzbereiche. Während die Konzentrationsmaxime auf die Durchführung der Hauptverhandlung in möglichst einem Zug achtet,[114] gilt das Beschleunigungsgebot in allen Verfahrensstadien. Laut der EMRK wird das Beschleunigungsgebot auf die Gewährleistung des fairen Verfahrens platziert.[115] Der Grundsatz des fairen Verfahrens wird der verfassungsrechtlichen Prozessmaxime zugeordnet. Laut dieser Erörterung gilt das Beschleunigungsgebot nicht nur als klassische Prozessmaxime erkannt, sondern als verfassungsrechtliche Prozessmaxime.

III. Die Herleitung des Beschleunigungsgebots

A. EMRK

Das Beschleunigungsgebot ist ausdrücklich in der EMRK niedergeschrieben. Im Art. 6 Abs. 1 Satz 1 EMRK heißt es:

---

109 Rieß, FS-Rebmann, S. 387; LR-Kühne, Einl. I, Rn. 73.

110 LR-Kühne, Einl. I, Rn. 72.

111 Vgl. Beulke, StPO, Rn. 26 a; Roxin/Schünemann, Strafverfahren, § 16, Rn. 5; Volk, StPO, § 18 Rn. 13.

112 Baumanns, Beschleunigungsgrundsatz, S. 62.

113 Münchener Kommentar I-Kudlich, Einl., Rn. 150.

114 Münchener Kommentar I-Kudlich, Einl., Rn. 151; Volks, StPO, § 18 Rn. 13.

115 In Art. 6 EMRK wird das Recht auf ein faires Verfahren genannt. Das Beschleunigungsgebot ist im Art. 6 EMRK inbegriffen. Vgl. Tepperwien, NStZ 2009, S. 1: „Der EGMR leitet daher das Beschleunigungsgebot aus dem übergeordneten Prozessrecht auf ein faires Verfahren her.“

„Jede Person hat ein Recht darauf, dass über Streitigkeiten in Bezug auf ihre zivilrechtlichen Ansprüche und Verpflichtungen oder über eine gegen sie erhobene strafrechtliche Anklage von einem unabhängigen und unparteiischen, auf Gesetz beruhenden Gericht in einem fairen Verfahren, öffentlich und innerhalb angemessener Frist verhandelt wird."

Art. 6 Abs. 1 S. 1 als Grundlage des Beschleunigungsgebots weist folgende Defizite auf: Erstens wird der Stellenwert der EMRK in Deutschland angeführt. Der Artikel der EMRK gilt unmittelbar in Deutschland, da Deutschland eine Vertragspartnerin der EMRK ist.[116] Die EMRK hält in Deutschland nur als einfaches Bundesgesetz (Art. 59 Abs. 2).[117] Diese Anschauung kann zu zwei rechtlichen Konsequenzen führen. Laut den folgenden Konsequenzen gilt es als erforderlich, dass der Konvention ein Verfassungsrang zukommen soll. Zuerst kann die EMRK wegen der *Lex-posterior-Regel* durch spätere Gesetze derogiert werden. So wäre es denkbar, dass ein Gesetzgerber bestimmte strafprozessuale Garantien von Art. 6 EMRK abschafft, beispielsweise entgegen Art. 6 Abs. 3 (e) dem Beschuldigten die Kosten des Dolmetschers auflastet.[118] Die andere Lehre erklärt, dass die mögliche Teilderogation der EMRK durch eine *lex posterior* durch die völkerrechts- und konventionskonforme Auslegung späterer Bundesgesetze oder durch die Konstruktion der EMRK als *lex specialis* abgewehrt werden soll.[119] Diese Maßnahme schlägt fehl, wenn es der erklärte Wille eines menschenrechtsfeindlichen Gesetzgebers ist, eine Gewährleistung der EMRK abzuschaffen.[120] Zweitens kann eine Verfassungsbeschwerde nicht unmittelbar wegen einer Konventionsverletzung erhoben werden, weil die Verletzung des

---

116 BVerfG NJW 2004, S. 3410; Hummrich, DRiZ 2005, S. 72; Limbach, NJW 2001, S. 2915.

117 BVerfGE 10, 271; BVerfG NJW 2004, S. 3408; BGH NStZ 2001, S. 150; vgl. auch Ambos, Internationales Strafrecht, § 10 Rn. 2; Satzger, Internationales Strafrecht, § 11, Rn. 12. Die Hierarchie der EMRK innerhalb der mitgliedstaatlichen Rechtsordnung ist uneinheitlich. In den Niederlanden, in Luxemburg, in Belgien und in der Schweiz bilden internationales und nationales Recht ein einheitliches Rechtssystem. Im Konfliktfall ist das Völkerrecht vorrangig. Die EMRK geht auch dem nationalen Verfassungsrecht vor. In Österreich kommt der EMRK Verfassungsrang zu. In Frankreich und Spanien ist die Konvention zwischen Verfassung und einfachen Gesetzen verortet. Vgl. Satzger, Internationales Strafrecht, § 11, Rn. 11.

118 Ambos, Internationales Strafrecht, 2. Aufl., § 10 Rn. 9.

119 BVerfGE 74, 358, 370; Kühl, ZStW 100(1988), S. 409 f.; Bernhardt, EuGRZ 1996, S. 339; Weigend, StV 2000, S. 387.

120 Ambos, ZStW 115 (2003), S. 587 f.

einfachen Gesetzes nicht vor dem BVerfG geprüft wird.[121] Zur Vermeidung der Diskrepanzen zwischen dem GG und der EMRK praktiziert die Rechtsprechung von BVerfG und BGH eine konventionskonforme Interpretation des GG und zieht die Rechtsprechung des EGMR als Auslegungshilfe heran.[122] Das ändert nichts am Stellenwert der EMRK in Deutschland. Eine Konventionsverletzung kann nur wegen einer Verletzung der Grundrechte i.V.m. dem Rechtsstaatsprinzip bei einer Verfassungsbeschwerde behandelt werden, wenn die Pflicht zur konventionskonformen Auslegung nicht erfüllt wurde.[123] Um die EMRK aus der Klemme zu helfen, müsste der EMRK Verfassungsrang zugestanden werden.[124] Aber bislang ist das noch nicht erfolgt.

---

121 BVerfGE 10, 271, 274; 64, 135, 157; 74, 102, 128; Hoffmann-Riem, EuGRZ 2002, S. 474.

122 BVerfG NJW 2004, S. 3410; BVerfGE 74, 358, 370; BGH NStZ 2007, S. 167; StV 2010, S. 521; NStZ 2011, S. 150;

123 Satzger, Jura 2009, S. 760.

124 Der EMRK wird durch unterschiedliche Begründungen Verfassungsrang eingeräumt. Vor allem könnte das institutionelle System der EMRK als eine zwischenstaatliche Einrichtung gelten, der die Bundesrepublik Deutschland nach Art. 24 Abs. 1 GG Hoheitsgewalt übertragen hat, als sie die EMRK ratifiziert und damit die Zuständigkeit des Straßburger Gerichtshofs anerkannt hat. Vgl. Ress, FS-Zeidler, S. 1790 ff.; ders., EuGRZ 1996, S. 353. Diese Auffassung ist noch unvertretbar, weil die Entscheidung des EGMR keine unmittelbare Wirkung in den einzelnen Staaten entfalten kann, obwohl der EGMR gem. Art. 24 Abs. 1 GG eine zwischenstaatliche Einrichtung sein mag. Somit hat die Bundesrepublik Deutschland dem EGMR ihre Hoheitsgewalt nicht übertragen. Vgl. Weigend, StV 2000, S. 386. Eine andere Ansicht gesteht der EMRK nach Art. 25 GG als allgemeine Regel des Völkerrechts Verfassungsrang zu. Vgl. Bleckmann, EuGRZ 1994, S. 149; Frowein FS-Zeidler, S. 1769. Diese Auffassung ist ebenfalls nicht überzeugend. Zur Begründung soll festgestellt werden, ob Art. 25 GG auch Regeln enthält, die nicht universell, sondern nur regional gelten. Nach herrschender Meinung werden regional gültige Regeln, nicht von Art. 25 erfasst. Vgl. BVerfGE 15, 25, 34. Die gesamte Menschenrechtskonvention kann nicht als Inkorporation des Völkergewohnheitsrechts angesehen werden. Deswegen stellen einige Artikel der EMRK keine allgemeinen Regeln gem. Art. 25 GG dar. Der Art. 6, detaillierte Normierungen zum Strafverfahren aufgestellt werden, gilt nicht als Völkergewohnheitsrecht und entspricht keinen allgemeinen Regeln gem. Art. 25 GG. Einige Autoren behaupten, dass die EMRK die Ausprägung der allgemeinen menschenrechtlichen Orientierung des Grundgesetzes sei, wie sie in Art. 1 Abs. 2 GG zum Ausdruck kommt. Vgl. Sommermann AöR 114(1989), S. 407. Diese Auffassung verstößt gegen Art. 79 Abs. 3 GG. Nach Art. 79 Abs. 3 GG ist die Änderung des Norminhalts von Art. 1 bis 20 GG unzulässig, sodass die EMRK Art. 1 Abs. 2 nicht ergänzen kann. Weigend, StV 2000, S. 386.

Das Beschleunigungsgebot ist eine verfassungsrechtliche Prozessmaxime. Es braucht eine Grundlage auf verfassungsrechtlicher Ebene. In Deutschland wird die EMRK als einfaches Bundesgesetz angesehen. Die EMRK kann nicht als Herleitung des Beschleunigungsgebots dienen. Dieses Problem verursacht nicht die EMRK an sich, sondern die Ansicht, dass die EMRK in Deutschland verortet wird.

Zweitens werden dem Beschleunigungsgebot nach h. M. zwei Schutzbereiche zuerkannt.[125] Zum einen besteht die beschuldigtenschützende Dimension,[126] zum anderen die verfahrensökonomische Dimension.[127] Das von der EMRK hergeleitete Beschleunigungsgebot dient nur dem Schutz vor Beschuldigten,[128] sodass die EMRK als Grundlage des Beschleunigungsgebots nicht sämtliche Inhalte des Beschleunigungsgebots erfassen kann.

B. GG

1. Rechtsstaat i.V.m. verschiedenen Artikeln des GG

Angesichts der oben erörterten Defizite wird das Beschleunigungsgebot in Deutschland aus dem Rechtsstaatsprinzip[129] i.V.m. Art. 1 Abs. 1 GG[130], Art. 2 Abs. 1 GG[131] oder Art. 2 Abs. 2[132] GG hergeleitet. Das Rechtsstaatsprinzip gewährleistet ein faires rechtsstaatliches Verfahren. Dieser Grundsatz verlangt eine angemessene Beschleunigung des Verfahrens dergestalt,[133] dass der Richter aus eigenen oder ihm zuzurechnenden Fehlern oder einer Verzögerung keine Verfahrensnachteile für den Betroffenen verursachen darf.[134] Der Grundsatz der Verhältnismäßigkeit und des Übermaßverbots, der auch aus dem

125 Kindhäuser, StPO, § 18, Rn. 7.

126 BVerfG NJW 2003, S. 2225; BGHSt 26, 228, 232 f; Krehl/Eidam, NStZ 2006, S. 1; Waßmer ZStW 118(2006), S. 160.

127 BGHSt 26, 228, 232; 35, 137, 139; BGH NStZ 1992, S. 230; Waßmer ZStW 118(2006), S. 160 f.

128 Kudlich, Beschleunigungsgebot, S. 14.

129 BVerfG NJW 1984, 967; NJW 1992, 2472; NJW 2001, 2707; BGHSt 46, 159; 49, 209, 213; Beulke, StPO, Rn. 26; Waßmer ZStW 118(2006), S. 161 ff.

130 Hanack, JZ 1971, S. 711; Ress, FS-Müller-Dietz, S. 635.

131 BVerfG NJW 1984, S. 967; NJW 1992, S. 2472; NJW 1993, S. 3254; NJW 1995, S. 1277; BGHSt 49, 209, 213; Schroth, NJW 1990, S. 29; Ress, FS-Müller-Dietz, S. 635.

132 BVerfG NJW 2003, S. 2225; NJW 2003, S. 2897; Waßmer ZStW 118(2006), S. 162.

133 BVerfG NJW 1992, S. 2472; NJW 1993, S. 3254.

134 BVerfGE 78, 123, 126

Rechtsstaatsprinzip hergeleitet wird, fordert, dass der Eingriff durch staatliches Handeln bei dessen Anordnung, Vollziehung und Dauer verhältnismäßig und nicht übermäßig sein soll.[135] Daraus folgt aber auch, dass das Strafverfahren, das den Beschuldigten eingreift, innerhalb angemessener Zeit abgeschlossen werden soll.[136] Die überlange Verfahrensdauer kann vielfältige Verletzungen der Grundrechte verursachen, sodass die Ableitung des Beschleunigungsgebots noch um einige Artikel i.V.m. dem Rechtsstaatsprinzip ergänzt wird.

Erstens verlangt die Gewährleistung der Menschenwürde, dass der Beschuldigte nicht als ein Objekt des Verfahrens eingestuft wird.[137] Diese Schutzleistung steigt ab, wenn die durch das Strafverfahren aufgebaute und auf dem Beschuldigten lastende Drucksituation länger als nötig andauert.[138] Um weder die Stelle des Beschuldigten im Strafverfahren zu degradieren noch die Menschenwürde zu verletzen, hat der Beschuldigte ein subjektiv öffentliches Recht auf eine angemessene Dauer des Strafverfahrens.[139] Zudem könnte das durch Art. 2 Abs. 1 i.V.m. Art. 1 Abs. 1 geschützte allgemeine Persönlichkeitsrecht[140] und die durch Art. 2 Abs. 1 gewährleistete allgemeine Handlungsfreiheit[141] im Lauf des Strafverfahrens verletzt werden. Die Handlungsfreiheit bezieht sich darauf, dass jegliches menschliche Verhalten nur aufgrund der formellen und materiellen verfassungsgemäßen Vorschriften mit einem Nachteil belastet wird. Beispielsweise werden die Freiheit der Ausreise, die Freiheit der wirtschaftlichen Disposition und die Vertragsfreiheit durch das Gesetz beschränkt.[142] Das allgemeine Persönlichkeitsrecht stellt sicher, dass der Einzelne seine Identität selbst bestimmen kann,[143] dass er sich zurückziehen, abschirmen und allein bleiben kann,[144] dass er keine herabsetzenden, verfälschenden, entstellenden und unerbetenen öffentlichen Darstellungen und der unerbetenen heimlichen Wahrnehmungen seiner Person dulden kann.[145] Gewährleistet wird das allgemeine Persönlichkeitsrecht durch das Recht am eigenen Bild, das Recht am eigenen Wort, die Abwehr von

---

135 Bohnert, JZ 2003, S. 1001; KK-Fischer, Einl., Rn. 161 f.

136 BVerfG NJW 2003, 2225; 2003, 2897; Baumanns, Beschleunigungsgrundsatz, S. 46.

137 BVerfGE 9, 89, 95; 57, 250, 27.

138 Broß, StraFo, 2009, S. 13.; Hanack, JZ 1971, S. 711; Hillenkamp, NJW 1989, S. 2848.

139 I. Roxin, Rechtsfolgen, S. 159.

140 Hufen, Staatsrecht II, § 11 Rn. 2.

141 Pieroth/Schlink/Kingreen/Poscher, Staatsrecht II, Rn. 403.

142 Dreier, Grundgesetz von Dreier Band I, Art. 2I, Rn. 32 ff.

143 Pieroth/Schlink/Kingreen/Poscher, Staatsrecht II, Rn. 409.

144 Pieroth/Schlink/Kingreen/Poscher, Staatsrecht II, Rn. 411.

145 Pieroth/Schlink/Kingreen/Poscher, Staatsrecht II, Rn. 414.

Verfälschungen des Persönlichkeitsbildes, den Schutz des Namens und der Ehre des Menschen, die Behütung der Grundbedingungen für die Persönlichkeitsentfaltung, die Abschirmung der informationellen Selbstbestimmung und den Schutz des Computer-Grundrechts.[146] Während des Strafverfahrens kann die Handlungsfreiheit beschädigt werden. Wenn der Beschuldigten sich etwa um einen Arbeitsplatz bei einer Bank bewirbt, kann ein Strafverfahren sein soziales Fortkommen behindern.[147] Zudem wird in die durch Art. 1 Abs. 1, 2 Abs. 2, 10 und 13 GG behütete Privatsphäre eingegriffen, wenn die Überwachung der Telekommunikation beim Strafverfahren angeordnet wird.[148] Im Übrigen betreffen andere Zwangsmittel wie Bildaufnahmen (§ 100h Abs. 1 Nr. 1 StPO), kleiner (100f StPO) und großer Lauschangriff (100c, 100d StPO) die Garantie des Art. 2 Abs. 1 i.V.m. Art. 1 Abs. 1. Das Strafverfahren könnte außerdem eine psychische Drucksituation und wirtschaftliche Einbußen des Beschuldigten verursachen.[149] Der Beschuldigte muss solche staatlichen Eingriffe dulden, weil der Staat einen aus dem Offizialprinzip folgenden staatlichen Verfolgungsauftrag[150] hat und dem Beschuldigten eine Duldungspflicht obliegt.[151]. Zwar hat der Beschuldigte eine Duldungspflicht, aber es liegt eine Verletzung von Art. 2 Abs. 1 vor, wenn das Strafverfahren die „normale Länge" überschreitet.[152] Schließlich könnte das Strafverfahren die Freiheit der Person (Art. 2 Abs. 2) verletzen. Art. 2 Abs. 2 schützt die körperliche Bewegungsfreiheit. Der Schutzbereich umfasst das Recht, jeden beliebigen Ort zu besuchen (positiv) und jeden beliebigen Ort zu meiden (negativ).[153] Im Strafverfahren kann der Richter eine Untersuchungshaft erlassen. Die Untersuchungshaft, durch die dem Beschuldigten die Freiheit entzogen wird, greift in die körperliche Bewegungsfreiheit tief ein.[154] Nach Art. 2 Abs. 2 i.V.m. dem Rechtsstaatsprinzip soll die Freiheitsentziehung nicht übermäßig andauern. Der Anspruch auf angemessene Beschleunigung des mit einer

146 Dreier, Grundgesetz von Dreier Band I, Art. 2 I, Rn. 73 ff.
147 Mansdörfer, GA 2010, S. 153.
148 Kühne, StPO, Rn. 520.
149 Radke, Bestrafungshindernisse, S. 54.
150 Beulke, StPO, Rn. 16; Kindhäuser, StPO, § 4, Rn. 12; Volk, StPO, § 18, Rn. 2.
151 Beulke, StPO, Rn. 127; Kindhäuser, StPO, § 6, Rn. 26; Volk, StPO, § 9, Rn. 37.
152 BVerfG NJW 1984, S. 967; NJW 1992, S. 2472; Hanack, JZ 1971, S. 711.
153 Pieroth/Schlink/Kingreen/Poscher, StaatsrechtII, Rn. 463.
154 LR-Hilger, vor § 112, Rn. 16

Freiheitsentziehung verbundenen Strafverfahrens folgt aus Art. 2 Abs. 2 i.V.m. dem Rechtsstaatsprinzip.[155]

Eine überlange Verfahrensdauer könnte für den Beschuldigten vielfältige Beeinträchtigungen bedeuten und in verschiedene Grundrechte eingreifen. Es lässt sich nicht feststellen, welcher Artikel i.V.m. dem Rechtsstaatsprinzip zur Herleitung des Beschleunigungsgebots zutreffender ist. Jeder Artikel hat eine eigene Tragfähigkeit, wenn das von ihm geschützte Grundrecht verletzt wird.

2. Das Gebot des effektiven Rechtsschutzes (Art. 19 Abs. 4)

Art. 19 Abs. 4 GG gewährleistet, dass der Rechtswege offensteht, wenn jemand durch öffentliche Gewalt in seinen Rechten verletzt wird. Wird das Gebot des effektiven Rechtsschutzes als Grundlage des Erfordernisses eines unverzögerten Strafverfahrens weiter erörtert, sollte zunächst festgestellt werden, ob die Verletzung durch das überlange Verfahren in den Schutzbereich des Art. 19 Abs. 4 GG fällt. Somit muss der Schutzbereich des Art. 19 Abs. 4 geschildert werden.

a. Schutzbereich des Art. 19 Abs. 4 GG

i. Öffentliche Gewalt

Der Begriff der öffentlichen Gewalt wird im GG unterschiedlich dargestellt. Im Allgemeinen bezeichnet er die Gesetzgebung, vollziehende Gewalt und Rechtsprechung,[156] während unter öffentlicher Gewalt in Art. 19 Abs. 4 nur der Akt vollziehender Gewalt verstanden wird.[157] Nach den Rechtsprechungen des BVerfG sind die Rechtsprechung[158] und die parlamentarische Gesetzgebung[159] mit dem Begriff der öffentlichen Gewalt in Art. 19 Abs. 4 gemeint. Das Gericht kontrolliert die übrige bleibende Exekutive. Die Kontrolle umfasst auch den Rechtspfleger[160] und den Staatsanwalt[161], deren Akt zwar der Rechtsprechung ähnlich ist, die aber nicht der Rechtsprechung angehören.

---

155 BVerfG NJW 2001, S. 2707; NJW 2003, S. 2225; NJW 2003, S. 2897; Bohnert, JZ 2003, S. 1001; Eisele, JR 2004, S. 14, Fn. 35.

156 Pieroth/Schlink/Kingreen/Poscher, Staatsrecht II, Rn. 1123.

157 BVerfGE 107, 395, 404 ff; 112, 186, 207; 122, 248, 270 f.

158 BVerfGE 49, 329, 340 f.; 107, 395, 404 ff.

159 BVerfGE 24, 33, 49; 24, 367, 401.

160 BVerfGE 101, 397, 407.

161 BVerfGE 103, 142, 156.

ii. Rechtsverletzung

Die Gewährleistung des Gerichtswegs nach Art. 19 Abs. 4 GG setzt eine mögliche Verletzung der Rechte voraus. Die in Art. 19 Abs. 4 GG angesprochen Rechten umfassen nicht nur die Grundrechte, die im selben Abschnitt aufgeführt sind, sondern auch alle subjektiven Rechte des öffentlichen und des privaten Rechts[162]. Eine Rechtsverletzung findet statt, wenn Exekutive oder Judikative beim Gesetzesvollzug den Bürger rechtswidrig angreifen.[163] Der rechtswidrig hat nicht wirklich erfolgt zu sein, sondern es genügt, die Feststellung, ob er wirklich erfolgt ist.[164]

iii. Offenstehen des Rechtswegs

Unter dem Offenstehen des Rechtswegs sind der Zugang zum Gericht, das Verfahren vor dem Gericht und die Entscheidung durch das Gericht zu verstehen. Der Rechtsschutz würde leerlaufen, wenn die Gerichte das Verlangen des Rechtsschutzes inhaltlich nicht zu überprüfen hätten und darüber lange Zeiten nicht entscheiden könnten. Somit hat das BVerfG auch bekräftigt, dass die Gewährleistung des effektiven Rechtsschutzes vom Art. 19 Abs. 4 GG ausgeht.[165] Es verlangt einen Rechtsschutz innerhalb angemessener Zeit.[166].

b. Das Gebot des effektiven Rechtsschutzes als Grundlage des Erfordernisses eines unverzögerten Strafverfahrens

Einige Autoren behaupten, dass der einhergehende Rechtsdurchsetzungsauftrag aus Art. 19 Abs. 4 GG hergeleitet werden könne.[167] Aber diese Meinung trifft nicht auf die beschleunigte Verfahrensdauer zu. Art. 19 Abs. 4 GG verlangt eine effektive gerichtliche Kontrolle, wenn die Rechte des Bürgers durch öffentliche Gewalt verletzt werden. Im Strafverfahren kontrolliert der Richter nicht die öffentliche Gewalt, sondern er übt diese aus.[168] Der Schutzbereich des Art. 19 Abs. 4 GG ist nur betroffen, wenn die Rechte des Beschuldigten im Strafverfahren durch die Akte des Rechtspflegers oder Staatsanwalts beeinträchtigt werden.

---

162 Pestalozza, NVwZ 1999, S. 140; Pieroth/Schlink/Kingreen/Poscher, Staatsrecht II, Rn. 1127; Schulze-Fielitz, Grundgesetz von Dreier Band II, Art. 19 IV, Rn. 60 ff.

163 Huber, GG von Strack, Art. 19 Rn. 414 ff.

164 Pieroth/Schlink/Kingreen/Poscher, Staatsrecht II, Rn. 1129.

165 BVerfG NJW 2010, S. 2864.

166 BVerfGE 40, 237, 257; 55, 349, 369; 63, 45, 68 f.

167 Kloepfer, JZ 1979, S. 211 ff.

168 Kirchhof, FS-Doehring, S. 451.

Vereinzelt wird auch behauptet, aus Art. 19 Abs. 4 GG könnten die Beschleunigungstendenzen mittelbar entnommen werden, weil der Schutz vor den mit dem Strafverfahren verbundenen Belastungen im Schutzbereich einschlägig ist und das Gericht den Rechtsschutz zeitnah durchführen soll.[169] Der Beschleunigungseffekt gem. Art. 19 Abs. 4 GG wirkt sich nicht direkt auf das Strafverfahren aus, sondern auf den zusätzlichen Rechtsschutz. Der wirksame Rechtsschutz könnte zufällig vor der Gefahr der überlangen Strafverfahrensdauer schützen. Somit lässt sich die Grundlage zum Erfordernis eines unverzögerten Strafverfahrens nicht unmittelbar aus Art. 19 Abs. 4 GG ableiten. Die Formulierung ist zutreffend, dass die Anforderung eines unverzögerten Strafverfahrens auf dem Rechtsstaatsprinzip basiert, das seine Ausprägung in Art 19 Abs. 4 GG findet.[170]

IV. Öffentliches Interesse am Beschleunigungsgebot

A. Ambivalentes Beschleunigungsgebot

Das Beschleunigungsgebot wird divergierend bewertet, weil es einerseits den Beschuldigten schützt und andererseits dem öffentlichen Interesse dient.[171] Die Ursache des öffentlichen Interesses geht vom Rechtsstaatsprinzip aus, aus dem das Beschleunigungsgebot hergeleitet wird. Das Rechtsstaatsprinzip verlangt den Schutz des Beschuldigten auf der einen Seite und auf der anderen Seite, eine funktionierende und effektive Justiz, was auch als „Funktionstüchtigkeit der Strafrechtspflege“ bezeichnet werden kann. Dass der Beschuldigte nicht über das Beschleunigungsgebot disponieren kann, ist der wesentliche Nachweis, dass das Beschleunigungsgebot das öffentliche Interesse umfasst.[172]

Die öffentlichen Interessen, denen das Beschleunigungsgebot dient, sind die Sicherung der Wahrheitsermittlung, die Wiederherstellung des Rechtsfriedens, die Gewährleistung der general- und spezialpräventiven Wirkung der Strafe und die Behütung der Geschädigten.[173] Der Umfang und die Qualität der Beweismittel verringern sich im Laufe der Zeit, weil Beweise abhandenkommen und die Erinnerung der Zeugen nachlässt oder verfälscht wird. Somit wird die Aufklärung des Sachverhalts erschwert. Die zügige Durchführung des Strafverfahrens

169 Baumanns, Beschleunigungsgrundsatz, S. 47.

170 Kirchhof, FS-Doehring, S. 451; Ress, FS-Müller-Dietz, S. 635.

171 KK-Fischer, Ein. Rn. 36; Meyer-Goßner/Schmitt, StPO, Ein. Rn. 160; Landau, FS-Hassemer, S. 1079; Laue, GA 2005, S. 650.

172 I. Roxin, StV 2010 S. 438; Laue, GA 2005, S. 649; Piel, FS-Widmaier, S. 433.

173 SK-Rogall, vor § 133 Rn. 119; Waßmer, ZStW 118(2006), S. 160.

ermöglicht die bestmögliche Rekonstruktion des Sachverhalts.[174] Sie beseitigt die durch die Straftat verursachte soziale Störung in absehbarer Zeit, um den Rechtsfrieden wiederherzustellen. Wenn eine Straftat vorliegt, hat der Staat die Pflicht, den Täter aufgrund eines Vergehens zu bestrafen. Dieser staatliche Strafanspruch ist möglichst zeitnah umzusetzen. Nach einer langsamen Durchsetzung könnte der Rechtsfrieden bereits ohne Sanktion wiederhergestellt sein und würde dann durch das Strafverfahren eher gestört als verstärkt.[175] Ein verschlepptes Strafverfahren schädigt die positive Spezialprävention, denn im Laufe der Zeit verblasst der Eindruck der Tat durch Verdrängungs- und Neutralisierungsmechanismen, sodass die verhängte Strafe, den Täter nicht mehr zu Reue und Umkehr bewegt. Eine baldige Bestrafung nach der Rechtsverletzung hat einen starken Abschreckungseffekt auf andere potenzielle Täter und verstärkt damit die negative generalpräventive Wirkung.[176] Auch der Geschädigte verlangt eine schnelle Bestrafung und Schadenswiedergutmachung, ansonsten könnte eine lange Strafverfahrensdauer eine Sekundärtraumatisierung bewirken bzw. verstärken. Ein zügiges Strafverfahren dient somit auch den Interessen des Geschädigten.[177]

B. Beschleunigungsgebot zur Rechtfertigung der Beschränkung des Beschuldigtenrechts

In jüngster Zeit hat das öffentliche Interesse am Beschleunigungsgebot die Rechtspositionen des Beschuldigten eingeschränkt.[178] Dieser Trend zur Anwendung des Beschleunigungsgebots kann durch die Rechtsprechungen des BGH nachgewiesen werden. Treffende Beispiele dafür sind die Beschränkung des Beweisantragsrechts[179], die Beschränkung des Rechts des Beschuldigten auf die Wahl des Verteidigers seines Vertrauens[180] und die Rügeverkümmerung[181]. Dieser Trend hat eine weitere Debatte darüber hervorgerufen, ob das Beschleunigungsgebot die Beschränkung des Verteidigungsrechts legitimiert.

---

174 Pfeiffer, FS-Baumann, S. 332 f; Waßmer, ZStW 118(2006), S. 161.

175 Landau, FS-Hassemer, S. 1075; ähnlich vgl. I. Roxin, StV 2010 S. 438; Laue, GA 2005, S. 658; Waßmer, ZStW 118(2006), S. 160.

176 Waßmer, ZStW 118(2006), S. 160.

177 Waßmer, ZStW 118(2006), S. 161.

178 Trüg, StV 2010 S. 529.

179 BGHSt 52, 355

180 BGH StV 2009, S. 567.

181 BGH 51, 298, 310.

1. *Legitimiert das Beschleunigungsgebot die Beschränkung des Beschuldigtenrechts?*

Die Auffassung[182], die das Beschleunigungsgebot zur Rechtfertigung der Einschränkung des Beschuldigtenrechts ablehnt, gründet darauf, dass nach den bisherigen Rechtsprechungen des EGMR und BVerfG die der Justiz anzulastenden Verfahrensverzögerungen vom Staat durch geeignete organisatorische Maßnahmen vermieden werden müssen und nicht durch eine Beschränkung der Beschuldigtenrechte. Der EGMR verlangt von der Bundesrepublik Deutschland und den anderen Vertragsstaaten, dass diese ihr Justizwesen so einrichten müssen, dass die Gerichte allen Anforderungen des Beschleunigungsgebots entsprechen können.[183] Zur Begründung hat auch Kühne das Argument vorgebracht, dass die Pflicht, das Rechtssystem so zu organisieren, dass es dem Beschleunigungsgebot entspricht, dem Gericht als allgemeinen Grundsatz zugeordnet wird.[184] Solche Begründungen haben einen logischen Fehler. Denn sie gehen von der beschuldigtenschützenden Dimension aus, indem sie der Bewertung der Entscheidung des EGMR folgen. Die Auffassung von Kühne geht auch aus dem Ergebnis der Analyse der Rechtsprechungen des EGMR hervor. Die EMRK sieht nur das beschuldigtenschützende Beschleunigungsgebot vor. Die Befürworter, die die Beschränkung des Verteidigungsrechts als Beschleunigungsmaßnahme des Strafverfahrens bejahen, teilen auch die Ansicht, dass die Beschränkung des Verteidigungsrechts nicht aus der beschuldigtenschützenden Perspektive legitimiert werden kann.[185] Die Ablehnung des Beschleunigungsgebots als Rechtfertigung der Beschränkung des Verteidigungsrechts basiert auf einer zweifelhaften Begründung, die aus der beschuldigtenschützenden Perspektive folgt. Dem Beschleunigungsgebot als Begründung der Beschränkung des Verteidigerrechts wird wegen der Nicht-Erreichung des Ziels, das öffentliche Interesse wie die Anforderung der Wahrheitsfindung, der generalpräventive Effekt durch zügige Verfahren abgesprochen. Diese Auffassung hat sich aus folgenden Anlässen ergeben. Ein über Jahre dauerndes Verfahren mit all seinen Belastungen könnte einen ebenso großen Abschreckungseffekt wie ein kurzer Prozess haben.[186] Der mit der negativen Generalprävention verfolgte Abschreckungseffekt soll durch

182 LR-Kühne, Einl. H, Rn. 14; Jahn NJW 2006, S. 654; I. Roxin, StV 2010 S. 439.

183 EGMR, StV 2001, S. 489, Ziff. 42; NJW 2001, S. 212, Ziff. 75; wistra 2004, S. 177, Ziff. 38.

184 Kühne, StV 2001, S. 534.

185 Kudlich, Beschleunigungsgebot, S. 17.

186 I. Roxin, StV 2010 S. 440.

Strafdrohungen[187] und nicht durch die lange Verfahrensdauer erzielt werden. Zudem hat die Wahrheitsfindung durch die sorgfältige Ermittlung des Sachverhalts zu erfolgen und dazu ist ausreichend Zeit erforderlich. Ein kurzes Verfahren könnte die Wahrheitsfindung beeinträchtigen.[188] Die Begründung enthält ein Missverständnis des Beschleunigungsgebots, nämlich dass sich das Beschleunigungsgebot um ein kurzes Verfahren bemühe. Das Beschleunigungsgebot verlangt aber kein kurzes, sondern ein angemessenes Verfahren. In diesem Punkt ist die Begründung nicht überzeugend.

Eine Verlängerung des Strafverfahrens folgt unmittelbar regelmäßig aus der Ausübung der prozessualen Rechte durch den Beschuldigten und seinen Verteidiger.[189] Wenn die Ausübung der Beschuldigtenrechte eingeschränkt wird, würde sich also ein Beschleunigungspotenzial bieten und die öffentlichen Interessen könnten durch die angemessene Dauer des Verfahrens gewährleistet werden. Der Freiheitsanspruch des Bürgers gegenüber der öffentlichen Gewalt könnte beschränkt werden, wenn dies notwendig ist, um die öffentlichen Interessen zu garantieren. Die gewählte Maßnahme und der gewünschte Zweck sollen verhältnismäßig sein.[190] Die Einschränkung der Beschuldigtenrechte kann vom Beschleunigungsgebot legitimiert sein, wenn der Eingriff in die Beschuldigtenrechte und das dadurch zu schützende öffentliche Interesse noch verhältnismäßig ist. Im Übrigen hat das Beschleunigungsgebot als Prozessmaxime eine rechtsgestaltende und systematische Funktion. Wenn die Institutionen der StPO dem Beschleunigungsgebot nicht entsprechen, müssen die Institutionen optimiert werden. In Bezug auf diese Auffassung kann die Gestaltung des Beschuldigtenrechtes verändert werden, wenn die Ausübung des Beschuldigtenrechtes dem öffentlichen Interesse am Beschleunigungsgebot zuwiderläuft.

Nach den Rechtsprechungen[191] wird das Beschleunigungsgebot zur Beschränkung des Beschuldigtenrechts anerkannt. Solche Rechtfertigungen der Beschränkung durch das Beschleunigungsgebot lassen sich in zwei Gruppen unterteilen. Vor allem setzt die beschränkte Ausübung der Verfahrensrechte den Missbrauch des Verfahrensrechts voraus.[192] Denn wird das Beschleunigungsgebot aus dem

---

187 Roxin, Strafrecht AT, § 3 Rn. 25.

188 I. Roxin, StV 2010 S. 440.

189 Plankenmann, Überlange Verfahrensdauer, S. 32.

190 Pfeiffer, FS-Baumann, S. 345

191 BVerfG StV 2007, S. 366; KG StV 2009, S. 577; Beulke, StPO, Rn. 26; Landau, FS-Hassemer, S. 1087.

192 Beulke, StPO, Rn. 26; Piel, FS-Widmaier, S. 439.

Rechtsstaatsprinzip abgeleitet, so liegt eine Verletzung des Beschleunigungsgebots vor, sofern das Übermaßverbot verletzt ist.[193] In der anderen Anschauung geht es darum, dass zwischen dem öffentlichen Interesse des Beschleunigungsgebots, das nicht vom Rechtsmissbrauch abhängt, und den Beschuldigtenrechten als einem eigenen Interesse abgewogen wird.[194] Es wird kritisiert, dass die Verfahrensrechte im Lichte des Beschleunigungsgebots wegen des Missbrauchs beschränkt werden können. Der Rechtsmissbrauch wehrt eine verfahrensfremde und verfahrenswidrige Ausübung des Verfahrensrechts ab.[195] Wenn das Beschleunigungsgebot zur Beschränkung des Verfahrensrechts geht von der Vermeidung des Rechtsmissbrauchs aus, dann gilt das Beschleunigungsgebot nur im Extremfall. Die Strafprozessordnung ist ein System, in dem die einzelnen Gestaltungsmöglichkeiten der Verfahrensbeteiligten miteinander koordiniert werden. Dieses System könnte nicht mehr in vollem Umfang zeitgemäß sein und daher zu einer vom Gesetzgeber nicht vorhergesehenen Ausdehnung des Verfahrens führen, wenn die rechtsmissbräuchliche Handlung noch nicht vorliegt.[196] Die Anwendung des Beschleunigungsgebots unter diesen Aspekten entfernt sich vom ursprünglichen Inhalt des verfahrensökonomischen Beschleunigungsgebots, das durch die Optimierung des Strafverfahrens ein zügiges Verfahren erreicht, um den öffentlichen Interessen zu dienen, da das Beschleunigungsgebot auf die Vermeidung des Rechtsmissbrauchs zielt. Das Beschleunigungsgebot als Prozessmaxime hat eine rechtsgestaltende Funktion, eine systematische sowie eine interpretatorische Funktion. Das Beschleunigungsgebot spielt bei der Interpretation oder der Gestaltung des Gesetzes eine unabhängige Rolle und ist nicht auf den Rechtsmissbrauch angewiesen. Aus diesem Grund fordert das objektive Beschleunigungsgebot die Abwägung der Interessen zwischen der Beschleunigung des Verfahrens und der Ausübung des Verfahrensrechts an.

2. Adressat der Befugnis der Einschränkung des Verfahrensrechts des Beschuldigten zur Beschleunigung des Verfahrens

Nachdem geklärt wurde, dass das Verfahrensrecht des Beschuldigten einschränken werden darf, um ein zügiges Verfahren zu erreichen, wird die Frage aufgeworfen, wer befugt ist, das Verfahrensrecht einzuschränken.

193 Piel, FS-Widmaier, S. 439.
194 Kudlich, Beschleunigungsgebot, S. 16.
195 Beulke, StPO, Rn. 126a.
196 Tepperwien, FS-Widmaier, S. 597.

Vor allem wird die zurückhaltende Auffassung angeführt. Die Optimierung des Verfahrens kann nur durch den Gesetzgeber erfolgen, weil allein der Gesetzgeber entscheiden kann, inwieweit diese Verfahrensweise noch dem Beschleunigungsgebot entspricht und welche Bereichen des Gesamtsystems verändert werden sollen.[197] Die von der Rechtsprechung betriebene Beschränkung des Verfahrensrechts des Beschuldigten geht über die Grenzen der richterrechtlichen Rechtsfortbildung hinaus, sodass diese Änderung des Strafverfahrensrechts nur dem Gesetzgeber vorbehalten bleibt.[198]

Die andere Anschauung weist dem Richter die Befugnis zu, das Beschuldigtenrecht zu beschränken.[199] Dem Erfordernis der richterlichen Rechtsfortbildung liegen folgende Auffassungen zugrunde. Die Rechtsfortbildung durch den Richter gilt derzeit als normaler und notwendiger Vorgang.[200] Ein Gesetz altert und kann irgendwann veraltet sein. Das Gesetz kann durch gesellschaftliche oder technische Änderungen überholten sein,[201] und dann nicht mehr ordnend und stabilisierend wirken.[202] Der Gesetzesinhalt kann und muss daher der Entwicklung der wirtschaftlichen und sozialen Verhältnisse sowie neuen gesellschaftlichen und rechtlichen Wertungen entsprechen. Der Gesetzgeber ist jedoch nicht in der Lage, all diese neuen Regelungsbedürfnisse rechtzeitig zu erfüllen.[203] Der Richter kann durch die Auslegung des Gesetzes die in der Vergangenheit aufgestellte Vorschrift mit den gegenwärtigen Sachverhalten in Einklang bringen.[204] Durch die richterliche Rechtsfortbildung kann das Gesetz ergänzt, erneuert oder korrigiert werden.[205] Dadurch behält das Gesetzsein Lebenskraft.[206] Das Richterrecht kann sich auch auf die gesetzliche Regelungsmethode gründen. Das Gesetz kann nicht für die abschließende und vollständige Normierung aller regelungsbedürftigen Sachverhalte sorgen. Wenn die Vorschrift so aufgestellt wird, mangelt es dem Gesetz an generell-abstrakter Regelbarkeit einer Sache.[207] Der Gesetzgeber will die starren gesetzlichen Vorgaben

197 Landau, NStZ 2007, S. 129.
198 Wohlers, NJW 2010, S. 2475.
199 Tepperwien, FS-Widmaier, S. 597.
200 Biaggini, Richterrecht, S. 4.
201 Kirchhof, FS-Uni Heidelberg, S. 26.
202 Biaggini, Richterrecht, S. 3.
203 Heusinger, Rechtsfindung S, 56.
204 Heusinger, Rechtsfindung S, 56.
205 Biaggini, Richterrecht, S. 4.
206 Biaggini, Richterrecht, S. 3.
207 Biaggini, Richterrecht, S. 8.

modifizieren, indem er Generalklauseln, einen unbestimmten Rechtsbegriff und Ermessenstatbestände anwendet. Dem Richter obliegen daher in Strafverfahren Entscheidungsspielräume.[208] Ein treffendes Beispiel dafür, dass der Gesetzgeber eine Generalklausel immer „auf andere Weise wesentlich erschwert oder aussichtslos" gehandhabt hat, stellt die Vorschrift der verdeckten Ermittlung dar.[209] Auch die Haltung des Gesetzgebers führt zu der Notwendigkeit der richterlichen Rechtsfortbildung. Wenn der Gesetzgeber es als lästig empfindet, unpopuläre weitreichende Regelungen wie die Normierung eines in der Praxis längst alltäglichen Abspracheverfahrens oder eine von der Anwaltschaft abgelehnte Lockerung des Beweisantragsrechts aufzustellen, unterlässt er die Aufstellung der Regelung und überlässt dem Richter das Regelungsbedürfnis.[210] In praktischer Hinsicht motiviert der Richter, durch die richterliche Rechtsfortbildung, die Gesetzgebung zu handeln. Die Gesetzgebung ist keineswegs immer ein originärer Akt. Vielmehr knüpft sie an der gängigen Rechtspraxis an und orientiert sich an den darin gesammelten Erfahrungen. Sie berücksichtigt den vom Richter geformten Rechtsgedanken und verändert und kodifiziert diesen. Es kommt nicht selten vor, dass die gerichtliche Regelung eine entsprechende Ergänzung oder Änderung der gesetzlichen Ordnung anregt.[211] Die Antwort auf die Frage, ob der Richter zwischen dem öffentlichen Interesse und der Rechtsgewährleistung des Beschuldigten abwägen darf, ist eine treffende Begründung dafür, dass die richterliche Rechtsfortbildung und Abwägung durch den Richter im Strafverfahrensrecht zulässig ist und schon durchgeführt wird.[212] Der Richter kann sich im Einzelfall entscheiden, ob ein Beweisverwertungsverbot besteht oder nicht. Beim Entscheidungsgang hat der Richter das Verfolgungsinteresse und das Interesse des Beschuldigten gegeneinander abzuwägen.[213] Laut den erörterten Gründen darf die Teilnahme des Richters an der Optimierung des Strafverfahrens nicht pauschal abgelehnt werden.

---

208 In anderen Rechtsgebieten kann die Verwaltung vor allem die Pflicht der Auslegung oder der Rechtsfortbildung übernehmen. Vgl. Kirchhof, FS-Uni Heidelberg, S. 23.

209 In § 100a, 100c, 100f, 100g, 110a StPO.

210 Tepperwien, FS-Widmaier, S. 597.

211 Biaggini, Richterrecht, S. 5.

212 Beulke, StPO, Rn. 458.

213 BVerfGE 33, 367; BVerfGE 34, 238 usw.

3. *Gefahr der Optimierung des Verfahrens und deren Rechtsfertigung*

a. *Gefahr des Missbrauchs des Beschleunigungsgebots*

Die Befürworter des Richterrechts haben auch anerkannt, dass durch die richterliche Rechtsfortbildung die Vorschrift von vorhandenen gesetzlichen Wertungen abweichen könnte, weil die Vorschrift durch die persönliche Gerechtigkeitsvorstellung der Richter mithilfe einer geeigneten Auslegung und besseren Einlegungsstrategien weiter interpretiert wird.[214] Die Richter fungieren als Gesetzesreformer. Sie fühlen sich berufen, berechtigt und beauftragt zu sein, „alte" Gesetze mit neuem Inhalt zu ergänzen und sie notfalls für obsolet zu erklären.[215] Die Rolle der Richter verändert sich von „Dienern des Gesetzes" hin zu „Herren der Rechtsordnung"[216] selbst. Dadurch sind die Gewaltenteilung und die Bindung der Rechtsprechung an das Gesetz als das wesentliche Fundament des Rechtsstaats[217] verletzt.[218]

Allerdings ist es notwendig, das Richterrecht zu begrenzen.[219] Der Richter könnte auch bei der Beschränkung des Verfahrenrechts des Beschuldigten mittels des Beschleunigungsgebots die Grenze des Richterrechts überschreiten. Das Problem ist, dass eine übertriebene Beschleunigung dazu führt, dass das Recht des Beschuldigten auf einen rechtsstaatlichen und fairen Prozess ignoriert wird[220] oder das Verteidigungsrecht hierdurch immer mehr als störendes Beiwerk gilt[221]. Die übertriebene Beschleunigung könnte das rechtsstaatliche Strafverfahren beseitigen.[222] Daher wird erwartet, dass diese Befugnis begrenzt wird.

b. *Überprüfung der Legitimation der Beschränkung*

i. *Begrenzung des Richterrechts*

Die Ausübung des Verfahrensrechts kann durch den Gesetzgeber oder Richter eingeschränkt werden. Wird die Legitimation der Beschränkung festgestellt, soll zuerst überprüft werden, ob der Richter die Grenze des Richterrechts überschritten hat, wenn die Beschränkung durch einen Richter aufgestellt wurde.

214 Rüthers, JZ 2002, S. 366.
215 Rüthers, JZ 2002, S. 367.
216 Rüthers, JZ 2006, S. 958; ähnlich Biaggini, Richterrecht, S. 13.
217 Degenhart, Staatsrecht I, Rn. 290.
218 BVerfGE 87, 273, 280; 96, 56, 62; 96, 375, 394.
219 Vgl. Ipsen, Richterrecht, S. 128 ff; Wank, Grenzen, S. 82 ff.
220 Vgl. Piel, FS-Widmaier, S. 436; Wohlers, NJW 2010, S. 2471;
221 Kühne, JZ 2010, S. 821.
222 Piel, FS-Widmaier, S. 436

Bevor die Grenze des Richterrechts weiter erklärt wird, ist es notwendig, die Frage zu beantworten, ob Art. 103 Abs. 2 GG (Gesetzlichkeitsprinzip) in der StPO gilt. Wenn der Richter der Beschränkung des Gesetzlichkeitsprinzips unterläge, könnte der Richter die Norm nur innerhalb der Wortlautgrenzen auslegen.[223] Laut dem Wortlaut des Art. 103 Abs. 2 GG gilt im Rahmen des Gesetzlichkeitsprinzips nur die Vorschrift in Bezug auf die „Strafbarkeit". Das Gesetzlichkeitsprinzip gilt also nicht in der StPO.[224] Der Richter ist dadurch zu einer freieren Bedienung der Rechtsnormen befugt und aufgefordert, wenn das geschriebene Gesetz seine Funktion ohne eine im Wortlaut verbindende Auslegung außer Funktion setzt, weil sich die technischen, sozialen, gesellschaftlichen, wirtschaftlichen oder sonstigen Hintergründe seit der Aufstellung des Gesetzes stark verändert haben, und wenn die richterliche Rechtsfortbildung den Grundprinzipien der StPO entspricht.[225]

Das BVerfG hat eingeräumt, dass sich der Richter sowohl mit dem Erkennen und Nachvollziehen von Entscheidungen des Gesetzgebers, mit der Anwendung des Gesetzes,[226] als auch mit der schöpferischen Rechtsfindung beschäftigt, die auch eine herkömmliche und stets zu bewältigende richterliche Aufgabe ist[227]. Hingegen hat das BVerfG auf die Gewähr der unzulässigen Rechtsfortbildung hingewiesen und unter Hinweis auf den Gewaltenteilungsgrundsatz und die Bindung der Rechtsprechung an das Gesetz betont, dass der Richter sich weder von einem Normanwender zu einer normaufstellenden Instanz entwickeln noch die Bindung an Recht und Gesetz umgehen dürfe.[228]

---

223 BVerfG StV 2007, S. 399; Lackner, FS-Uni Heidelberg, S. 39.

224 Krey, ZStW 101(1989), S. 854; Tepperwien, FS-Widmaier, S. 584.

225 Tepperwien, FS-Widmaier, S. 584.

226 BVerfGE 34, 269, 286 f.

227 BVerfGE 3, 223, 234 f.; 34, 269, 286 ff.; 49, 304, 318; 65, 182, 190; 66, 116, 138; 74, 129, 152; 111, 54, 81 f.

228 In zahlreichen Entscheidungen wird Art. 2 Abs. 1 i.V.m. Art. 20 Abs. 3 GG als verfassungsrechtlichen Prüfungsmaßstab genannt. Vgl. BVerfGE 56, 99, 107, 109; 61, 68, 72; 65, 182, 191; 73, 261, 269; 87, 273, 279. Zum Teil beruft sich das BVerfG auf Art. 20 Abs. 3 GG i.V.m. einem im konkreten Fall betroffenen speziellen Grundrecht als die Grundlage der verfassungsrechtlichen Kontrolle. Vgl. BVerfGE 69, 135, 369 (i.V.m. Art. 8 Abs. 1 GG); 82, 6, 12 (i.V.m. Art. 14 Abs. 1 Satz 1 GG). In den jüngeren Entscheidungen bilden Art. 20 Abs. 2 GG und Art. 20 Abs. 3 GG den normativen Anhaltspunkt. Vgl. BVerfGE 96, 375, 394; 102, 374, 361; BVerfG NVwZ 1999, S. 1332; NJW 2000, S. 3636.

Eine richterliche Rechtsfortbildung verstößt gegen das Gewaltenteilungsprinzip und die Bindung der Rechtsprechung an das Gesetz, wenn der Richter als Normgeber fungiert und Eingriffstatbestände aufstellt, die das Gesetz nicht vorsieht.[229] Daneben besteht eine unzulässige Rechtsfortbildung darin, dass der Richter sich nicht auf den eindeutigen Wortsinn des Gesetzes beruft, wenn er das Gesetz interpretiert.[230] Diese Grenze ergibt sich aus der Funktionsdifferenzierung zwischen Gesetzgeber und Richter, also aus der Unterscheidung zwischen der parlamentarischen Rechtserzeugung und der judiziellen Rechtsentscheidung.[231] Bei der parlamentarischen Rechtserzeugung verschafft sich der Gesetzgeber vor allem die zur rechtlichen Regelung erforderlichen Kenntnisse genereller Tatsachen. Dann erfolgt die Rechtserzeugung in einem prinzipiell offenen, also politischer Einflussnahme zugänglichem Verfahren. Dadurch trägt das Verfahren der parlamentarischen Rechtserzeugung politische und demokratische Merkmale.[232] Im Gegensatz zum Gesetzgeber beurteilt der Richter den Einzelfall. Er kann die Folgen verschiedener Interpretationen und Konkretisierungen einer Vorschrift überblicken und der Vorschrift nach einer Reihe von Entscheidungen typisierende Bestimmtheit verleihen.[233] Insbesondere wenn der Richter Fälle bearbeitet, in denen er der Frage nach gerechter und angemessener Abwägung grundlegend widersprüchlicher Interessen in Staat und Gesellschaft nachgeht, stellt das Gesetz, das die politischen Vorentscheidungen einbezieht und die normative Linie vorarrangiert, dem Richter eine Stütze bereit, um das Defizit an demokratischer Legitimation des Richters im Kontrast zum parlamentarischen Gesetzgeber auszugleichen und das nötige Komplementärverhältnis zwischen richterlicher Unabhängigkeit und Gesetzesbindung aufrechtzuerhalten. Dies stellt eine ideale Funktionsverteilung zwischen Richter und Gesetzgeber dar.[234]

Die Rechtsprechung des BVerfG beleuchtet die verfassungsrechtliche Kontrolle der richterlichen Rechtsfortbildung näher und stellt eine abstrakte Formel mit einer Vertretbarkeitskontrolle auf. Laut dieser Formel überschreitet die richterliche Rechtsbildung ihre Grenze, wenn das Gericht Rechtspositionen kappt, die der Gesetzgeber unter Konkretisierung verfassungsrechtlicher

---

229 BVerfGE 87, 273, 280; 96, 56, 62; 96, 375, 394.
230 BVerfGE 71, 122, 136.
231 Ipsen, Richterrecht, S. 231.
232 Ipsen, Richterrecht, S. 142 ff.
233 Ipsen, Richterrecht, S. 231.
234 Ipsen, Richterrecht, S. 232.

Prinzipien gewährt. Während der Richter bei einer zulässigen Rechtsfortbildung den rechtspolitischen Willen des Gesetzgebers zur Geltung bringt, realisiert der Richter in diesem Fall seine eigenen rechtspolitischen Erwägungen.[235] Diese Vertretbarkeitskontrolle wurde in späteren Entscheidungen verwendet. In den Entscheidungen wird die unzulässige Rechtsfortbildung des Richters so formuliert, dass der Richter die Entscheidung aufgrund eigener politischer Vollstellungen verändern und durch eine richterliche Rechtsfortbildung austauschen dürfe, die er so bei der Gesetzgebung im Parlament nicht erreichen könne, wenn der Gesetzgeber eine eindeutige Entscheidung getroffen hätte[236] oder dass der Richter die Gesetzesbindung gem. Art. 20 Abs. 3 GG ignoriere, wenn durch seine zur Begründung seiner Entscheidung angestellten Erwägungen offensichtlich erkennbar wird, dass er über die Rolle des Normanwenders hinausgeht und die Norm setzt.[237] Mit dem Beschluss vom 12. November 1997 befindet sich die Formulierung der Vertretbarkeitskontrolle an einem vorläufigen Ende der Entwicklung. Demzufolge richtet sich die Vertretbarkeitskontrolle darauf, ob das Fachgericht die gesetzgeberische Grundentscheidung beachtet hat und den anerkannten Methoden der Gesetzesauslegung gefolgt ist, als das Gericht die Rechtsfortbildung getätigt hat.[238] Die Einhaltung der gesetzgeberischen Grundentscheidung wird so definiert, dass die richterliche Rechtsfortbildung nicht über das herkömmliche Verständnis des Rechtsbegriffs hinausgeht.[239] Seit dieser Entscheidung hat das BVerfG die gesetzgeberische Grundentscheidung mit dem vom Gesetzgeber festgestellten Sinn und Zweck des Gesetzes gleichgesetzt.[240] Die Grenze des Richterrechts besagt, dass der Richter die gesetzgeberische Grundentscheidung und den vom Gesetzgeber festgestellten Sinn und Zweck bei der Rechtsfortbildung nicht übergehen darf.

Diese unkonkreten Formulierungen des BVerfG müssen noch konkretisiert werden. Laut Pieroth und Aubel[241] wurde der Kontrollmaßstab konkretisiert. Vor allem wird der Zusammenhang zwischen der klassischen Auslegungsmethode und der richterlichen Rechtsfortbildung angeführt. Die richterliche Entscheidungsfindung ist nicht zweifelhaft, wenn das Gericht die Gesetzesauslegung

235 BVerfGE 49, 304, 319 f.
236 BVerfGE 82, 6, 12.
237 BVerfGE 87, 273, 280.
238 BVerfGE 96, 375, 394 f.
239 Vgl. BVerfGE 96, 375, 395.
240 BVerfGE 96, 375, 394 f.
241 Pieroth/Aubel, JZ 2003, S. 508 ff.

mittels der herkömmlichen Auslegungsmetode durchführt und den Inhalt der einfach-gesetzlichen Norm nach Wortlaut, Systematik, Entstehungsgeschichte sowie Sinn und Zweck interpretiert. Ein „*lege artis*“ erhaltenes Auslegungsergebnis ist noch eine zulässige Rechtsfortbildung.[242] Das BVerfG hat auch die Rechtsfortbildung für fraglos gehalten, bei der das Gericht eine andere Interpretation nahelegend erhebliche Aspekte bei seiner Auslegung nicht abgewogen hat.[243]

Eine unzulässige Rechtsfortbildung liegt vor, wenn der Richter eine vertretbare Interpretation vorgenommen hat, selbst wenn diese Interpretation noch sachgerecht ist,[244] wenn ein Sinn, der einem nach Wortlaut und Zweck deutlichen Gesetz entgegengesetzt ist, entnommen wird,[245] wenn ein gesetzliches Regel-Ausnahme-Verhältnis unbeachtet bleibt und die Ausnahme zulasten des Bürgers bzw. des Inhabers des gesetzlich eingeräumten Rechtes vertieft wird.[246]

Der Richter kann nicht nur das einfache Recht auslegen, sondern auch Gesetzeslücken durch die Rechtsfortbildung schießen, sodass die Voraussetzung der Füllung einer Gesetzlücke bei der Prüfung der richterlichen Rechtsfortbildung auch ein wesentlicher Kontrollmaßstab ist. Das BVerfG verlangt die Entwicklung von Richterrecht sogar *contra legem*, wenn die vom Grundgesetz gewährleisteten Rechtsgüter nicht völlig geschützt werden.[247] Die Schließung der Rechtslücke ist erforderlich, wenn die Rechtsfortbildung in der weiter gehenden Literatur und Rechtsprechung für zweifelsfrei oder sogar für geboten gilt.[248]

Schließlich ist es noch notwendig, die Art und Weise der Schließung der Gesetzeslücke durch den Richter zu kontrollieren. Vor allem soll die richterliche Lückenfüllung das Ziel erreichen, Wertentscheidungen zu realisieren.[249] Hierauf basiert eine absolute Grenze der richterlichen Rechtsfortbildung, die grundrechtlich geschützten Rechtspositionen nicht zu verkürzen.[250] Danach muss ein zulässiges richterliches Lückenfüllen voraus, die herkömmliche Dogmatik befolgen und Grundsätze, die seit Langem in der Rechtsprechung anerkannt sind, aufstellen oder auf zugebilligte Methoden, beispielsweise die teleologische

---

242 BVerfGE EuGRZ 1998, 62, 65; NVwZ 1999, S. 1332.
243 BVerfGE 87, 273, 280 ff.
244 BVerfGE 56, 99, 107.
245 BVerfGE 59, 330, 334.
246 BVerfGE 49, 304, 322; 59, 330, 334; 65, 182, 191 f.
247 BVerfGE 34, 269, 292.
248 BVerfGE 34, 269, 290 ff; 49, 204, 324; 96, 375, 395 f.
249 BVerfGE 34, 269, 290; 88 145, 167 f.
250 BVerfGE 49, 304, 319 f.; 69, 315, 372

Reduktion zurückgreifen.[251] Daneben muss die richterliche Rechtsbildung dem Zweck des Gesetzes folgen.[252] Laut den oben dargestellten Kriterien ist die Entwicklung richterlicher Regelungen nicht verfassungsmäßig, wenn sie das Anwendungsfeld einer Norm auf neuartige Phänomene ausweitet, weil eine solche die Zwecksetzungsprärogative des Gesetzgebers berührende Ausweitung dem Gesetzgeber vorbehalten ist.[253]

Die oben geschilderte Situation und Grenze der richterlichen Rechtsfortbildung haben noch nicht in Gänze dargestellt. Die Überprüfung nach Vertretbarkeitskontrolle richtet sich auf die Auslegung der Norm und die gesetzesimmanente Rechtsfortbildung[254]. Die Vertretbarkeitskontrolle bezieht die Überprüfung der gesetzesübersteigenden Rechtsfortbildung[255] nicht ein.[256] Eine planwidrig unvollständige Rechtsordnung wird durch das Gericht weitergebildet. Durch die richterliche Rechtsfortbildung hat die Rechtsprechung in solchen Fällen in dem originären Plan des Gesetzes nicht vorgesehene neue Rechtsinstitute gestaltet. Diese „gesetzesübersteigende Rechtsfortbildung" geht über einen bloßen Lückenschluss hinaus. Sie ist erforderlich, denn ohne sie ist das unabweisbare Bedürfnis des Rechtsverkehrs, das Verlangen eines nach der Aufstellung des Gesetzes erkannten Rechtsprinzips oder eines Verfassungsprinzips nicht zu erfüllen.[257] Daher setz die gesetzesübersteigende Rechtsfortbildung vor allem voraus, dass eine Rechtsfrage vorliegt, die einer rechtliche Antwort anfordert, vorliegt. Damit bleiben Fragen, die in Bezug auf den „rechtsfreien Raum" für die Rechtsordnung unwichtig sind, außer Betracht.[258] Die zweite

251 BVerfGE 88 145, 167.

252 BVerfGE 96, 375, 394.

253 BVerfGE 96, 375, 395.

254 Die gesetzesimmanente Rechtsfortbildung besagt, dass eine Lücke im Gesetz nach dem ursprünglichen Plan des Gesetzes durch die Rechtsfortbildung geschlossen wird. Vgl. Pieroth/Aubel, JZ 2003, S. 505.

255 Die gesetzesübersteigende Rechtsfortbildung besagt, dass eine Lücke der „planwidrigen Unvollständigkeit des Gesetzes" durch Richter geschlossen wird. Vgl. Larenz, Methodenlehre, S. 413.

256 Pieroth/Aubel, JZ 2003, S. 505.

257 Larenz, Methodenlehre, S. 413. Larenz hat das Erfordernis der richterlichen Rechtsfortbildung mittels der Rücksicht auf die Bedürfnisse des Rechtsverkehrs, auf die Natur der Sache und auf das rechtsethische Prinzip tief gehend begründet. Vgl. Larenz, Methodenlehre, S. 415 ff. Dies wird in der vorliegenden Arbeit nicht näher thematisiert.

258 Larenz, Methodenlehre, S. 426.

Voraussetzung besteht darin, dass die Frage sowohl durch eine einfache Gesetzesauslegung als auch durch eine gesetzesimmanente Rechtsfortbildung unlösbar ist. Die Frage muss den Mindestanforderungen entsprechen, die sich aus einem unabweisbaren Bedürfnis des Rechtsverkehrs, dem Erfordernis nach Praktikabilität des Gesetzes, der Natur der Sache und den rechtsethischen Prinzipien, die der gesamten Rechtsordnung zugrunde liegen, ergeben.[259] Die gesetzesübersteigende Rechtsfortbildung durch das Gericht wird unter Bezug auf die Gewaltenteilung so abgegrenzt, wenn eine Lösung der Rechtsfrage im Rahmen der geltenden Rechtsordnung insgesamt mit spezifisch rechtliche Berücksichtigung allein nicht gewonnen werden kann, wenn sich die Lösung auf die Zweckmäßigkeit bezieht oder wenn die Lösung eine detaillierte Regelung braucht, die nur der Gesetzgeber erarbeiten kann, denn er allein verfügt über die Informationen, die für die Aufstellung der Regelung notwendig sind, sowie über die Legitimation, um solche Regelungen zu schaffen.[260]

Eine gesetzesübersteigende Rechtsfortbildung ist erforderlich, wenn eine Lücke der „planwidrigen Unvollständigkeit des Gesetzes" existiert. Die planwidrige Unvollständigkeit des Gesetzes könnte darin bestehen, dass sich der Inhalt des Gesetzes nicht mit den tatsächlichen Fällen deckt oder dass Gesetze fehlerhaft formuliert sind. Die gesetzesübersteigende Rechtsfortbildung wird in der Literatur[261] als das gesetzesvertretende und gesetzeskorrigierende Richterrecht kategorisiert und wird gleichzeitig die Grenze näher aufgezeigt. Durch das gesetzesvertretende Richterrecht kann die Rechtslücke gefüllt werden, die verursacht wird, indem der Gesetzgeber die Lebensbereiche nicht geregelt hat, obwohl sie eines Gesetzes bedürfen.[262] In diesem Fall wird das Gesetz mithilfe der Entwicklung richterlicher Prinzipien und Institute unter Rückgriff auf allgemeine Rechtsgrundlagen und verfassungsrechtliche Wertentscheidungen.[263] Die Grenze besteht in der Unentbehrlichkeit der gesetzlichen Regelungen[264] und im Vorbehalt des Gesetzgebers wegen einer grundrechtseinschränkenden Regelung[265]. Das gesetzeskorrigierende Richterrecht ist grundsätzlich unzulässig, weil

259 Larenz, Methodenlehre, S. 426.

260 Larenz, Methodenlehre, S. 427.

261 Vgl. Hopfauf, Grundgesetz von Schmidt-Bleibtreu, vor Art. 92, Rn. 36 ff.; Ipsen, Richterrecht, S. 80 ff.

262 Hopfauf, Grundgesetz von Schmidt-Bleibtreu, vor Art. 92, Rn. 36; Ipsen, Richterrecht, S. 50 f.

263 Hopfauf, Grundgesetz von Schmidt-Bleibtreu, vor Art. 92, Rn. 36.

264 BVerfGE 88, 103, 116; BVerfGE

265 BVerfGE 116, 69, 83; BVerfGE 98, 49, 59 f.

die Korrektur einer abschließenden Regelung die Gesetzesbindung des Richters und den Grundsatz der Gewaltenteilung verletzt.[266] Die Gesetzeskorrektur kann nur durch das Normenkontrollverfahren (Art. 100 GG) durchgeführt werden.[267] Das gesetzeskorrigierende Richterrecht ist ausnahmsweise zulässig, wenn es vorkonstitutionelle Gesetze gibt,[268] die dem Normenkontrollverfahren nicht unterliegen, weil sie von einem Gesetzgeber aufgestellt wurden, der nicht an dem gegenwärtigen GG gebunden war.[269] Im diesen Fall kann der Richter die vorkonstitutionellen Gesetze entgegen ihrem Sinn und Wortlaut korrigieren und danach anwenden, wenn der Richter angesichts der verfassungsmäßigen Wertvorstellungen der Auffassung ist, dass die Vorschrift korrigiert werden soll.

ii. Verhältnismäßigkeit

Zur Legitimierung der Einschränkung haben die Maßnahmen verhältnismäßig zu sein. Hierfür ist es erforderlich, die Beschuldigtenrechte und den Schutz der öffentlichen Interessen gegeneinander abzuwägen.[270] Diese Abwägung kann mittels der Verhältnismäßigkeitsprüfung präzisiert werden. Es wird verlangt, dass die Einschränkung nicht zu verfassungsrechtlich verbotenen Zwecken realisiert wird und dass die Einschränkung geeignet, erforderlich und verhältnismäßig ist.[271]

a) Legitimer Zweck

Laut dem oberflächlichen wörtlichen Verständnis zielt das Beschleunigungsgebot auf einen zügigen Verlauf des Strafverfahrens ab. Wenn über die öffentlichen Interessen des Beschleunigungsgebots gesprochen wird, müssen auch die durch das zügige Verfahren geschaffenen öffentlichen Interessen beachtet. Die Einschränkung des Beschuldigtenrechts beabsichtigt die Beschleunigung des Verfahrens und somit auf Verwirklichung öffentlicher Interessen.

---

266 Stern/Sachs, Staatsrecht III/2, S. 1672.

267 Ipsen, Richterrecht, S. 236.

268 Hopfauf, Grundgesetz von Schmidt-Bleibtreu, vor Art. 92, Rn. 40.

269 BVerfGE 2, 124, 128 ff; 68, 248 254; 97, 117, 122 f.; Wieland, Grundgesetz von Dreier Band III, Art. 100, Rn. 13.

270 Kudlich, Beschleunigungsgebot, S. 17.

271 Hufen, Staatsrecht II, § 9 Rn. 15.

b) Geeignetheit

Geeignetheit meint, dass eine Maßnahme tauglich ist, um den geplanten Zweck zu verwirklichen und zu fördern.[272] Bei der Prüfung der durch das Beschleunigungsgebot begründeten Legitimation der Einschränkung des Beschuldigtenrechts ist die Einschränkung geeignet, falls der Abstand zwischen Rechtsbruch und abschließender Entscheidung so kurz wie möglich gehalten wird und das zügige Verfahren zu öffentlichen Interessen beitragen kann.

c) Erforderlichkeit

Erforderlichkeit bedeutet, dass der angegebene Zweck nicht durch andere gleich wirksame Maßnahmen erfüllbar ist, die das betreffende Grundrecht nicht oder weniger fühlbar beeinträchtigen. Die Erforderlichkeit wird mit „*kein milderes Mittel verfügbar*" [273] konzis umschrieben. In diesem Fall liegt keine andere, mildere Maßnahme außer der Einschränkung des Beschuldigtenrechts vor, um das Verfahren zu optimieren.

Schünemann hat die Einschränkung und Entwertung des Beschuldigtenrechts anhand einer dreifachen Intensität klassifiziert. Der am geringsten verletzende Typ ist die „Abschwächung", bei der ein Fehlverhalten der Strafverfolgungsorgane, das die Verfahrensbalance verletzt, nur mit wenig effektiven Rechtsfolgen einhergeht. Der nächste Typ, die „Aushöhlung", besagt, dass das Beschuldigtenrecht nicht aufgehoben, sondern mit gravierenden und komplizierten Pflichten kombiniert wird, sodass die Ausübung des Rechts scheitern muss. Die das Recht am tiefsten beeinträchtigende Variante ist die „Abschaffung", wonach ein in der früheren Rechtsprechung aufgestelltes Recht völlig beseitigt wird.[274] Laut dieser Differenzierung kann die Einschränkung des Beschuldigtenrechts unterschiedlich stark ausfallen. Bei der Überprüfung der Erforderlichkeit soll die ungleiche Intensität der Verletzung des Rechts berücksichtigt werden.

d) Verhältnismäßigkeit i.e.S.

Die letzte Stufe der Verhältnismäßigkeitsprüfung muss die Schwere der grundrechtlichen Beeinträchtigung einerseits und den mit dem Eingriff gelieferten Beitrag andererseits abwägen.[275] Um die Einschränkung des Beschuldigtenrechts

---

272 Hufen, Staatsrecht II, § 9 Rn. 20; Pieroth/Schlink/Kingreen/Poscher, Staatsrecht II, Rn. 301.

273 Hufen, Staatsrecht II, § 9 Rn. 21.

274 Schünemann, ZIS 2009, S. 486.

275 Hufen, Staatsrecht II, § 9 Rn. 23.

durch das Beschleunigungsgebot zu legitimieren, werden das Beschuldigtenrecht und der Schutz der öffentlichen Interessen gegeneinander abgewogen. Der Begriff der öffentlichen Interessen beinhaltet die Sicherung der Wahrheitsermittlung, die Wiederherstellung des Rechtsfriedens, die Gewährleistung der general- und spezialpräventiven Wirkung der Strafe und die Behütung der Geschädigten. Von dieser Abwägung könnten die Strafverfolgungsbehörde, die Beschuldigten und seine Verteidigter, das Opfer und die wegen des Rechtsbruchs beeinflusste Masse betroffen sein.

4. *Die Vereinbarkeit des rechtsstaatlichen Strafverfahrens*

a. *Der Begriff des rechtsstaatlichen Strafverfahrens*

Die Einschränkung des Beschuldigtenrechts kann nicht über rechtsstaatliche Mindestgarantien im Strafverfahren hinausgehen. Vor der eingehenden Schilderung der rechtsstaatlichen Mindestgarantien im Strafverfahren werden der Begriff des Rechtsstaats und die Gestaltung des rechtsstaatlichen Strafverfahrens erläutert.

Rechtsstaatlichkeit bedeutet vor allen Dingen die Bindung der staatlichen Institutionen an Gesetz und Recht (formeller Rechtsstaat, Art. 20 Abs. 3 GG). Der Staat darf in die Freiheit und das Eigentum des Bürgers in den gesellschaftlichen und wirtschaftlichen Bereich eingreifen, wenn ein Gesetz ihn dazu autorisiert, und dieses Gesetz mit Zustimmung der Volksvertretung erlassen wurde.[276] Die moderne Rechtsstaatlichkeit im formellen Sinn gewährleistet: den Vorrang der Verfassung, die Gewaltenteilung, die Gesetzmäßigkeit der Verwaltung, Rechtsschutz durch unabhängige Gerichte, die Existenz eines Systems öffentlicher Ersatzleistungen, das Willkürverbot sowie die Rechtssicherheit und die Verhältnismäßigkeit staatlichen Handelns.[277] Der Begriff des materiellen Rechtsstaats bedeutet, dass das hoheitliche Handeln an bestimmte inhaltliche Postulate gebunden ist.[278] Während des Nationalsozialismus wurde der Rechtsstaat zum bloßen „Gesetzesstaat", in dem das Unrecht dadurch zu Recht wurde, dass der unrechte Inhalt in Gesetzen oder der Verfassung festgeschrieben wurde.[279] Zur Vermeidung des bloßen Gesetzesstaats wird der Begriff des Rechtsstaats im Sinn des formellen und materiellen Rechtsstaats verstanden.

---

276 Maurer, Staatsrecht I, § 8 Rn. 7.

277 Sommermann, Grundgesetz von v. Mangoldt Band 2, Art. 20 Abs. 3, Rn. 239.

278 Hopfauf, Hopfauf, Grundgesetz von Schmidt-Bleibtreu, Einl. Rn. 276.

279 Degenhart, Staatsrecht I, Rn. 139.; Heinrich, Jura 2003, S. 167.

Das Verständnis der Rechtsstaatlichkeit im Strafverfahren geht vor allem vom formellen Rechtsstaat aus. Im Strafverfahren ist es bedeutsam, die Macht des Staats durch das Gesetz und Rechte einzuschränken. Insbesondere sind einige Verfassungsbestimmungen, die staatliche Zurückhaltung im Strafverfahren verlangen[280], formaler, technischer und apodiktischer gefasst als andere Grundrechte. Diese Verfassungsbestimmungen bedürfen keines Vorbehaltes und vertragen einen solchen Vorbehalt auch nicht. Damit wird deutlich, dass diese Verfassungsbestimmungen in der Regel nicht eingeschränkt werden können. Im Gegensatz zum in Art. 11 GG geschützten Grundrecht der Freizügigkeit, das einen Gesetzesvorbehalt nach sich zieht, braucht Art. 103 Abs. 2 keine gesetzlichen Ausführungsbestimmungen. Im rechtsstaatlichen Strafverfahren sollen beide formalen Rechte geschützt werden.[281] Dieser die formalen Rechte ernst nehmende Gedanke wurde so begründet: Das rechtsstaatliche Postulat nach unbedingter Gewährleistung prozessualer Formen rührt von der Erfahrung der behördlichen (auch richterliche) Willkür und der Gefahren eines ungebundenen richterlichen Ermessens her. Aus diesem Grunde wurde die formale Anwendung der strafprozessualen Regeln als wichtiger Inhalt des rechtsstaatlichen Strafverfahrens verstanden. Nach diesem Gedanken wird für das rechtsstaatliche Strafverfahren bloß formuliert, dass die in der StPO vorgeschriebenen Vorschriften formal angewandt werden.[282]

Der Begriff der Rechtsstaatlichkeit wird nicht nur unter Bezug auf den formellen Rechtsstaat verstanden, sondern er weist auch einen materiellen Inhalt auf. Die Vorschriften, die das Strafverfahren anordnen, müssen bestimmten materiellen Grundanforderungen entsprechen.[283] Hier wird eine schwierige Frage aufgeworfen: Welches materielle Verlangen weist der Begriff des Rechtsstaats auf, welche Garantien und Rechte müssen für den Beschuldigten im Strafverfahren unbedingt gegeben sein, um ein rechtsstaatliches Strafverfahren zu gestalten?[284] Dieser materielle Gehalt der Rechtsstaatlichkeit wird in erste Linie durch Grundrechte festgestellt. Durch den Schutz der Grundrechte werden ein staatsfreier Raum sowie die individuelle Freiheit anerkannt und die Sphären der Bürger und des Staates voneinander abgegrenzt. Damit ist der materielle Inhalt der Rechtsstaatlichkeit durch die die individuelle Freiheit gewährleistende Verfassung festgesetzt. Das Rechtsstaatsprinzip des Grundgesetzes dient vor allem der Mäßigung staatlicher Macht.[285] Diese

280 Art. 92, 93, 97, 101, 103, 104 GG.
281 Müller, Rechtsstaat, S. 46.
282 Müller, Rechtsstaat, S. 46.
283 Stern, Staatsrecht I, S. 775.
284 Heinrich, Jura 2003, S. 168.
285 Degenhart, Staatsrecht I, Rn. 140.

Darstellung scheidet die Frage an, ob zwingend ein Verstoß gegen das Rechtsstaatsprinzip vorliegt, wenn verschiedene Staaten ungleiche Garantien gewährleisten. Beispielsweise ist im Vergleich zur Anerkennung der Todesstrafe in den USA die der Todesstrafe nicht nur laut der deutschen Verfassung, sondern auch vielen anderen Verfassungen zufolge verboten. Das bedeutet nicht, dass die Anerkennung der Todesstrafe rechtsstaatswidrig ist. Der Rechtsstaatsbegriff kann in absehbarer Zeit abgewandelt und mag anders beurteilt werden. Ungleiche staatliche Garantien führen nicht unmittelbar zum Verstoß gegen die Rechtsstaatlichkeit, wenn das Rechtssystem noch den Mindeststandard der Freiheit des Bürgers einhält.[286]

Laut dem Begriff des Rechtsstaats ist das rechtsstaatliche Strafverfahren eine an die Gesetze gebundene Strafverfolgung. Die Gesetze müssen den Mindeststandard des Bürgers gewährleisten.

b. Die Mindestgarantie für den Beschuldigten

Vor der weiteren Erörterung der Mindestgarantie für den Beschuldigten soll die Stelle des Beschuldigten im Strafverfahren vor allem festgesetzt werden, weil es bei der Ausgestaltung des Beschuldigtenrechts darauf ankommt.

Im Inquisitionsprozess wurde der Beschuldigte als Objekt im Strafverfahren besetzt. In diesem Verfahren kann sich der Beschuldigte nicht gegen den staatlichen Zwang wehren. Er muss sich einem wider seinen Willen ausgeübten Eingriff in seine persönliche Freiheit oder die körperliche Integrität unterziehen.[287] Im 19. Jahrhundert bildete sich durch liberales Denken eine Reform des Strafverfahrens heraus und der Beschuldigte erhielt allmählich die Stelle des Prozesssubjekts[288]. [289]

Die Gewährleistung der Subjektivität des Beschuldigten erfordert die wirksame Teilnahme am Verfahren. Dadurch hat im verfassungsrechtlichen Rang

---

286 Heinrich, Jura 2003, S. 168.

287 Roxin/Schünemann, StPO, § 18 Rn. 1.

288 Die Grundlage der Subjektivität wird vor allem durch die Verfassung festgelegt. Der Grundrechtsstatus, wie der Schutz der Menschenwürde durch Art. 1 Abs. 1 GG, die Garantie der persönlichen Freiheitsrechte durch Art. 2 GG, die Unantastbarkeit der Glaubens-, Gewissens- und Bekenntnisfreiheit nach Art. 4 GG usw. begründet die Prozesssubjektivität des Beschuldigten. An dieser Grundlage wird kritisiert, dass der Grundrechtsstatus vom Staat hervorgebracht wird, also der Staat vor den verfassungsrechtlichen Garantien besteht. Aber das Produkt vernünftiger Subjektivität liegt vor dem Bestehen des Staats. Deshalb ist die Verfassung als die Grundlage der Subjektivität anzuzweifeln. Angesichts dieser Kritik wird die Prozesssubjektivität mit einem vorpositiv-rechtsphilosophischen Argument begründet. Die Prozesssubjektivität geht vom menschlichen Dasein aus. Vgl. Kahlo, KritV 1997, S. 194 ff.

289 Roxin/Schünemann, StPO, § 18 Rn. 1; SK-Rogall vor § 133 Rn. 59 ff.

der Anspruch auf rechtliches Gehör (Art. 103 Abs 1 GG) ausgeprägt.[290] Der Art. 103 Abs. 1 GG stellt sicher, dass der Verfahrensbeteiligte sich sowohl zu dem die Entscheidung begründenden Sachverhalt als auch zur Rechtslage äußeren kann.[291] Dieser Anspruch hat sich in der StPO in den mannigfaltigen Beschuldigtenrechten konkretisiert.[292] Der Art. 103 Abs. 1 GG gewährleistet die Einhaltung rechtsstaatlicher Mindeststandards.[293] Damit kann die Einschränkung der Beschuldigtenrechte nicht den Mindeststandard überschreiten. Wenn das Strafverfahren so gestaltet wird, ist es rechtsstaatswidrig. Damit die Einschränkungen des Beschuldigtenrechts noch dem Rechtsstaatsprinzip entsprechen, müssen sie das rechtliche Gehörs gem. Art. 103 Abs. GG garantieren.

Die Garantie des Art. 103 Abs. 1 bezieht sich auf den im Folgenden beschriebenen Schutzbereich.

i. Gehör vor Gericht

Die Gewährleistung des rechtlichen Gehörs gilt für Verfahren vor Gericht.[294] Der Begriff des Gerichts meint die staatlichen Gerichte im Sinne des Art. 92 GG, die Truppendienstgerichte gem. Art. 96 Abs. 4 GG[295] und das Berufsgericht z.B. für Rechtsanwälte oder Steuerberater[296]. Die private Gerichtsbarkeit, wie Schiedsgerichte, Vereins- und Verbandsgerichte, Kirchengerichte oder Formen außergerichtlicher Streitschlichtung, sind nicht in der Bedeutung des Gerichts i.S. von Art. 103 Abs. 1 GG enthalten.[297] Hier gibt sich eine weitere Frage, die in Strafverfahren von Bedeutung ist, und zwar, ob das rechtliche Gehör auch für das Ermittlungsverfahren gilt. Laut dem Wortlaut des Art. 103 Abs. 1 schützt das rechtliche Gehör vor dem Verfahren „vor Gericht“, sodass das Ermittlungsverfahren nicht in den Schutzbereich fällt. Aber das Ermittlungsverfahren muss nach vorherrschender und zutreffender Auffassung als ein Hauptkriterium jedes

290 BVerfGE 9 89, 95; 107, 395, 409; Schmahl, Grundgesetz von Schmidt-Bleibtreu, Art. 103 Rn. 3.

291 KK-Fischer, Einl. Rn. 123.

292 Roxin/Schünemann, StPO, § 18 Rn. 3.

293 Pieroth, GG von Jarass/Pieroth, Art. 103 Rn. 1; Schulze-Fielitz, Grundgesetz von Dreier Band III, Art. 103 I Rn. 26.

294 KK-Fischer, Einl., Rn. 125; Schmahl, Grundgesetz von Schmidt-Bleibtreu, Art. 103 Rn. 6.

295 BVerfGE 32, 195, 197

296 Schmahl, Grundgesetz von Schmidt-Bleibtreu, Art. 103 Rn. 6.

297 Schulze-Fielitz, Grundgesetz von Dreier Band III, Art. 103 I Rn. 17.

Verfahrens, das rechtlich geregelt wird, verstanden werden.[298] Deshalb gilt das rechtliche Gehör auch in Ermittlungsverfahren.[299] Wegen der engen Beziehung zwischen dem strafprozessualen Ermittlungsverfahren und dem gerichtlichen Verfahren betrifft das rechtliche Gehör insbesondere auch das strafprozessuale Ermittlungsverfahren.[300]

ii. Träger des Grundrechts

Das Grundrecht schützt „jedermann", der an gerichtlichen Verfahren förmlich beteiligt ist oder unmittelbar von dem Verfahren beeinflusst wird. Von diesem Standpunkt aus fallen in- oder ausländische natürliche oder juristische Personen in personellen Schutzbereich des rechtlichen Gehörs. Minderjährige, Entmündigte und Geisteskranke sind vom Begriff „jedermann" gemäß Art. 103 Abs. 1 ebenfalls erfasst. [301] Ein Problem stellt sich angesichts der Frage, ob die Rechte aus Art. 103 Abs. 1 auch für Dritte gelten, die nur materiell vom Urteil betroffen sind. Denn Art. 103 Abs. 1 stellt nicht sicher, dass der Dritte Zugang zum Gericht erhält. Insofern ist deren Beteiligung nur mit den jeweiligen Garantien der Verfahrensordnung erreichbar.[302]

iii. Anspruch auf rechtliches Gehör

Der materielle Inhalt des rechtlichen Gehörs bedeutet, dass ein an einem Rechtsstreit Beteiligter die Chance bekommt, sich grundsätzlich vor Erlass einer Entscheidung zum Sachverhalt, der der gerichtlichen Entscheidung zugrunde liegt, und zur Rechtslage zu äußern.[303] Bei einer sachgerechten Äußerung kommt es darauf an, dass der an einem Rechtsstreit Beteiligte lückenlosen Informationen erhalten kann. Die Garantie des rechtlichen Gehörs ist allerdings eine leere Versprechung, wenn das Gericht nicht gezwungen ist, die Stellungnahme bei der Entscheidung zu berücksichtigen. Der Anspruch auf rechtliches Gehör beinhaltet das Recht auf Information, das Recht auf Stellungnahme und das Recht auf Berücksichtigung.[304]

---

298 Rüping, Bonner Kommentar, Art. 103 Abs. 1 Rn. 99.

299 Wagner ZStW, 109 (1997), 562 ff, Kühne, StPO, Rn. 267.4.

300 LR-Kühne, Einl. I Rn. 80.

301 Knemeyer, Handbuch des Staatsrechts, § 178 Rn. 27; Schulze-Fielitz, Grundgesetz von Dreier Band III, Art. 103 I Rn. 18.

302 Knemeyer, Handbuch des Staatsrechts, § 178 Rn. 27.

303 BVerfGE 60, 175, 210; 89, 28, 35; 101, 128, 129; Degenhart, GG von Sachs, Art. 103 Rn. 11.

304 Knemeyer, Handbuch des Staatsrechts, § 178 Rn. 28.

Zur Sicherung der Stellungnahme zum Prozess muss der Beteiligte genaue Informationen über den Verfahrensstoff erhalten. Das Gericht verpflichtet sich daher, dem Betroffenen alle wichtigen Tatsachen mitzuteilen.[305] Die Gewähr des Rechts auf Information umfasst auch die Garantie der Akteneinsicht.[306] Die Akteneinsicht darf nur unter bestimmten Voraussetzungen eingeschränkt werden.[307]

Das Recht auf Stellungnahme gibt dem Beteiligten die ihm anheimgestellte Möglichkeit, die gerichtliche Entscheidung zu beeinflussen. Es ist nicht notwendig, dass der Anspruch auf rechtliches Gehör in einer mündlichen Verhandlung umgesetzt wird. Die Gewährleistung der Stellungnahme verlangt nur die hinreichende Möglichkeit zur Äußerung während des Verfahrens.[308] Die Inhalte der Äußerung brauchen sich nicht darauf zu beschränken, was ein Gericht für bedeutend hält, sondern der Beteiligte kann alles anführen, was seiner Meinung nach für die Entscheidung möglicherweise wesentlich ist.[309] Das rechtliche Gehör stellt außerdem sicher, dass der Beteiligte genügend Zeit hat, um sich auf die effektive Äußerung für die Entscheidung um den erheblichen Sachverhalt vorzubereiten.[310] Wenn das Gericht keine Frist zur Äußerung setzt, so hat das Gericht eine angemessene Zeit mit seiner Entscheidung zu warten.[311] Unter der zeitlichen Perspektive verstößt das Gericht gegen den Grundsatz des rechtlichen Gehörs nicht, wenn das Gericht dem Beteiligten nicht sofort die Möglichkeit zur Äußerung bietet. Art. 103 Abs. 1 GG verpflichtet nicht dazu, dass das Gericht zur Rekonstruierung des Geschehens den Betroffenen sofort hören muss.[312] Der Grundsatz des rechtlichen Gehörs verlangt nur, dass das Gericht die Chance zur Äußerung geben muss, wenn die Entscheidung durch die Stellungnahme des Betroffenen noch beeinflussbar ist.[313]

Die Gewährleistung des rechtlichen Gehörs bleibt wirkungslos, wenn das Gericht die Äußerung des Betroffenen nicht berücksichtigt. Der Anspruch des rechtlichen Gehörs erfordert, dass das Gericht die Behauptung des Beteiligten

---

305 BVerfGE 7, 275, 280 f.

306 Schulze-Fielitz, Grundgesetz von Dreier Band III, Art. 103 I Rn. 40 ff.; Knemeyer, Handbuch des Staatsrechts, § 178 Rn. 29.

307 Rüping, Bonner Kommentar, Art. 103 Abs. 1 Rn. 29 i.V.m. Rn. 52.

308 Knemeyer, Handbuch des Staatsrechts, § 178 Rn. 30.

309 Rüping, Bonner Kommentar, Art. 103 Abs. 1 Rn. 62.

310 Rüping, Der Grundsatz, S. 148.

311 BVerfGE, 4, 190, 192; 60, 313, 317.

312 Rüping, Bonner Kommentar, Art. 103 Abs. 1 Rn. 61.

313 Knemeyer, Handbuch des Staatsrechts, § 178 Rn. 30.

kennen[314] und in tatsächlicher und rechtlicher Hinsicht berücksichtigen muss.[315] Die Verpflichtung der Berücksichtigung der Stellungnahme besteht nur in den Sachverhalten, die die Entscheidung tragen.[316] Das Gericht muss nicht jede Behauptung, die der Anspruchsberechtigte vorgebracht hat, berücksichtigen.[317]

5. Zwischenergebnis

Die Beschleunigung des Strafverfahrens durch die Einschränkung des Verfahrensrechts des Beschuldigten ist gerechtfertigt, wenn sowohl das öffentliche Interesse durch Verhältnismäßigkeitsprüfung vor dem Interesse des Beschuldigten Vorrang hat, als auch die Einschränkung die Mindestgarantie für den Beschuldigten nicht überschritt.

---

314 BVerfGE 47, 182, 187; 96, 205, 216

315 Rüping, Bonner Kommentar, Art. 103 Abs. 1 Rn. 71.

316 Knemeyer, Handbuch des Staatsrechts, § 178 Rn. 32. In der StPO wird für die Beweisaufnahme vorgeschrieben, dass Beweisaufnahme sich nur die Tatsachen und Beweismittel erstreckt, die **für die Entscheidung von Bedeutung** sind (§ 244 Abs. 2).

317 BVerfGE, 13, 132, 149; 22, 267, 274.

Zweiter Abschnitt: Die Gewährleistung des angemessenen Strafverfahrens gem. Art. 6 Abs. 1 S. 1 EMRK

Während in der StPO keine ausdrückliche Vorschrift über das Beschleunigungsgebot existiert, ist das Beschleunigungsgebot in Art. 6 Abs. 1 S. 1 verankert. Zur expliziten Konkretisierung des Beschleunigungsgebots soll der Art. 6 Abs. 1 S. 1 weiter ausgeführt werden.

I. Schutzbereich des Art. 6 Abs. 1 Satz 1 EMRK

A. Persönlicher Schutzbereich

Laut der EMRK ist „jede Person", gegen die eine strafrechtliche Anklage vorliegt, der Adressat des strafprozessualen Beschleunigungsgebots. „Jede Person" bedeutet in Bezug auf das strafprozessuale Beschleunigungsgebot den Beschuldigten. Verletzte, Zeugen, Sachverständige sowie Privat- und Nebenkläger werden nicht vom persönlichen Schutzbereich erfasst.[318]

B. Sachlicher Schutzbereich

Das strafprozessuale Beschleunigungsgebot schützt davor, dass eine strafrechtliche Anklage überlange andauert. Im sachlichen Schutzbereich werden die strafrechtliche Anklage und die überlange Verfahrensdauer erörtert.

1. Strafrechtliche Anklage

a. Strafrechtliche Sache

Wird unter der strafrechtlichen Sache eine im nationalen StGB vorgesehene Sache verstanden, wird die Reichweite der Garantie der EMRK vom einzelstaatlichen Gesetzgeber disponiert. Das könnte dazu führen, dass die Staaten durch Entkriminalisierung bestimmter Tatsachen die Garantie des Beschleunigungsgebots aufheben könnten. Um dies zu vermeiden, wird eine von der Bedeutung

---

318 Esser, Internationales Strafrecht, § 9 Rn. 205.

des nationalen Rechts unabhängige Begriffsbildung in der Rechtsprechung des EGMR vorgebracht.[319] Der EGMR hat in der Rechtsprechung drei Kriterien (Engel-Kriterien) aufgestellt: erstens die Zuordnung der Vorschrift im nationalen Recht, zweitens die Natur des Vergehens und schließlich die Art und Schwere der Sanktion.[320] Diese drei Kriterien sind alternativ zu verstehen, sodass der Fall in den Schutzbereich von Art. 6 fallen könnte, wenn ein Kriterium der drei erfüllt ist. Aber es gibt auch einige Fälle, in denen das zweite und das dritte Kriterium kumulativ berücksichtigt wurden.[321]

Die Zuordnung einer Maßnahme nach nationalem Recht bietet den Ansatzpunkt für die Antwort auf die Frage, ob die Maßnahme zum Strafrecht gehört wird. Das Beschleunigungsgebot gilt für alle Maßnahmen, wenn der Gesetzgeber des Mitgliedstaats die Maßnahmen für das Kriminalstrafrecht vorsieht.[322]

Das zweite Kriterium ist die Natur des Vergehens. Bei diesem Kriterium zieht der EGMR die Art des Vergehens, die im Inhalt der anzuwendenden Regelung zum Ausdruck gebracht wird, in Betracht. Die Strafqualität wird bejaht, wenn die in der Strafvorschrift aufgestellte Sanktion nicht nur abschreckenden, sondern auch repressiven Charakter hat. Die Maßnahme, die beide Eigenschaften erfüllt, fällt in den Anwendungsbereich des Art. 6 EMRK.[323]

Zur Entscheidung der Natur des Vergehens soll nicht nur die Tatbestandsseite der Strafvorschrift, sondern auch die Rechtsfolgenseite der Strafvorschrift überprüft werden. Auf der Tatbestandsseite sind der Regelungsgegenstand und der sachliche sowie persönliche Anwendungsbereich von Bedeutung. Erstens ist der Adressatenkreis einer Regelung, die ein Vergehen unter Sanktion vorschreibt, maßgeblich. Hierbei besteht der strafrechtliche Charakter darin, dass sich eine Regelung gegen die Allgemeinheit richtet.[324] Mit diesem Kriterium hielt der EGMR die Verkehrsordnungswidrigkeit für eine strafrechtliche Norm.[325] Die Verkehrsordnungswidrigkeit sei an alle Verkehrsteilnehmer gerichtet und mit repressiv und präventiv wirkenden Sanktionen verbunden.[326] Auf der Rechtsfolgenseite entscheidet die Art und das Ziel der Sanktion, ob die strafrechtliche

319 Grabenwarter/Pabel, EMRK/GG Band I, Kap. 14 Rn. 20.
320 EGMR, Engel u.a. gegen Niederlande, in EGMR-E 1, S. 190, Ziff. 82.
321 Grabenwarter/Pabel, EMRK, § 24, Rn. 19.
322 Grabenwarter/Pabel, EMRK, § 24, Rn. 20.
323 EGMR, EuGRZ 1985, S. 62, Ziff. 53.
324 Grabenwarter/Pabel, EMRK, § 24, Rn. 21.
325 EGMR, Öztürk gegen Deutschland, in EGMR-E 2, S. 338, Ziff. 49.
326 Schroth, EuGRZ 1985, S. 560.

Natur der Vorschrift bejaht werden.[327] Hierbei wird die Funktion der Sanktion im Rechtssystem berücksichtigt. Die konkret verhängte Sanktion und die nach den Umständen des Falls in Erwägung zu ziehende Strafart und -höhe sind bei der Entscheidung über die Natur des Vergehens wesentlich.[328] Schließlich kann sich der strafrechtliche Charakter aus der Vorgabe des Verfahrens der Überführung – Feststellung der Tatbestandsmäßigkeit und der Rechtsfolgen – ergeben. Wenn ein Verhör durch Kriminalbeamte der Polizei oder im Rahmen der Zuständigkeit der Strafkammern bei Gericht durchgeführt wird, besteht die strafrechtliche Natur.[329]

Das letzte Kriterium der Art und Schwere der Strafe steht mit dem zweiten Kriterium der Natur des Vergehens in engem Zusammenhang, insbesondere mit der Rechtsfolgenseite. Die Art und Schwere der Strafe in Bezug auf das dritte Kriterium beschreibt die von der Art der Strafe und von der angedrohten Höchststrafe und den Modalitäten ihrer Vollstreckung abhängenden Auswirkungen der Sanktion auf den konkreten Beschuldigten.[330] Dieses Kriterium beachtet den Nachteil für den Betroffenen. Wenn eine Freiheitsentziehung, die die Erscheinung der Freiheitsstrafen zutage tritt, laut ihrer Natur und Dauer sowie laut der Art und Weise ihrer Vollstreckung dem Betroffenen nur einen geringen Nachteil bringt, kommt es nicht zur Anwendbarkeit von Art. 6 EMRK.[331]

b. Anklage

Das Beschleunigungsgebot gilt innerhalb der Dauer einer strafrechtlichen Anklage. Wird unter dem Begriff der „Anklage" der entsprechende Begriff in der StPO verstanden, besagt er nur eine formelle Anklageerhebung nach § 170 StPO.[332] Dann gilt das Beschleunigungsgebot ab der Anklageerhebung und nicht im Ermittlungsverfahren. Aber diese Formulierung entspricht nicht der Realität. Das Beschleunigungsgebot schützt davor, dass die Belastung des Beschuldigten im Strafverfahren nicht unverhältnismäßig lang fortdauert. Es ist undenkbar, dass im Ermittlungsverfahren keine Belastung der Strafverfolgung vorliegt[333]

327 Grabenwarter/Pabel, EMRK/GG Band I, Kap. 14 Rn. 24.
328 Grabenwarter/Pabel, EMRK, § 24, Rn. 21.
329 EGMR, Ziliberberg gegen Moldova, Urt. vom 1.2.2005, Ziff. 34.
330 Grabenwarter/Pabel, EMRK/GG Band I, Kap. 14 Rn. 25.
331 EGMR, Engel u.a. gegen Niederlande, in EGMR-E 1, S. 190, Ziff. 82.
332 Pfeiffer, FS-Baumann, S. 334.
333 Vogler, ZStW 89 (1977), S. 779.

und der Beschuldigte im Ermittlungsverfahren keiner Garantie des Beschleunigungsgebots bedarf.

Der EGMR hat den Begriff der Anklage autonom interpretiert. Die strafrechtliche Anklage beginnt, wenn eine offizielle Mitteilung an einen Einzelnen durch die zuständigen Behörden erfolgt, wonach er verdächtigt wird, eine Straftat begangen zu haben.[334] Als Maßstab für die Feststellung des Begriffs der Anklage werden auch in mehreren Entscheidungen und Stellungnahmen des EGMR „erheblicher Auswirkungen auf die Lage des Verdächtigen" dargestellt.[335] Der BGH hat den Beginn der strafrechtlichen Anklage auf die gleiche Weise wie der EGMR definiert:

> *„Die angemessene Frist beginnt bereits mit der Bekanntgabe des Schuldvorwurfs an den Betroffenen, jedenfalls aber mit der Verhaftung aufgrund eines Haftbefehls."*[336]

Diese Auffassung wirft die Frage, ob die amtliche Mitteilung den Empfänger erreichen muss. In der Rechtsprechung des EGMR ist dies nicht erforderlich.[337] Diese Auffassung ist zutreffend, weil das Beschleunigungsgebot die langandauernde Belastung des Beschuldigten im Strafverfahren vermeiden soll. Hinsichtlich des Beginns der Belastung des Beschuldigten kommt es nicht darauf an, ob der Beschuldigten die amtliche Mitteilung erhalten hat. Nach § 101 Abs. 5 StPO ist die Zurückstellung der Benachrichtigung bei einer verdeckten Ermittlungsmaßnahme vorgeschrieben. Wenn eine Gefährdung des Untersuchungszwecks, des Lebens, der körperlichen Unversehrtheit oder der persönlichen Freiheit einer Person vorliegt und die Möglichkeit der weiteren Verwendung eines verdeckten Ermittlers beeinträchtigt ist, unterbleibt die Benachrichtigung. Das Strafverfahren beginnt, obwohl in diesem Fall die Benachrichtigung unterbleibt. Durch die verdeckte Ermittlungsmaßnahme wird der Beschuldigten bereits belastet. Dies soll den Beschuldigten ab diesem Zeitpunkt davor schützen, dass das Strafverfahren unangemessene lange andauert. Wird weiter auf der Voraussetzung der Benachrichtigung beharrt, das Beschleunigungsgebot in verdeckten Ermittlungen nicht gewährleistet.

---

334 EGMR, Deweer gegen Belgien, in EGMR-E 1, S. 472, Ziff. 46.

335 EGMR, Deweer gegen Belgien, in EGMR-E 1, S. 472 f, Ziff. 46.

336 BGH, NStZ 1982, 291. Das ist auch herrschende Meinung. Vgl. Baumanns, Beschleunigungsgrundsatz, S. 73; Tepperwien, NStZ 2009, S. 1; Ulsamer, FS-Faller, S. 373; Vogler, ZStW 89(1977), S. 780; Waßmer ZStW 118(2006), S. 168 f.

337 EGMR, Colozza gegen Italien, in EGMR-E 3, S. 7, Ziff. 28; Grabenwarter/Pabel, EMRK, § 24, Rn. 27.

Teils wird die Auffassung[338] vertreten, dass das Strafverfahren im Sinn des Art. 6 EMRK beginnt, wenn der Betroffene die gegen ihn durchzuführende strafrechtliche Ermittlung zur Kenntnis nimmt. Die Begründung dessen geht von der Funktion des Beschleunigungsgebots aus und wird wie folgt formuliert:

Die Funktion des Beschleunigungsgebots besteht darin, unangemessenen zusätzlichen Belastungen für den Betroffenen durch ein verzögertes Strafverfahren zu begegnen. Sobald der Betroffene die gegen ihn durchführte strafrechtliche Ermittlung zur Kenntnis nimmt, ist er den Belastungen des Strafverfahrens ausgesetzt.[339]

Diese Begründung ist nicht überzeugend. In der verdeckten Ermittlung weiß der Beschuldigten nicht vom gegen ihn durchgeführten Strafverfahren, aber der Verdächtige nimmt die Beschuldigtenstellung seit der Anordnung der verdeckten Ermittlungsmaßnahme ein, weil solche Maßnahmen nur gegen einen Beschuldigten angeordnet werden können.[340] Ab diesem Zeitpunkt liegt eine strafrechtliche Anklage vor und es gilt das Beschleunigungsgebot. Obwohl der Beschuldigte während des Ermittlungsverfahrens keine Belastungen spürt, werden seine Grund- und Menschenrechte durch die heimliche Observation bereits verletzt.[341] Es könnte noch denkbar sein, dass die Ehre des Beschuldigten beeinträchtigt wird, wenn die Zeugenvernehmung im Ermittlungsverfahren durchgeführt wird und der Beschuldigte von dieser Vernehmung keine Kenntnis erhält. Die Geltung des Beschleunigungsgebots hängt nicht davon ab, ob der Beschuldigte von der amtlichen Anzeige erfährt. Das Beschleunigungsgebot bezweckt, eine lange Dauer der Belastung des Beschuldigten im Strafverfahren zu vermeiden. Das Beschleunigungsgebot muss ab dem Moment gelten, in dem der Betroffene im allgemeinen strafprozessualen Sinne die Beschuldigtenstellung einnimmt.[342]

Der Betroffene wird zum Beschuldigten, wenn ein objektiver Tatverdacht vorliegt und eine Strafverfolgungsbehörde einen Willensakt hat, dass eine Person als Beschuldigten verfolgt wird (subjektiv-objektive Beschuldigtentheorie).[343] Laut

---

338 Gaede, wistra 2004, S.168; Plankemann, Überlange Verfahrensdauer, S. 42; Ulsamer, FS-Faller, S. 375; Vogler, ZStW 89 (1977), S. 780.

339 Plankemann, Überlange Verfahrensdauer, S. 42; Ulsamer, FS-Faller, S. 375.

340 Beulke, StPO, Rn. 112; Kindhäuser, StPO, § 6, Rn. 7.

341 Scheffer, Die überlange Dauer, S. 221.

342 Baumanns, Beschleunigungsgrundsatz, S. 62; Kühne, StPO, Rn. 102.1.

343 Beulke, StPO, Rn. 111; Kindhäuser, StPO, § 6, Rn. 7. Die Kriterien zur Begründung der Beschuldigtenstellung liefern die objektive Beschuldigtentheorie und die subjektive Beschuldigtentheorie. Die objektive Beschuldigtentheorie besagt, dass der Betroffene als Beschuldigte angesehen wird, wenn ihm ein objektiver Tatverdacht vorgeworfen

dieser Entscheidungsmethode nimmt der Betroffene die Beschuldigtenstellung ein, wenn ein förmliches Strafverfahren gegen eine Person als Beschuldigten eingeleitet wird oder die Verfolgungsbehörde eine Person als Beschuldigte vernommen hat.[344] Im Übrigen kann die Begründung der Beschuldigtenstellung auch konkludent erscheinen. Hierbei bleibt der Wille der Strafverfolgungsbehörde unberücksichtigt. Die Begründung der Beschuldigteneigenschaft hängt davon ab, ob eine Maßnahme, die nur gegen einen Beschuldigten erlaubt ist, gegen die Person angeordnet oder beantragt wird.[345]

Das Beschleunigungsgebot gilt für das gesamte Strafverfahren. Zur Aufklärung des Schutzbereichs ist es dringend erforderlich, das Ende des Strafverfahrens im Sinn des Art. 6 EMRK zu bestimmen. Das Strafverfahren endet mit der Rechtskraft des Urteils oder ggf. mit der Einstellung des Verfahrens.[346] Das Beschleunigungsgebot soll eine unangemessen lange Dauer der Belastung des Beschuldigten vermeiden, die das Strafverfahren verursacht. Die Belastung beendet, wenn das Verfahren zu einem Ergebnis kommt. Die tatrichterlichen Feststellungen[347] oder die Verkündung der Entscheidung des Gerichts[348] reichen nicht aus, weil in der ersten Situation das Gericht eine neue Verhandlung in Bezug auf den Schuldspruch durchführen kann[349] oder die Entscheidung noch abänderbar ist und somit ihre verbindliche Wirkung nicht entfaltet.[350] Nach dem Eintritt der formellen Rechtskraft beendet die Rechtshängigkeit und eine weitere auf Rechtserkenntnisse abzielende Prozesshandlung in demselben Verfahren ist unzulässig. Die materielle Rechtskraft verbietet die weitere Behandlung desselben Sachverhalts durch ein neues Strafverfahren.[351] Sobald die Rechtskraft eintritt, ruht der Rechtsstreit grundsätzlich[352]. Bei der Einstellung des Strafverfahrens

---

wird. Die subjektive Beschuldigtentheorie überprüft, ob der Willensakt der Strafverfolgungsbehörde vorliegt, das Strafverfahren gegen den Beschuldigten durchführen zu wollen. Vgl. Kindhäuser, StPO, § 6 Rn. 5 f.

344 Beulke, StPO, Rn. 111.

345 Beulke, StPO, Rn. 112;

346 EGMR, EuGRZ 1983, S. 380, Ziff. 77; StV 2001, S. 490, Ziff. 35; Grabenwarter/Pabel, EMRK, § 24, Rn. 81; Meyer-Ladwig, EMRK, Art. 6 Rn. 197.

347 BGHSt 35, 137, 141.

348 Waßmer, ZStW 118(2006), S. 170.

349 BGHSt 35, 137, 141.

350 Vgl. Beulke, StPO, Rn. 501.

351 Vgl. Mayer, Strafentscheidung, S. 112 f.

352 Die Entscheidung ist nur „grundsätzlich" unangefochten, weil die Rechtskraft unter einer strengen Voraussetzung noch durchbrochen werden könnte. Vgl. Roxin, S.

wird die Rechtskraft nicht verlangt.[353] Bei der Einstellung des Strafverfahrens gem. StPO existieren einige Varianten, die weiter erklärt werden müssen, um den Zeitpunkt des Abschlusses des Strafverfahrens nach dem Verständnis des Art. 6 EMRK festzustellen. Das entscheidende Kriterium zur Beurteilung könnte sein, ab wann das Ergebnis des Strafverfahrens feststeht. Ab dem Zeitpunkt ist der Betroffene der Belastung nicht weiter ausgesetzt. Die Einstellung gem. § 170 Abs. 2 durch den Staatsanwalt tritt keine Rechtskraft[354], sodass die Stabilität des Ergebnisses durch den Eintritt der Rechtskraft nicht nachweisbar ist. Wenn ein Staatsanwalt ein Strafverfahren nach § 170 Abs. 2 einstellt, ist die Entscheidung der Einstellung sofortig stabil, weil der Antragsteller, der zugleich auch Verletzter der Straftat ist, die Einstellung durch das Klageerzwingungsverfahren anfechten kann.[355] Nach § 174 Abs. 2 hat der durch den Klageerzwingungsantrag verworfene Beschluss des OLG beschränkte materielle Rechtskraft. Die öffentliche Klage kann nur aufgrund neuer Tatsachen oder Beweismittel erhoben werden.[356] Mit dem Ende des Klageerzwingungsverfahrens ist das Ergebnis des Strafverfahrens standfest. Im Übrigen ist das Klageerzwingungsverfahren ein Teil des Strafverfahrens. Deswegen gilt das Beschleunigungsgebot noch während des Klageerzwingungsverfahrens.

Bei der Einstellung des Strafverfahrens gem. § 153 StPO beendet das Strafverfahren normalerweise mit dem Erlass der Einstellung. Eine Ausnahme besteht, wenn die Einstellung durch eine Beschwerde (gem. § 304 StPO) angefochten wird. Das Verfahren läuft, bis der Beschluss über die Beschwerde verkündet wird. Der Staatsanwalt kann Beschwerde erheben, wenn das Gericht einer Entscheidung über die Zustimmung der Einstellung nach § 153 Abs. 1 durch einen Beschluss ablehnt, weil das Gericht sich für unzuständig hält.[357] Die Beschwerde ist auch zulässig, wenn für eine Einstellung durch das Gericht nach § 153 Abs. 2 die prozessualen Voraussetzungen fehlen, beispielsweise wenn die Tat ein Verbrechen ist oder der Angeklagten oder die StA der Einstellung nicht zugestimmt haben.[358]

---

353 In der Literatur dauert das Strafverfahren „bis zur Rechtskraft des Urteils oder zur Einstellung des Verfahrens". Es scheint, dass bei der Einstellung der Faktor der Rechtskraft nicht erforderlich ist. Vgl. Grabenwarter/Pabel, EMRK, § 24, Rn. 82; Meyer-Ladwig, EMRK, Art. 6 Rn. 197; Ress, FS-Müller-Dietz, S. 641.

354 Beulke, StPO, Rn. 320.

355 Beulke, StPO, Rn. 344.

356 Roxin/Schünemann, Strafverfahren, § 41 Rn. 17.

357 KK-Diemer, § 153, Rn. 18.

358 Beulke, StPO, Rn. 335.

Bei der Einstellung unter Auflagen und Weisungen (§ 153a StPO) beendet das Strafverfahren, wenn der Beschuldigte seine Auflage oder Weisungen vollständig erfüllt hat. Wenn der Beschuldigten den Pflichten voll nachgekommen ist, ergibt sich daraus ein endgültiges Verfahrenshindernis.[359] Die in der Anklage bezeichnete Tat kann nicht mehr als Vergehen verfolgt werden (§ 153a Abs. 1 Satz 5). Ab diesem Zeitpunkt ist die Einstellung unveränderlich.

Bei der Entscheidung über das Ende des Strafverfahrens stellt sich die Frage ein, ob das Beschleunigungsgebot auch im Verfahren vor dem BVerfG gilt. Nach der Rechtsprechung des EGMR fällt das Verfahren vor dem BVerfG in den Schutzbereich des Beschleunigungsgebots, weil das Ergebnis der Verfassungsbeschwerden sich auf den Ausgang des Strafverfahrens vor dem ordentlichen Gericht auswirken könnte.[360] Der EGMR hat diese Auffassung mit Art. 35 Abs. 1 EMRK ergänzend fundiert. Nach dem Art. 35 Abs. 1 EMRK ist eine Menschenrechtsbeschwerde zulässig, wenn ein Beschwerdeführer die innerstaatlichen Rechtsbehelfe ausgeschöpft hat. Wenn eine Verfassungsbeschwerde nicht das Ergebnis des strafgerichtlichen Verfahrens beeinflusst, könne sie nicht als effektiver Rechtsbehelf angesehen werden.[361]

Im Gegensatz zur Auffassung des EGMR hat der BGH die Geltung des Beschleunigungsgebots in Verfahren vor dem BVerfG abgelehnt. In seiner Rechtsprechung des Jahres 2006 hat der BGH ausgeführt, dass die Belastungen des Beschuldigten im Verfassungsbeschwerdeverfahren im Vergleich zu denen im ordentlichen Instanzenzug geringer seien, weil das Strafverfahren mit der Klarstellung des Schuld- und Strafausspruchs rechtskräftig abgeschlossen sei. Die Ungewissheit über das Ergebnis des Verfahrens bestand seit dem Zeitpunkt nicht mehr. Die vom Beschuldigten beantragte Verfassungsbeschwerde verändert den Ausgang des Verfahrens nicht.[362] Teile des Schrifttums[363] untermauern diese Begründung des BGH. Das BVerfG dient nach ständiger Rechtsprechung nicht einem zusätzlichen Rechtsbehelf zum fachgerichtlichen Verfahren, sondern einem außerordentlichen Rechtsbehelf, wodurch der Träger des vermeintlich verletzten Grundrechts den Eingriffen der öffentlichen Gewalt abwehrbar ist.[364] Die Verfassungsbeschwerde setzt eine rechtskräftige Entscheidung voraus.

---

359 Meyer-Goßner/Schmitt, StPO, § 153 a, Rn. 45.

360 EGMR NJW 2001, S. 211, Ziff. 64; NJW 2002, S. 2856, Ziff. 34; StV 2009, S. 562, Ziff. 62.

361 EGMR StV 2009, S. 562, Ziff. 62.

362 BGH, NJW 2006, S. 1535.

363 Vgl. Krehl, StV 2009, S. 564; Kühne, StV 2001, S. 530.

364 BVerfGE, 94, 166, 213f.; 107, 395, 413; 115, 81, 92.

Daneben muss das BVerfG nicht den Sachverhalt sowie den Schuld- und Strafausspruch klarstellen, sondern nur die Verfassungskonformität der fachgerichtlichen Entscheidung überprüfen. Durch eine Begründung wird das Verfahren vor dem BVerfG vom Begriff der strafrechtlichen Anklage in Sinne des Art. 6 EMRK ausgeschlossen. Eine Belastung des Beschuldigten wegen des Bestands der rechtskräftigen Entscheidung liegt somit sich nicht vor.

Diese Auffassung vernachlässigt, dass das BVerfG die Einhaltung verfassungsrechtlicher Garantien im Strafverfahren letztinstanzlich kontrolliert, da die Verfahrensdauer vor dem BVerfG auch in den Schutzbereich des Beschleunigungsgebots fällt.[365] Die Überprüfung durch das BVerfG wirkt sich in der Tat auf das Ergebnis des Strafverfahrens aus. Mit der Entscheidung des BVerfG kann das Urteil aufgehoben und an das zuständige Gericht zurückgewiesen werden. Stellt sich das Gesetz als verfassungswidrig heraus, kann das Strafverfahren zudem wieder aufgenommen werden. Während der Verfassungsbeschwerde liegt eine Belastung des Beschuldigten vor, weil der Ausgang des Verfahrens bis zum Ende der Verfassungsbeschwerde unsicher ist. Das Beschleunigungsgebot gilt auch für die Verfassungsbeschwerde.[366] Die Befürworter der Geltung des Beschleunigungsgebots für die Verfassungsbeschwerde haben ihre Auffassung mit folgenden Begründungen untermauert. Das BVerfG hat in seiner Rechtsprechung die Fachgerichte streng aufgefordert, dass die Fachgerichte das aus der Verfassung hergeleitete Beschleunigungsgebot einhalten müssen. Dies kann freilich nicht bedeuten, dass das BVerfG das Beschleunigungsgebot für sich selbst nicht gelten lassen will.[367] Das BVerfG als Hüter der Verfassung sollte dem Beschleunigungsgebot ebenfalls folgen.[368] Im Übrigen hat Art. 13 EMRK die Gewährleistung eines wirksamen Rechtsschutzes vorgeschrieben. Dieser Rechtsschutz gilt in allen Verfahrensstadien.[369] Die Beschleunigungstendenzen könnten aus dem wirksamen Rechtsschutz mittelbar entnommen werden, weil der Schutz vor den mit dem Strafverfahren verbundenen Belastungen im Schutzbereich einschlägig ist und das Gericht den Rechtsschutz zeitnah durchführen soll.[370] Der Betroffene muss Abhilfe erlangen können, wenn er eine rechtsstaatswidrige Verzögerung im Verfahren vor dem BVerfG erlitten hat. Damit schützt das Beschleunigungsgebot

---

365 Kühne, StV 2001, S. 530; Waßmer, ZStW 118(2006), S. 170.
366 Vgl. Plankemann, Überlange Verfahrensdauer, S. 46.
367 Krawczyk, JR 2009, S. 175.
368 Baumanns, Beschleunigungsgrundsatz, S. 79.
369 Plankemann, Überlange Verfahrensdauer, S. 46.
370 Baumanns, Beschleunigungsgrundsatz, S. 47.

vor der durch das BVerfG verursachten Verfahrensverzögerung.[371] Schließlich wird die Geltung des Beschleunigungsgebots durch die konventionskonforme Auslegung fundiert. Zur Vermeidung von Diskrepanzen zwischen dem GG und der EMRK hat das BVerfG eine konventionskonforme Auslegung des GG sowie die Rechtsprechung des EGMR als Auslegungshilfe anerkannt.[372] Damit soll die Verzögerung vor dem Bundesverfassungsgericht aus menschen- und verfassungsrechtlicher Sicht nach den gleichen Kriterien bewertet werden.[373] Der menschenrechtliche Schutz vor der rechtsstaatswidrigen Verfahrensverzögerung gilt im Verfahren vor dem BVerfG, weil seine Entscheidung den Ausgang der staatlichen Sanktion beeinflusst.[374]

Wenn die Geltung des Beschleunigungsgebots im Verfahren vor dem BVerfG anerkannt wird, wird berücksichtigt, dass die Kapazität des BVerfG begrenzt ist, da es nur aus zwei Senaten besteht. Bei der Feststellung der angemessenen Verfahrensdauer vor dem BVerfG soll ein abweichender, großzügigerer Prüfungsmaßstab gegenüber den ordentlichen Gerichten herangezogen werden.[375]

2. *Unangemessene Verfahrensdauer*

Art. 6 Abs. 1 Satz 1 EMRK sieht die Gewährleistung des Beschleunigungsgebots deutliche vor: Die Strafanklage muss folglich in angemessene Zeit behandelt werden. Zur Feststellung des Schutzbereichs muss zunächst die unangemessene Verfahrensdauer erläutert werden.

Die Verletzung des Beschleunigungsgebots ist eine rechtsstaatswidrige Verfahrensverzögerung.[376] Das Beschleunigungsgebot wurde aus dem Rechtsstaatsprinzip hergeleitet, sodass nur eine rechtsstaatswidrige Verzögerung gegen das Beschleunigungsgebot verstößt. Diese Formulierung ist vage und muss weiter interpretiert werden. Eine rechtsstaatswidrige Verzögerung liegt vor, wenn die Justiz die Schuld an der Verfahrensverzögerung trägt[377] und die Verzögerung unangemessen ist.[378] Einige Autoren haben die unangemessene Verfahrensdauer

---

371 Plankemann, Überlange Verfahrensdauer, S. 46.

372 BVerfG NJW 2004, S. 3410; BVerfGE 74, 358, 370;

373 Baumanns, Beschleunigungsgrundsatz, S. 79.

374 Baumanns, Beschleunigungsgrundsatz, S. 79 f.

375 Kühne, StV 2001, S. 530.

376 KK-Fischer, Einl. Rn. 39; Münchener Kommentar I-Kudlich, Einl., Rn. 158; Tepperwien, NStZ 2009, S. 2.

377 Piel, FS-Widmaier, S. 435; Tepperwien, NStZ 2009, S. 2; Ulsamer, FS-Faller, S. 379.

378 Tepperwien, NStZ 2009, S. 2.

so erklärt, dass unter dem Blickpunkt der materiellen Wahrheitsfindung die tatsächliche Verfahrensdauer den angemessenen Zeitraum überschreitet, d.h., dass das Verfahren eine prozessordnungswidrige Untätigkeit enthält.[379] Eine solche Formulierung könnte zum Missverständnis führen, dass die rechtsstaatswidrige Verzögerung nur durch eine prozessordnungswidrige Untätigkeit hervorgerufen werde. Eine ungenügende Verfahrensförderung oder eine mangelhafte Handlung der Strafverfolgungsbehörde könnte die Verzögerung zur Folge haben. Laut den oben genannten Formulierungen kann die Natur der unangemessenen Verfahrensverzögerung wie folgt dargestellt werden:

a. Die Verfahrensverzögerung
b. Die Justiz lastet die Verfahrensverzögerung
c. Die Verfahrensverzögerung übertritt die angemessene Grenze

Der Verstoß gegen das Beschleunigungsgebot setzt eine der Justiz angelastete und unangemessene Verzögerung voraus.

Schließlich muss die andere Fallgruppe, die lange und nicht rechtsstaatswidrige Gesamtdauer des Verfahrens bezeichnet, skizziert werden, und sodann festzustellen, ob sie in den Schutzbereich des Art. 6 Abs. 1 S. 1 EMRK fällt. Der BGH sieht bei einem außergewöhnlich langen Abstand zwischen Tat und Urteil oder einer sehr langen Dauer des Verfahrens gemäß drei Strafmilderungsgründen vor, die Strafe abzumildern.[380] Der erste Strafmilderungsgrund besteht in einem unverhältnismäßig langen zeitlichen Abstand zwischen Tat und Urteil. Der unverhältnismäßige zeitliche Abstand beruht auf der Überschreitung der Verjährungsfrist.[381] Der zweite Strafmilderungsgrund berücksichtigt die durch das lange Verfahren verursachten Belastungen des Angeklagten.[382] Dieser Strafmilderungsgrund kann auch vorkommen, wenn die extrem lange Verfahrensdauer sachliche Gründe hatte und nicht von den Strafverfolgungsorganen verursacht wurde. Der dritte Strafmilderungsgrund besteht darin, dass das lange dauernde Verfahren gegen das Beschleunigungsgebot gem. Art. 6 Abs. 1 S. 1 verstößt. Die Verletzung des Beschleunigungsgebots ergibt sich alleine daraus, dass die dem Staat angelastete Verfahrenszögerung entstanden ist.[383] Laut dieser Differenzierung lässt sich feststellen, dass die lange (nicht rechtsstaatswidrige) Gesamtdauer

379 Waßmer, ZStW 118 (2006), S. 171; Piel, FS-Widmaier, S. 435.
380 BGH, NJW 1999, S. 1198 f.
381 BGHR, StGB § 46 Abs. 2, Verzögerung 6, S. 2.
382 BGH, NJW 1999, S. 1198 f.
383 BGHR, StGB § 46 Abs. 2, Verzögerung 6, S. 2.

des Verfahrens der ersten zwei Fallgruppen zugeordnet wurde. Dieser Fall hat keinen Bezug auf das Beschleunigungsgebot.

Im Übrigen sind die Kompensationsmaßnahmen der Verletzung wegen der ersten zwei Fallgruppen und der rechtsstaatswidrigen Verfahrensverzögerung unterschiedlich. Die Rechtsfolge der rechtsstaatswidrigen Verzögerung nämlich die Verletzung des Beschleunigungsgebots wird seit 2008 durch eine Strafvollstreckungslösung kompensiert, während die anderen Fallgruppen durch Strafzumessungslösungen auszugleichen sind.[384] Damit fällt die lange und nicht rechtsstaatswidrige Gesamtdauer des Verfahrens nicht in den Schutzbereich des Beschleunigungsgebots.

Daneben ist das Beschleunigungsgebot ein Verzögerungsverbot.[385] Zur deutlichen Klarstellung des Begriffs des Beschleunigungsgebots sei erwähnt, dass es dabei nicht um die Beschleunigung als Selbstwert geht, sondern zunächst um die Vermeidung einer unangemessenen Verzögerung.[386] Nach dieser Auffassung wird die lange und nicht rechtsstaatswidrige Gesamtdauer des Verfahrens bezeichnet, skizziert und festgestellt, dass sie nicht in den Schutzbereich des Art. 6 Abs. 1 Satz 1 EMRK fällt. Diese Unterscheidung wurde auch vom EGMR angenommen. Im Fall Ommer hat der EGMR behauptet, dass die Rechtssache des Beschwerdeführers nicht innerhalb der gebotenen Frist im Sinne von Artikel 6 Abs. 1 verhandelt worden sei, und er zusätzlich festgestellt, dass die Verfahrensdauer eindeutig überlang sei.[387]

II. Die Feststellung der unangemessenen Verfahrensdauer

A. Die Unangemessenheit im Sinne des Beschleunigungsgebots als Verhaltensfaktor oder Zeitfaktor

Laut der oben geschilderten Natur der unangemessenen Verfahrensdauer verstößt das Verfahren gegen das Beschleunigungsgebot, wenn eine der Justiz zurechnende Verzögerung über die angemessene Grenze hinausgeht. Bei der Feststellung der unangemessenen Verfahrensdauer behaupten Teile der Literatur, dass die Existenz einer rechtsstaatswidrigen Verfahrensverzögerung nicht notwendigerweise aus der Unangemessenheit der Verfahrensdauer folge. Zur

384 Plankemann, Überlange Verfahrensdauer, S. 162, 187.

385 BGHSt 47, 105, 109; Degener, FS-Dencker, S. 43; Fezer, FS-Widmaier, S. 179; Schroeder/Verrel, StPO, Rn. 349.

386 I. Roxin, FS-Volk, S. 619; Paeffgen, GA 2014, S. 278; Waßmer, ZStW 118(2006), S. 159.

387 Ommer gegen Deutschland (Nr. 1) Urt. 13 11 2008, Ziff. 56.

Feststellung einer unangemessenen Verfahrensdauer müssen die Zeiträume prozessordnungswidriger Untätigkeit ins Verhältnis zur Gesamtverfahrensdauer gesetzt werden. Daher könnte sich ergeben, dass eine gewisse Untätigkeit in einzelnen Verfahrensabschnitten noch nicht gegen das Beschleunigungsgebot verstößt, wenn die Verfahrensdauer nicht unangemessenen lang ist. Eine unangemessene Verfahrensdauer liegt erst dann vor, wenn die Zeiträume prozessordnungswidriger Untätigkeit, welche die Verletzung des Beschleunigungsgebots begründet, im Verhältnis zur Gesamtverfahrensdauer enorm sind.[388] Die Unangemessenheit könnte immer bejaht werden, wenn der Zeitraum einer rechtsstaatswidrigen Verfahrensverzögerung über ein Drittel oder gar die Hälfte der Gesamtverfahrensdauer hinausgeht.[389] Die rechtsstaatswidrige Verfahrensdauer durch die Verhältnismäßigkeitsprüfung ins Verhältnis zum Gesamtverfahren könnte die unangemessene Verfahrensdauer zugeordnet werden. Laut diesem Argument hängt die Unangemessenheit vom zeitlichen Faktor ab.

Die andere Auffassung lautet, dass die Verhältnismäßigkeit des staatlichen Verhaltens über die Angemessenheit der Verfahrensdauer entscheide. Das Beschleunigungsgebot ist verletzt, wenn die bei einem pflichtgemäßen Verhalten der Strafverfolgungsbehörden die angemessenen Grenzen überschritten sind.[390] Bei der Entscheidung über die Angemessenheit geht es nicht nur um die Dauer des Strafverfahrens, sondern auch um die Qualität der geleisteten Arbeit.[391] Daneben wird die Verfahrensdauer als Indikator für die Unangemessenheit betrachtet. Eine lange Verfahrensdauer begründet nicht zwangsläufig deren Unangemessenheit. Die Unangemessenheit besteht, wenn keine besonderen Rechtfertigungsgründe vorliegen. Bei der Überprüfung der Rechtfertigungsgründe wird durch objektive Kriterien der angemessene Betrieb des Verfahrens durch den Staat ermittelt.[392]

Der Art. 6 Abs. 1 Satz 1 EMRK besagt: „Jede Person hat ein Recht darauf, dass über Streitigkeiten in Bezug auf ihre zivilrechtlichen Ansprüche und Verpflichtungen oder über eine gegen sie erhobene strafrechtliche Anklage … innerhalb angemessener Frist verhandelt wird“. In diesem Wortlaut zeigt oberflächlich

---

388 BGH NStZ-RR 2002, S. 219; KK(2003)-Pfeiffer, Einl. Rn. 11; Münchener Kommentar zum StGB (2003) I-Frank, § 46, Rn. 62; Waßmer, ZStW 118(2006), S. 173 f.

389 Waßmer, ZStW 118(2006), S. 174.

390 KK-Fischer, Einl. Rn. 40.

391 Dölling, FS-Meyer-Gossner, S. 112.

392 Vgl. Gräßer gegen Deutschland, Urt. von 05.10.2006, Ziff. 52 ff; FV, Krehl/Eidam NStZ 2006, S. 3.

eine Verbindung des Adjektivs „unangemessen" mit der Frist. Die Verletzung des Beschleunigungsgebots richtet sich nach dem zeitlichen Faktor. Im Art. 14 Abs. 3 Lit. c IPbpR wurde die „unangemessene Verzögerung" im Zusammenhang mit dem Ausdruck des Beschleunigungsgebots angewendet und auf die „unangemessene Frist" verzichtet. „Verzögerung" bedeutet „verlangsamen", „seinen Fortgang hemmen."[393] Demnach bezeichnet die Verzögerung nicht nur den Ablauf der Zeit, sondern auch das Verhalten, durch das ein Vorgang gehemmt wird. Die Berücksichtigung des Zeitablaufes allein beschreibt nicht die wesentliche Natur der Verzögerung, sondern dass das widrige Verhalten den wesentlichen Charakter der Verzögerung darstellt. Bei der Formulierung des Beschleunigungsgebots wird die „Frist" durch die „Verzögerung" ersetzt. Das bedeutet, dass dem Verhalten des Staats mehr Bedeutung bei der Entscheidung über die Verletzung des Beschleunigungsgebots zukommt.[394] Der Prüfungsvorgang von Waßmer, der die Entscheidung über die Unangemessenheit an die Gesamtverfahrensdauer bindet, modifiziert die gesetzlichen Verjährungsvorschriften unzulässig.[395] Nach der Auffassung von Waßmer hat die Überprüfung der Angemessenheit der Verfahrensdauer bis zum Ende des Verfahrens keinen Erfolg, weil in der Überprüfung die Gesamtverfahrensdauer, die bis zum Ende des Verfahrens nicht festgestellt wurde, berücksichtigt werden kann.

Somit ist es zutreffend, dass die Unangemessenheit der Verfahrensdauer durch das unangemessene Verhalten der Behörden verursacht wird. Für die Entscheidung über der unangemessenen Verfahrensdauer ist das Verhalten des Staats von Bedeutung.

---

393 Vgl. Duden Online Wörterbuch http://www.duden.de/rechtschreibung/verzoegern.

394 Vgl. „*Vielmehr richtet sich die Angemessenheit der Verfahrensdauer alleine nach der objektiven Schwierigkeit der Sache und den innerstaatlichen Behörden zurechenbaren, über das notwendige Maß hinausgehenden Verfahrensverzögerungen.*" Ambos, NStZ 2002, S. 63; „*Die Angemessenheit der Verfahrensdauer ausschließlich als Frage prozessordnungsgemäßer Verfahrensbetreibung und verhältnismäßiger Gesamtverfahrenslänge.*" Baumanns, Beschleunigungsgrundsatz, S. 111 ff.; „*Eine Verletzung des Art. 6 Abs. 1 Satz 1 EMRK liegt vor, wenn die Verfahrensdauer in erster Linie auf dem Verhalten der staatlichen Stellen, nämlich darauf beruht, dass sie nicht in allen Verfahrensstadien mit der notwendigen Sorgfalt und Beschleunigung gearbeitet haben.*" Ulsamer, FS-Faller, S. 379.

395 Wohlers, JR 1994, S. 139.

B. Überblick über die Rechtsprechung

1. Die Rechtsprechung des EGMR

Das Beschleunigungsgebot wurde nicht nur in der EMRK ausdrücklich vorgesehen, sondern der EGMR beurteilte wiederholt, ob ein Verstoß gegen das Beschleunigungsgebot besteht. Eine Verletzung des Beschleunigungsgebots hängt davon ab, ob eine unangemessene Verfahrensdauer vorliegt.

Laut der Rechtsprechung hat der EGMR bei der Feststellung der unangemessenen Verfahrensdauer folgende stereotype Formel verwendet:

Die Angemessenheit der Dauer eines Verfahrens nach Art. 6 Abs. 1 Satz 1 der Konvention muss jeweils nach den Umständen des Einzelfalls beurteilt werden. Bei der Prüfung, ob ein Strafverfahren eine angemessene Dauer hatte, hat der Gerichtshof unter folgende Merkmale in Betracht gezogen: die Kompliziertheit des Verfahrens, das Verhalten des Beschwerdeführers sowie die Art und Weise, in der das Verfahren von den Verwaltungs- und Justizbehörden durchgeführt worden ist.[396] In machen Entscheidungen wurde auch die Bedeutung der Sache für den Beschwerdeführer zur Feststellung der Unangemessenheit berücksichtigt.[397]

Die Bedeutung der Sache wurde zum ersten Mal im Fall König als ein Kriterium zur Prüfung der Angemessenheit der Verfahrensdauer anerkannt. Der EGMR hat in einer früheren Rechtsprechung über den Verstoß gegen das Beschleunigungsgebot nur die ersten drei Kriterien gewürdigt. Seit der Verkündung der Rechtsprechung im Fall König wurde die Bedeutung des Rechtsstreits in Haftsachen[398], arbeitsrechtlichen Angelegenheiten[399], familienrechtlichen Verfahren, vornehmlich in Kindschaftssachen[400] sowie bei sozialversicherungsrechtlichen Streitigkeiten[401] allmählich als ein Prüfungskriterium anerkannt. Zu diesem Katalog der Kriterien zur Entscheidung der Angemessenheit sollen zwei Anmerkungen erfolgen. Zum einen wird die Frage aufgeworfen, ob die Kriterien, die der Katalog umfasst, abschließend sind. Der EGMR hat nicht festgestellt, dass der Katalog abschließend ist. Allerdings stellen die Kriterien wesentliche Prüfungsmaßstäbe dar.[402] Der EGMR hat zahlreiche Entscheidungen mittels

---

396 EGMR, NJW 1979, S. 479, Ziff. 99.

397 EGMR, NJW 1979, S. 480, Ziff. 105.

398 EGMR, Uhl v. Deutschland Urt. v. 10. 02. 2005, Ziff. 32.

399 EGMR, Mianowicz v. Deutschland Urt. v. 13. 10. 2009, Ziff. 47.

400 EGMR, Wimmer v. Deutschland Urt. v. 24. 02. 2005, Ziff. 34.

401 EGMR, Deumeland v. Deutschland Urt. v. 29. 05. 1986, Ziff. 90.

402 Gaede, wistra 2004, S. 169, Fn. 52.

dieser Kriterien getroffen.[403] Zum anderen hat der EGMR ohne eingehende Prüfung im Einzelfall nach den vorgenannten Kriterien eine Verletzung des Art. 6 Abs. 1 Satz 1 bestätigt, wenn eine Verfahrensdauer insgesamt zu lang ist.[404]

2. Die deutschen Rechtsprechungen

Das LG Frankfurt hat zuerst über die Zuwiderhandlung gegen das Beschleunigungsgebot entschieden. Es stellte die Angemessenheit der Verfahrensdauer nicht mithilfe der nationalen Grundsätze oder Richtlinien entschieden fest.[405] Stattdessen wurden die sach- und personenbezogenen Umstände im Einzelfall betrachtet. Die sachbezogenen Kriterien betreffen die Bedeutung des Verfahrensgegenstandes und das Maß der Schuld der Angeklagten. Das Gericht beurteilte mittels dieser Kriterien die Frage, ob seine Strafverfolgung noch geboten ist und ob angesichts der ablaufenden Zeit die zuverlässige und vollständige Wahrheitsermittlung noch möglich ist. Bei der Untersuchung der sachbezogenen Kriterien hat das Gericht die Art und Schwere der zu erwartenden Strafe in der Strafverfolgung, den abstrakten gesetzlichen Strafrahmen, die objektiven und subjektiven Gegebenheiten des Einzelfalles sowie den Umfang der Sache und den Schwierigkeitsgrad der Ermittlungen berücksichtigt.[406] Bei dem personenbezogenen Kriterium handelt es sich um die Beeinträchtigung des Angeklagten, die durch die lange Dauer eines Verfahrens verursacht wird.[407] Die Verfahrensdauer gilt als unangemessen, wenn die Belastung des Angeklagten durch die weitere Durchführung der Strafverfolgung zu schwer und die Fortsetzung der Strafverfolgung unzumutbar ist.[408] In dieser Entscheidung hielt das Gericht unter Berücksichtigung der sachbezogenen Kriterien die Verfahrensdauer für unangemessen, weil das Verfahren sich ab der Kenntnis des Angeklagten von dem Ermittlungsverfahren mehr als zehn Jahre hinzog. Die Verfahrensdauer überstieg das Doppelte der gesetzlichen Verjährungsfrist. Daneben berücksichtigte das Gericht das Verhalten des Beschuldigten und seines Verteidigers und legte damit fest, dass der Beschuldigte und sein Verteidiger im Verfahren ihre prozessualen

---

403 Villiger, EMRK, Rn. 459.

404 EGMR, Trićković v. Slowenien Urt. v. 12.06. 2001, Ziff. 63, 67; Grabenwarter/Pabel, EMRK, § 24, Rn. 83.

405 LG Frankfurt a. M., 05.11.1970, JZ 1971, S. 235.

406 LG Frankfurt a. M., 05.11.1970, JZ 1971, S. 236.

407 LG Frankfurt a. M., 05.11.1970, JZ 1971, S. 236.

408 LG Frankfurt a. M., 05.11.1970, JZ 1971, S. 236.

Rechte angemessen und sachlich geboten ausgeübt hatten. Der Beschuldigten und seiner Verteidigter trugen nicht zur unangemessenen Verfahrensdauer bei.[409]

Im nächsten Jahr entschied das LG Krefeld über die Angemessenheit der Verfahrensdauer. In der Rechtsprechung trat das LG Krefeld den sach- und personenbezogenen Kriterien, die vom LG Frankfurt aufgestellt wurden, entgegen. Das Gericht erklärte unter Berücksichtigung der vom LG Frankfurt aufgestellten Kriterien, dass das Verfahren von vornherein eingestellt werden könnte, wenn ein Beschuldigter zu einer Krankheit neigte und somit eine langwierige und umständliche Beweisführung erwartet werden könnte.[410] Diese personenbezogenen Kriterien können für eine Entscheidung nach § 153 anwendbar sein, bleiben aber in der Entscheidung über eine unangemessene Verfahrensdauer unbeachtet.[411] Im Übrigen schloss ich mich dem LG Krefeld der Auffassung des EGMR an, während das LG Frankfurt über die Richtlinien des EGMR nicht verfügte.[412] Der EGMR hat auf die Verpflichtung der Strafverfolgungsbehörde zur Verfahrensbeschleunigung, die in Art. 6 Abs. 1 Satz 1 EMRK enthalten ist, abgestellt und überprüft, ob sie der Verpflichtung nachkommt.[413] Das LG Krefeld hat bei der Beurteilung der Angemessenheit der Verfahrensdauer anhand aller sachbezogenen Kriterien entschieden.[414] Die folgenden Rechtsprechungen haben bei der Feststellung der Angemessenheit die Kriterien, die durch die letzten zwei Rechtsprechungen aufgestellt wurden, berücksichtigt. Die Rechtsprechungen zeigen die Tendenz, dass den objektiven sachbezogenen Kriterien bei der Beurteilung der Angemessenheit mehr Bedeutung zukommt.[415] In der jungen Rechtsprechung festigt sich diese

409 LG Frankfurt a. M., 05.11.1970, JZ 1971, S. 236.
410 LG Krefeld, 18. 05. 1971, JZ 1971, S. 735.
411 LG Krefeld, 18. 05. 1971, JZ 1971, S. 735.
412 LG Krefeld, 18. 05. 1971, JZ 1971, S. 735.
413 LG Krefeld, 18. 05. 1971, JZ 1971, S. 735.
414 LG Krefeld, 18. 05. 1971, JZ 1971, S. 735.
415 Vgl. OLG Koblenz, 13.10.1971, NJW 1972, S. 404 f. Bei der Feststellung der Angemessenheit wurden die Komplexität des Verfahrens, das Verhalten der Verfahrensteilnehmer und der Umfang der Schuld des Angeschuldigten überprüft; OLG Karlsruhe 20.1.1972, NJW 1972, S. 1908. Das Gericht hat dem Verhalten der Strafverfolgungsbehörde Rechnung getragen, um die Angemessenheit der Verfahrensdauer zu beurteilen; OLG Stuttgart, 20.11.1973, NJW 1974, S. 285. Das Gericht erwog das Verhalten der Strafverfolgungsbehörden, nachdem es über die angemessene Verfahrensdauer

Tendenz.[416]

Auch das BVerfG und der BGH haben über die Angemessenheit der Verfahrensdauer entschieden. Das BVerfG berücksichtigte bei der Entscheidung über die Angemessenheit der Verfahrensdauer die besonderen Umstände des einzelnen Falles.[417] Die Umstände, die vom BVerfG aufgestellt wurden, sind die gesamte Dauer des Verfahrens, das Verhalten der Justizorgane, die Schwere des Tatvorwurfs, der Umfang und die Schwierigkeit des Verfahrensgegenstands und das Ausmaß der mit dem Andauern des Verfahrens verbundenen Belastung des Betroffenen.[418] In der Rechtsprechung hat das BVerfG ausdrücklich betont, dass die Verzögerungen, die durch den Beschuldigten wegen der Durchführung des Verfahrensrechts verursacht werden, nicht geeignet sind, die Unangemessenheit der Verfahrensdauer zu begründen.[419]

Der BGH hat bei der Beurteilung der angemessenen Verfahrensdauer die vom BVerfG oder vom EGMR aufgestellten Kriterien in Rechnung gestellt.[420] Zur Entscheidung des Vorliegens der unangemessenen Verfahrensdauer müssen die Umstände des Einzelfalles überprüft werden.[421] Zu betrachten sind dabei die gesamte Dauer des Verfahrens, die Schwere des Tatvorwurfs, der Umfang und

---

entschieden hat; BayObLG, 31.05.1989, StV 1989 S. 394. Die Unangemessenheit der Verfahrensdauer wurde durch das Verhalten der Strafverfolgungsbehörden bejaht.

416 Vgl. OLG Köln, 29.02.2016, StV 2016, S. 446. Bei der Feststellung der Verletzung des Beschleunigungsgebots wurde das Verhalten der Staatsanwaltschaft betrachtet; OLG Brandenburg, 9.3.2016, StraFo 2016, S. 152. Wegen des offenbar grundsätzlich auf Verfahrensverzögerung aus gerichtetem Verhalten der Staatsanwaltschaft liegt ein Verstoß gegen das Beschleunigungsgebot vor; OLG Nürnberg, 21.10.2014, https://www.juris.de/jportal/?quelle=jlink&docid=KORE412052014&psml=jurisw.psml&max=true, Das Gericht beurteilte die Frage, ob eine unangemessene Verfahrensdauer vorliegt, mittels der Komplexität des Verfahrens.

417 BVerfGE 55, 349, 369; BVerfG NJW 1992, S. 2473; NJW 2003, S. 2226; NJW 2003, S. 2897.

418 BVerfG NStZ 1984, S. 128; NJW 1984, S. 967; NJW 1992, S. 2473; NJW 2003, S. 2225; NJW 2003, S. 2897.

419 BVerfG NJW 1984, S. 128; NJW 1984, S: 967; NJW 1992, S. 2473; NJW 2003, S. 2225; NJW 2003, S. 2897.

420 Der BGH hat sich zur Beurteilung der angemessenen Verfahrensdauer auf die vom BVerfG aufgestellten Kriterien bezogen. Vgl. BGH NStZ 1999, S. 313; NJW 2001. S. 1148; NStZ 2004, S. 641. Im Übrigen haben einige Rechtsprechungen gleichzeitig die Kriterien zur Beurteilung der angemessenen Verfahrensdauer des BVerfG und des EGMR berücksichtigt. Vgl. BGH NStZ 2003, S. 384; NStZ 2005, S. 445.

421 BGH NJW 2001, S. 1148; NStZ 2003, S. 384; NStZ 2004, S. 641; NStZ-RR 2004, S. 231.

die Schwierigkeit des Verfahrensgegenstands, die Art und Weise der Ermittlung, das Verhalten des Beschuldigten und das Ausmaß der von der Verfahrensverzögerung verursachten Belastungen des Beschuldigten.[422] Bezüglich der Rechtsprechungen des BGH können zwei nennenswerte Entwicklungen geschildert werden. Zum einen hat der BGH die gesamte Verfahrensdauer weiter interpretiert, sodass aus der ausdrücklichen Untätigkeit während eines bestimmten Verfahrensabschnitts nicht ohne Weiteres aus einer Verletzung des Beschleunigungsgebots folgt, falls die angemessene Frist insgesamt nicht überschritten wird (Gesamtwürdigung).[423] Zum anderen stellen einige Rechtsprechungen bei der Beurteilung der Verletzung des Beschleunigungsgebots nicht das Maß der Schuld in Rechnung.[424]

C. Würdigung der Prüfungsmethode und Kriterien

Der Überblick über die internationalen und innerstaatlichen Rechtsprechungen zeigt, dass eine angemessene Verfahrensdauer im Einzelfall anhand folgender Kriterien beurteilt wird: gesamte Verfahrensdauer, Komplexität des Falls, Verhalten des Beschwerdeführers, Verhalten der Behörde, Bedeutung der Sache für den Beschwerdeführer, Ausmaß der von der Verfahrensverzögerung verursachten Belastungen des Beschuldigten, Schwere des Tatvorwurfs sowie Maß der Schuld.

1. Gesamtverfahrensdauer

In der Rechtsprechung vom internationalen und innerstaatlichen Gericht wird „*die Gesamtverfahrensdauer*" bei der Feststellung des Verstoßes gegen das Beschleunigungsgebot berücksichtigt.

In der Rechtsprechung von *Pedersen und Baadsgaard gegen Dänemark* hat sich der EGMR so geäußert:

> *"Therefore, making an overall assessment of the complexity of the case, the conduct of all concerned as well as the* ***total length of the proceedings****, the latter did not, in the Court's view, go beyond what may be considered reasonable in this particular case. Accordingly, there has been no violation of Article 6 § 1 of the Convention in respect of the length of the proceedings."*[425]

---

422 Vgl. BGH NStZ 2003, S. 384, NStZ 2005, S 445 f.

423 BGH NStZ 1999, S. 313; NStZ 2003, S. 384; NStZ 2004, S. 504; NStZ 2005, S. 446.

424 BGH NJW 2001, S. 1148; NStZ 2004, S. 641.

425 EGMR, Pedersen und Baadsgaard v. Dänemark Urt. v. 19. 06. 2003, Ziff. 46; fernerhin hat der EGMR zur Beurteilung der Verletzung des Beschleunigungsgebots nur die

Laut dieser Rechtsprechung bejaht der EGMR die Verfahrensdauer als unangemessen, wenn ein Verfahren zu lange andauert. Die Überlänge des Verfahrens könnte zum Kriterium zur Feststellung einer unangemessenen Verfahrensdauer werden.

In der deutschen Rechtsprechung haben das OLG Zweibrücken und LG Frankfurt a.M. eine Verfahrensdauer von zehn Jahren und von etwa elf Jahren und elf Monaten als unangemessen bejaht.

Ein solches Kriterium zu Beurteilung der Unangemessenheit der Verfahrensdauer ist fraglich. Eine Verletzung des Beschleunigungsgebots liegt vor, wenn die Verfahrensdauer unangemessen ist. Damit eine Unangemessenheit anerkannt wird, muss eine von der Justiz verursachte Verzögerung vorliegen. Eine lange Verfahrensdauer führt nicht unmittelbar dazu, dass das Verfahren eine Verzögerung enthält. Die lange Gesamtdauer des Verfahrens ist nur ein Indiz dafür, dass die lange Verfahrensdauer von einer Verfahrensverzögerung der Justiz verursacht worden sein könnte. Eine der Justizbehörde zuzurechnende Verzögerung könnte vorliegen, ohne dass das Verfahren überlange andauert.[426]

Die Angemessenheit der Verfahrensdauer ist nur durch eine wertende Abwägung feststellbar.[427] Im Hinblick auf die Gesamtverfahrensdauer als Kriterium erscheint es so, dass es zur Beurteilung der Angemessenheit auf die Überschreitung einer wertungsfreien festen Zeitgrenze ankommt.

Nach der Rechtssicherheitsansicht stellt die Gesamtverfahrensdauer ein Kriterium zum Nachweis einer unangemessenen Verfahrensdauer dar. Es ist unklar, wann eine summierende Verfahrensdauer die Grenze der Angemessenheit überschreitet. Dieses Kriterium kann den unbestimmten Begriff der Angemessenheit nicht konkretisieren.[428]

Schließlich muss die Befolgung des Beschleunigungsgebots in jeder Phase des Verfahrens überprüft werden.[429] Die Gesamtverfahrensdauer als ein Kriterium zur Beurteilung der Angemessenheit der Verfahrensdauer führt dazu, dass die Verletzung des Beschleunigungsgebots nicht feststellbar ist, wenn das Verfahren noch nicht endgültig abgeschlossen ist, weil die Gesamtverfahrensdauer noch nicht festgelegt ist. Sogar die Einstellung des Verfahrens ist wegen der Verletzung

---

Gesamtverfahrensdauer in Erwägung gezogen. EGMR, Mianowski v. Poland Urt v. 16.12.2003, Ziff. 46.

426 Plankemann, Überlange Verfahrensdauer, S. 61 f.

427 Bartsch, Jus 1970, S. 449; Baumanns, Beschleunigungsgrundsatz, S. 94.

428 Baumanns, Beschleunigungsgrundsatz, S. 93.

429 BVerfG NJW 2003, S. 2897.

des Beschleunigungsgebots nicht möglich, wenn das Verfahren noch fortdauert, und daher die Gesamtverfahrensdauer noch nicht feststeht werden. Der Verstoß gegen das Beschleunigungsgebot kann daher ebenfalls nicht festgestellt werden. Das Kriterium der Gesamtverfahrensdauer entspricht nicht der Anforderung, dass die Einhaltung des Beschleunigungsgebots in jeder Phase des Verfahrens geprüft wird.[430]

Bei der Gesamtverfahrensdauer als Kriterium zur Feststellung der unangemessenen Verfahrensdauer könnte die Frage auftauchen, ob es eine absolute Zeitgrenze für Strafverfahren gibt. Der Teil der Rechtsprechungen ausführte, dass die absolute Zeitgrenze für Strafverfahren vorgelegt wurde. Der EGMR hat geäußert, dass er eine Verfahrensdauer von über zehn Jahren für unangemessen hält.[431] Das BVerfG hat diese absolute Zeitgrenze ebenfalls angenommen.[432] Neben dieser Zehn-Jahres-Grenze hat das Gericht eine Verfahrensdauer als unangemessen betrachtet, wenn ein Verfahren doppelt so lange, wie die gesetzliche Verjährungsfrist läuft.[433]

Der Vorteil der fixen Zeitgrenze besteht in der Rechtssicherheit. Der Gesetzgeber, die Bürger und das Gericht könnten durch den objektiven Maßstab einer zumutbaren Verfahrensdauer das Ergebnis besser vorausberechnen.[434] Diese Vorgehensweise erfuhr jedoch heftige Kritik. Die feste Zeitgrenze entspricht nicht dem Begriff der Angemessenheit. Das Beschleunigungsgebot verlangt, dass das Strafverfahren in einer angemessenen Zeit beendet wird. Die Beurteilung der Angemessenheit würdigt objektiv. Ob etwa „angemessen" ist, kommt es auf den Verhaltensstandards und den Wertvorstellungen eines durchschnittlich gebildeten Normalbürgers an.[435] Diese Würdigung hängt von den Umständen des Einzelfalles ab. Ob eine Verfahrensdauer noch angemessen ist oder gegen das Beschleunigungsgebot verstößt, unterliegt einem ein Wertungsspielraum. Damit ist es auch schwere, eine abstrakte Zeitgrenze zu setzen, ab der die Verfahrensdauer absolut unangemessen ist.[436] Daneben ist eine feste Zeitgrenze zur Beurteilung der Angemessenheit statisch und degenerativ. Die Rechtsprechungspraxis könnte an die jeweiligen gesellschaftlichen Veränderungen

430 Baumann, Beschleunigungsgrundsatz, S. 95.
431 EGMR, NJW 1979, S. 479, Ziff. 102; EuGRZ 1983, S. 380 Ziff. 80.
432 BVerfG NJW 1993, S. 3255.
433 LG Frankfurt a. M., 05.11.1970, JZ 1971, S. 236.
434 Brett, Verfahrensdauer, S. 252.
435 Baumanns, Beschleunigungsgrundsatz, S. 84.
436 Villiger, EMRK, Rn. 453.

angepasst werden. Die bestimmte Zeitgrenze lässt diese adjustierende Funktion der Rechtsprechungspraxis ins Leere laufen.[437] Laut der oben dargestellten Auffassung kommt es bei der Entscheidung über die Angemessenheit auf den Verhaltensfaktor an, nämlich wie der Staat die Strafverfahren behandelt. Bei dieser Entscheidung sollen die Umstände des Einzelfalles, wie das Verhalten der Justiz und des Beschuldigten, sowie die Komplexität des Verfahrens berücksichtigt werden. Die feste Zeitgrenze konzentriert sich auf die Länge der Strafverfahrensdauer, die allein einen Zeitfaktor darstellt. Die feste Zeitgrenze ignoriert die geschilderte Natur der Unangemessenheit.

Ebenfalls ist unzutreffend, dass die unangemessene Verfahrensdauer wegen der Überschreitung der Verjährungsfrist, die von der Deliktart abhängt, pauschal beurteilt wird. Die Verjährungsfrist wird nach dem jeweiligen Strafrahmen gestaffelt. Es zeigt sich offensichtlich, dass die Hauptfaktoren, die die Länge des Verfahrens beeinflussen, die rechtlichen und tatsächlichen Schwierigkeiten des Verfahrens sind. Die rechtlichen und tatsächlichen Schwierigkeiten des Verfahrens könnten nicht mit Bestimmtheit aus einem großen Strafrahmen folgen, da eine feste Zeitgrenze in Verbindung mit der Verjährungsfrist sachgerecht ist.[438]

In der Rechtsprechung des EGMR oder der innerstaatlichen Gerichte, die eine abstrakte Zeitgrenze zitiert haben, hat ein Gericht zur Bejahung einer unangemessenen Verfahrensdauer auch die konkreten Verfahrensumstände eingehend zu betrachten. Im Fall König hat der EGMR bei der Beschwerde über das unangemessen lange Verfahren betreffend die Rücknahme der Erlaubnis zum Betrieb der Klinik nicht nur die gesamte Verfahrensdauer, sondern auch die Umstände des Einzelfalls zur Entscheidung der Angemessenheit der Verfahrensdauer berücksichtigt. Der EGMR hat das Verhalten des Beschwerdeführers gewürdigt, beispielsweise den häufigen Anwaltswechsel, das Nebeneinander mehrerer Rechtsbehelfsverfahren und die in verschiedenen Verfahrensstadien gestellten frischen Beweisanträge.[439] Der EGMR hat daneben die Prozessleitung durch die Kammer eins nach dem anderen untersucht. Schließlich hat er eine Verzögerung durch das Gericht festgestellt, weil die Kammer auf die Akten vom Berufsgericht siebzehn Monate und auf das Ergebnis der anderen Entscheidung über den Widerruf der Approbation sieben Jahren seit der Klageerhebung gewartet hat.[440]

437 Brett, Verfahrensdauer, S. 252
438 Wohlers, JR 1994, S. 143.
439 EGMR, NJW 1979, S. 479, Ziff. 103.
440 EGMR, NJW 1979, S. 479, Ziff. 104.

Am Schluss hat der EGMR das Ergebnis der Entscheidung über die Angemessenheit der Verfahrensdauer wie folgt ausgeführt:

> *„Bei einer Gesamtbewertung der verschiedenen Umstände kommt der Gerichtshof zu dem Ergebnis, dass die durch die Schwierigkeit der Ermittlungen und das Verhalten des Bf. Bedingten Verzögerungen für sich allein die Dauer des Verfahrens nicht rechtfertigen.“*[441]

Im Fall Eckle hat der EGMR neben der Verfahrensdauer von zehn Jahren auch die Umstände des konkreten Falls zur Beurteilung der Angemessenheit überprüft.[442]

In der innerstaatlichen Rechtsprechung kommt es bei der Entscheidung über die Unangemessenheit der Verfahrensdauer nicht nur auf die absolute Zeitgrenze, sondern auch auf die Umstände des Einzelfalls an. Außer der Verfahrensdauer von zehn Jahren hat das BVerfG die Komplexität des Verfahrens und das Verhalten des Justizorgans betrachtet.[443] Das LG Frankfurt hat in der Entscheidung über die Angemessenheit neben der absoluten Zeitgrenze das Verhalten des Angeklagten in Rechnung gestellt.[444] Das Gericht hat in den oben zitierten Rechtsprechungen zwar einen fixen Zeitraum vorgebracht, trotzdem hat es in dichter Folge die konkreten Verfahrensumstände einer eingehenden Prüfung unterzogen. Die Urteilserläuterungen der Rechtsprechungen können nicht separat in Augenschein genommen werden, um die Befürwortung der fixen Zeitgrenze zu bestätigen.[445]

Nach der Auseinandersetzung mit der Gesamtverfahrensdauer sollte eine ähnliche Topos-Gesamtbetrachtung nicht übersehen werden. Die Ausdifferenzierung der Gesamtbetrachtung als Vorgehensweise zur Beurteilung des Verstoßes gegen das Beschleunigungsgebot und die Gesamtverfahrensdauer als

---

441 EGMR, NJW 1979, S. 479, Ziff. 105.

442 EGMR, EuGRZ 1983, S. 380 Ziff. 80.

443 In dieser Rechtsprechung hat das BVerfG bejaht, dass die Feststellung des Sachverhalts über den Vorwurf der Einkommensteuerziehung nicht kompliziert war, weil das Gericht nur nachweisen musste, ob die Nacherklärung der Einnahme durch den Beschwerdeführer vom Finanzamt als richtig und vollständig anerkannt wurde. Das BVerfG hat festgesetzt, dass das Verhalten des Justizorgans die Verzögerung verursacht hat. Das Justizorgan war von einem Jahr untätig. Die Verfahrensdauer seit der Einlegung des Einspruchs gegen den Strafbefehl bis zur erstinstanzlichen Verurteilung des Bf. im Februar 1988 von zweieinhalb Jahren wurde vom BVerfG für unangemessene erklärt. Das Verfahren wurde auch um sechs Monate verzögert, weil das Berufungsurteil unwirksam zugestellt wurde. Vgl. BVerfG NJW 1993, S. 3255.

444 LG Frankfurt a. M., 05.11.1970, JZ 1971, S. 236.

445 Baumanns, Beschleunigungsgrundsatz, S. 84 f.

Kriterium zur Bejahung des Verstoßes gegen das Beschleunigungsgebot wurde bei der Erörterung der „Gesamtverfahrensdauer" nicht klargestellt.[446]

Nach der ständigen Rechtsprechung hat der EGMR bekundet, dass das Beschleunigungsgebot nicht nur in den einzelnen Abschnitten des Verfahrens gilt, sondern sich auf das gesamte Strafverfahren bezieht.[447] Da das Strafverfahren eine Kette von Verhaltensweisen der Verfahrensbeteiligten darstellt, könnte eine Verzögerung in einem einzelnen Abschnitt des Verfahrens durch die zügige Behandlung des Gerichts in einem anderen Abschnitt ausgeglichen werden. Hierbei soll bei der Entscheidung über die Verletzung des Beschleunigungsgebots das gesamte Strafverfahren im Einzelfall gewürdigt werden.

Der EGMR hat bei der Feststellung der Angemessenheit der Verfahrensdauer vor allem den zu beurteilenden Zeitraum ermittelt. Anschließend prüft er in einer einzelfallbezogenen Gesamtberücksichtigung, ob die Verfahrensdauer unangemessen ist.[448]

Diese Gesamtwürdigung zur Beurteilung der Angemessenheit wird auch in der Literatur uneinheitlich aufgefasst. Teilweise hat der Verfasser die Gesamtwürdigung befürwortet.[449] Dagegen wird die andere Anschauung, die in der

---

446 Vgl. Baumanns, Beschleunigungsgrundsatz, S. 93 ff.; Kühne, StV 2001, S. 530.

447 EGMR, Delcourt v. Belgien Urt. v. 17.01.1970, Ziff. 25; Luedicke u.a. v. Deutschland Urt. 19.11.1978, Ziff. 41.

448 „Im vorliegenden Fall handelt es sich um Verfahren, die 17 respektive 10 Jahre dauerten." EGMR, Eckle v. Deutschland Urt. v. 15.07.1982, EuGRZ 1983, S. 380 Ziff. 80; „Der Gerichtshof stellt fest, dass der zu berücksichtigende Zeitraum am 19. Februar 1987 begann, als dem Beschwerdeführer der gegen ihn vorliegende Tatverdacht von der Polizei offiziell mitgeteilt wurde. Er endete am 24. September 2002 mit der Entscheidung des Bundesverfassungsgerichts; eine Verfassungsbeschwerde galt zu dem Zeitpunkt, zu dem der Beschwerdeführer Verfassungsbeschwerde erhoben hatte, als wirksames Rechtsmittel, mit dem er die überlange Dauer des Strafverfahrens hätte rügen können. Somit dauerte das Verfahren im Ermittlungsstadium und in drei Rechtszügen einschließlich einer Zurückverweisung mehr als fünfzehn Jahre und sieben Monate." EGMR, Ommer v. Deutschland (Nr. 1) Urt. v. 13.11.2008, Ziff. 61. „Der Gerichtshof stellt fest, dass der zu berücksichtigende Zeitraum am 9. Mai 1996 mit der Festnahme der Beschwerdeführer begann. Die Beschwerdeführer rügten die Dauer der Verfahren bis zur zweiten Entscheidung des Bundesverfassungsgerichts vom 21. Juni 2006, die den Verfahrensbevollmächtigten der Beschwerdeführer am 5. Juli 2006 zugestellt wurde. Diese Verfahren dauerten auf der Ermittlungsebene und in drei Instanzen einschließlich einer Zurückverweisung 10 Jahre und knapp zwei Monate." EGMR, Kaemena v. Deutschland Urt. v. 22. 01. 2009, Ziff. 61.

449 *„Mit dieser anhand der Ratio und der EGMR-Rechtsprechung entwickelten Konzentration auf die Versäumnisse der Justiz bietet sich die Möglichkeit, die Gesamtbetrachtung*

Rechtsprechung und der Literatur zum Vorschein kommt, auch nicht beiseitegelassen, dass die Prüfung der Unangemessenheit der Verfahrensdauer sich auf die Feststellung der staatlichen Verzögerungen in einzelnen Verfahrensphasen konzentriert.[450] Wenn eine derartige Verzögerung nicht hinreichend kompensiert wird, wird ein Verstoß gegen das Beschleunigungsgebot endgültig festgestellt. Die Auffassung, zur Beurteilung der Verzögerung die einzelnen Verfahrensphasen zu fokussieren, heißt nicht, dass der EGMR auf die Gesamtwürdigung verzichtet, sondern dass er den Verstoß gegen das Beschleunigungsgebot zunehmend durch die Feststellung der Verzögerungen in einzelnen Verfahrensphasen überprüft.[451] Bei der Feststellung der Verletzung des Beschleunigungsgebots soll nicht nur die Verzögerung in den einzelnen Verfahrensstadien festgestellt werden, sondern auch die anderen Kriterien und das Verhalten der Justiz im Folgenden zur Entscheidung über die Angemessenheit des Verfahrens nicht außer Acht lassen soll.[452] Die Verletzung des Beschleunigungsgebots kann nur bejaht

---

bestimmter zu praktizieren." Gaede, wistra 2004, S. 172; „*Die Beurteilung, ob im konkreten Einzelfall eine überlange Verfahrensdauer gegeben ist, nimmt der EGMR in Form von zwei Prüfungsschritten vor. Zunächst erörtert der Gerichtshof die in Betracht zu ziehenden Zeiträume und berechnet auf dieser Grundlage die Gesamtdauer des Verfahrens.* " Kühne, StV 2001, S. 529; „*Auch das Urteil des 2. Strafsenats bestimmt den Verstoß gegen Art. 6 Abs. 1 EMRK aufgrund einer umfassenden Gesamtwürdigung des Sachverhalts.*" Ostendorf/Radke, JZ 2001, S. 1094; „*Die Gesamtverfahrensdauer sollte deshalb allenfalls dann eine Rolle spielen, wenn eingetretene Verfahrensverzögerung durch eine »zusätzliche und in Ihrem Effekt entsprechende« Beschleunigungsmaßnahme wieder ausgeglichen wurde.*" Piel, FS-Widmaier, S. 435.

450 EGMR, NJW 2001, S. 2697 f., Ziff. 130, der EGMR hat die Verletzung des Beschleunigungsgebots anerkannt, weil das innerstaatliche Gericht während wesentlicher Verfahrensabschnitte, in denen der Beschwerdeführer in Haft war und an schweren Depressionen litt, das Verfahren nicht sorgfältig durchgeführt hat und die Anforderung des Beschleunigungsgebots nicht befolgt hat; EGMR, G.S. V. Austria Urt. v. 21.12.1999, Ziff. 33 ff., in dieser Rechtsprechung hat sich die Beurteilung der Angemessenheit der Verfahrensdauer auf das Verfahren vor dem Verwaltungsgericht (die einzelne Verfahrensphase) beschränkt; Grabenwarter/Pabel, EMRK, § 24, Rn. 83, „Auch wenn ein bestimmter Verfahrensabschnitt zu lange gedauert hat beschränkt sich der EGMR – wohl aus Gründen der Entscheidungsökonomie – auf die Feststellung einer Verletzung wegen dieser einen Untätigkeit und verzichtet auf eine Beurteilung des Verfahrens insgesamt."

451 Vgl. Gaede, wistra 2004, S. 172.

452 Vgl. Gaede, wistra 2004, S. 172.

werden, wenn die Verzögerung im gesamten Verfahren nicht ausgeglichen wird. Daher kann die Gesamtbetrachtung des Verfahrens nicht darauf verzichten.

Die Gesamtbetrachtung könnte so missverstanden werden, dass die Verletzung durch die Gesamtbetrachtung nicht feststellbar, solange das Verfahren nicht beendet wurde. Gemeint ist mit der Gesamtbetrachtung allerdings, dass die Feststellung der Angemessenheit durch diese Gesamtbetrachtung allein das vergangene Verfahren berücksichtigt. Das zukünftige Verfahren fällt nicht in die Prüfung der Angemessenheit durch die Gesamtbetrachtung.[453]

Bei der Bestätigung der Gesamtbetrachtung muss ermittelt werden, ob eine Verzögerung in einer Verfahrensphase durch eine besondere Beschleunigung in anderen Abschnitten heilbar ist. Die Anerkennung der Heilung der Verzögerung durch unterschiedliche Heilungsmaßnahme wird abweichend aufgefasst. Folgendes haben einige Rechtsprechungen[454] behauptet:

> *„Eine gewisse Untätigkeit während eines einzelnen Verfahrensabschnitts führt bei insgesamt angemessener Verfahrensdauer nicht zu einem Verstoß gegen Art. 6 Abs. 1 MRK“*

Diese Äußerung legt nahe, dass eine Verzögerung in einem Verfahrensabschnitt durch den Verlauf des Verfahrens geheilt werden kann. Mit anderen Worten wird die Bedeutung der Verzögerung durch den Zeitablauf verwässert und die Verletzung des Beschleunigungsgebots nicht begründet. Die Auffassung ist aus den folgenden Gründen unzutreffend. Bei dieser Auffassung hängt die Beurteilung der angemessenen Verfahrensdauer nicht davon ab, dass eine ungenügende Verfahrensförderung nicht in den einzelnen Verfahrensabschnitten konkret bestimmt wird, sondern davon, dass eine abstrakte Gesamtverfahrensdauer beurteilt wird. Durch den Beurteilungsmaßstab lässt sich eine Verletzung des Beschleunigungsgebots mittels einer abstrakten noch tolerierbaren Gesamtverfahrensdauer ausschließen. Dieses Ergebnis entspricht dem Schutzzweck des Beschleunigungsgebots nicht. Das Beschleunigungsgebot schützt vor einer „unangemessenen“ Verzögerung. Laut der oben missverstandenen Gesamtbetrachtung garantiert das Beschleunigungsgebot, das Verfahren in einer abstrakt bestimmten, im Allgemeinen vertretbaren Verfahrenshöchstfrist zu beenden.[455] Daneben motiviert die Annahme dieser Auffassung die Justiz dazu, dass sie das Verfahren durch eine dem Rechtsstaat entsprechende Maßnahme verschleppt,

453 Vgl. Krehl/Eidam, NStZ 2006, S. 3.

454 EGMR, NJW 2001, S. 2697, Ziff. 130; BGH StraFo 2001, S. 409; NStZ-RR 2002, S. 219; NStZ 2003, S. 385, Rn. 7.

455 Vgl. Gaede, wistra 2004, S. 172; Krehl/Eidam, NStZ 2006, S. 4.

wie z.B. durch eine umfangreiche Beweisaufnahme oder einen großen Zeitabstand des Verfahrenstermins. Dadurch kann die Rechtsstaatswidrigkeit der Verfahrensverzögerung wegen einer langen Verfahrensdauer abgeschwächt werden. Das Verfahren könnte nach diesem Verständnis für die Gesamtbetrachtung verzögert werden, sondern nicht beschleunigt. Die Gewährleistung des Beschleunigungsgebots spekuliert nicht auf ein solches Ergebnis. Schließlich kann eine rechtsstaatswidrige Verzögerung durch keine weitere vom Staat in späteren Verfahrensphasen herbeigeführte Verzögerung ausgeschlossen werden.[456] Die Verzögerung besteht noch in dem Verfahren und die durch die Verzögerung herbeigeführte unangemessene Verfahrensdauer wird nicht allein mittels des zeitlichen Ablaufs beseitigt, wenn die Justiz das Verfahren nicht durch positive Maßnahmen beschleunigt.

Nun soll weiter der Frage nachgegangen werden, ob die Verzögerung in einer Verfahrensphase durch positive Anstrengungen zur beschleunigten Durchführung des Verfahrens in anderen Abschnitten ausgeglichen werden kann. Zur Beantwortung dieser Frage wurde eine Leitentscheidung des EGMR in Literaturen, die diese Behauptung sowohl befürworten als auch sie ablehnen, wiederholt zitiert.

> *„Nach Auffassung des Gerichtshofs reicht die zügige Durchführung des gerichtlichen Verfahrens nicht hin, um die beträchtlichen Verzögerungen auszugleichen, die im Vorverfahrens bereits aufgetreten waren."*[457]

Gegner haben diese Entscheidung so interpretiert, dass der EGMR eine mögliche Heilung der Verzögerung in einer Verfahrensphase durch andere, besonders zügig durchgeführte Verfahrensphasen nicht unterstützt.[458] Diese Interpretation scheint nicht zutreffend zu sein. In dieser Entscheidung äußerte der EGMR allein, dass eine zügige gerichtliche Maßnahme nicht genügt, um die im Vorverfahren bereits aufgetretene Verzögerung zu kompensieren. Die Ablehnung der Heilungsmöglichkeit durch besonders andere beschleunigte, durchgeführte Verfahrensabschnitte kommt in dieser Entscheidung nicht zum Ausdruck. Wenn die Gegner die Ablehnung der Heilungsmöglichkeit ausschließlich mit dieser Rechtsprechung begründen, hat diese Auffassung keine Überzeugungskraft.

Das befürwortende Argument der Heilungsmöglichkeit gründet nicht nur darauf, dass in der Entscheidung der EGMR die Möglichkeit unzweideutig nicht

---

456 Gaede, wistra 2004, S. 172.
457 EGMR, wistra 2004, S. 179.
458 Burhoff, HRRS 2005, S. 54; Demko, HRRS 2005, S. 291.

ausschlug, sondern auch auf der besonderen Anforderung, dass das Gericht das Verfahren zügig durchführen muss, wenn eine Verzögerung vorliegt.[459] Nach der Rechtsprechung des BVerfG[460] wird die Ansicht ausgesprochen, dass die Gerichte umso größere Anstrengungen unternehmen müssen, um das Verfahren sogleich zu einem Ende zu bringen, je länger ein Verfahren aufgrund der von der Strafjustiz zu verantwortenden Verzögerungen dauert. Wenn die Heilungsmöglichkeit nicht angenommen wird, ist es nicht erforderlich, dass die Gerichte das Verfahren in den weiteren Verfahrensabschnitten zügig durchführen. Stattdessen erfolgt eine ausreichende Kompensation durch die Strafvollstreckung oder die Einstellung des Verfahrens. Daneben könnte die Anforderung der zügigen Durchführung ins Leere laufen. Wenn eine zügige Maßnahme die Verzögerung nicht ausgleichen und die Verletzung des Beschleunigungsgebots ausschließen könnte, hätten die Gerichte keinen Anlass, das Verfahren zu beschleunigen. Die Gerichte brauchen nur das Verfahren in den weiteren Verfahrensabschnitten nicht zu verzögern. Die Befürwortung der Heilungsmöglichkeit kann noch darauf gründen, dass eine angemessene Strafverfahrensdauer aus der Summe der angemessenen Entscheidungen bei seiner Durchführung hervorgehen kann, sodass die Angemessenheit der Gesamtverfahrensdauer nur durch die hinreichende zügige Entscheidung in allen Verfahrensphasen gewahrt werden kann. Die Verletzung des Beschleunigungsgebots wird festgestellt, wenn eine Verzögerung nicht mehr ausgleichbar ist.[461] Bei der Anerkennung der Heilungsmöglichkeit soll eine Konstellation näher geschildert werden, in der ein vorher zügig durchgeführter Verfahrensabschnitt eine anschließend verzögerte – d.h. dem Beschleunigungsgebot widersprechende – Verfahrensdurchführung heilen kann. In diesem Fall hat das Gericht keinen geheilten Gegenstand, weil keine Verfahrensverzögerung existiert, wenn das Gericht das Verfahren zügig durchführt.[462] Diese Heilungsmöglichkeit im umgekehrten Sinn steht im Widerspruch zu dem Schutzzweck des Beschleunigungsgebots. Die Bejahung dieser Heilungsmöglichkeit scheint gleichzeitig anzuerkennen, dass das Gericht das Verfahren langsam fördern kann, falls das Verfahren in den vorangegangenen Verfahrensabschnitten zügig durchgeführt worden ist. Mit dieser Begründung ist die Heilungsmöglichkeit, durch die ein vorherig zügig durchgeführter

---

459 Krehl/Eidam, NStZ 2006, S. 4, Fn. 44.

460 BVerfG NJW 2003, S. 2226; NStZ 2004, S. 337.

461 Gaede, wistra 2004, S. 172.

462 Vgl. Krehl/Eidam, NStZ 2006, S. 4.

Verfahrensabschnitt eine anschließend verzögerte Verfahrensdurchführung geheilt werden kann, nicht annehmbar.

2. *Maß der Schuld (Schwere des Tatvorwurfs)*

In den deutschen Rechtsprechungen[463] werden das Maß der Schuld und die Schwere des Tatvorwurfs zur Entscheidung der Angemessenheit der Verfahrensdauer berücksichtigt. Diese Auffassung wurde massiv kritisiert.[464] Die Gegner argumentieren, dass weder das hohe Maß der Schuld noch die gravierende Schwere des Tatvorwurfs zwangsläufig zu einer längeren Verfahrensdauer führen. Eine schwere Tat ist nicht unbedingt schwere zu ermitteln.[465] Zudem ist die Garantie eines zügigen Verfahrens allgemeingültig. Die Intensität dieser Garantie kann nicht anhängig vom Maß der Schuld oder der Schwere des Tatvorwurfs unterschiedlich verliehen werden.[466] Wenn das Maß der Schuld zur Entscheidung über die Angemessenheit der Verfahrensdauer berücksichtigt wird, verstößt diese Schuldantizipation außerdem gegen die Anforderung der Unschuldsvermutung, wonach der Beschuldigte bis zum gesetzlichen Beweis seiner Schuld als unschuldig zu gelten hat.[467] Dieser Zweifel an dem Verstoß gegen die Unschuldsvermutung kann auf die Vorgehensweise zur Kompensation der Verletzung des Beschleunigungsgebots abzielen. Das BVerfG, der BGH und die Literatur haben die Verfahrenslösung (Verfahrenseinstellung) zur Kompensation des verletzten Beschleunigungsgebots anerkannt.[468] In der Regel ist das

463 Siehe 2. Abschnitt II.B.2.

464 Ambos, NStZ 2002, S. 630 f; Baumanns, Beschleunigungsgrundsatz, S. 96 ff.; Demko, HRRS 2005, S. 294 f; I. Roxin, StV 2001 S. 491; dies, StraFo 2001, S. 52; dies., FS-Volk, S. 619; Ostendorf/Radke, JZ 2001, S. 1094 f; Paeffgen, GA 2014, S. 288; Plankemann, Überlange Verfahrensdauer, S. 65; Schuska, die Rechtsfolgen, S. 112 f; Waßmer, ZStW 118 (2006), S. 173; Wohlers, JR 1994, S. 139.

465 Ambos, NStZ 2002, S. 630 f; Baumanns, Beschleunigungsgrundsatz, S. 97; Demko, HRRS 2005, S. 295; I. Roxin, StraFo 2001, S. 52; dies., FS-Volk, S. 619; Schuska, die Rechtsfolgen, S. 112; Waßmer, ZStW 118(2006), S. 173.

466 Baumanns, Beschleunigungsgrundsatz, S. 97; I. Roxin, StV 2001 S. 491; Plankemann, Überlange Verfahrensdauer, S. 65; Schuska, die Rechtsfolgen, S. 112 f.; Waßmer, ZStW 118(2006), S. 173.

467 Baumanns, Beschleunigungsgrundsatz, S. 96; Demko, HRRS 2005, S. 294; Paeffgen, GA 2014, S. 288; Plankemann, Überlange Verfahrensdauer, S. 67.

468 BVerfG NStZ 1984, S. 128; NJW 2003, S. 2897; BGHSt 46, 159, 171; OLG Saarland StV 2007, S. 178; LG Bremen StV 2014, S. 334; I, Roxin, StraFo 2001, S. 53 f; dies, FS-Volk, S. 622; Kempf, StV 2001, S. 135; Ostendorf/Radke, JZ 2001, S. 1096.

Verfahren gem. § 153 Abs. 2, 153a Abs. 2 oder § 206a Abs. 1 StPO einzustellen. Die Einstellung gem. § 153 und 153a StPO setzt die geringere Schuld des Täters voraus, sodass die Schuld in dem laufenden Verfahren vorher erwogen wird. In diesem Fall könnte auch gegen die Unschuldsvermutung verstoßen werden. Ambos hat geäußert, dass sich diese hypothetischen Erwägungen über die Schuld auf Grundlage eines vorläufigen Ermittlungsergebnisses in zahlreichen prozessualen Situationen ergeben. Diese hypothetische Schuldprüfung kann nicht mit einer vorgerichtlichen Schuldfeststellung, die die Unschuldsvermutung verletzt, gleichgesetzt werden.[469] Nach dieser Auffassung könnte es fraglich sein, dass die Schuld als ein Kriterium zur Entscheidung der Angemessenheit der Verfahrensdauer wegen des Verstoßes gegen die Unschuldsvermutung abgelehnt wird. Baumanns hat die Auffassung von Ambos weiterentwickelt. Sie hat zwischen der hypothetischen Schuldprüfung zugunsten des Beschuldigten und der zuungunsten des Beschuldigten differenziert. Die Unschuldsvermutung verbietet nur die hypothetische Schuldprüfung zuungunsten des Beschuldigten. Die Schuldprüfung in der Entscheidung über die Angemessenheit der Verfahrensdauer bringt normalerweise dem Beschuldigten einen Nachteil, weil ein höheres Maß der Schuld ein längeres Strafverfahren rechtfertigen könnte. Die Schuldprüfung in der Entscheidung über die Rechtsfolge der Verletzung des Beschleunigungsgebots fällt zugunsten des Beschuldigten aus, weil die Folge der Prüfung zur Einstellung des Verfahrens führen könnte.[470] Die Differenzierung der Schuldprüfung von Baumann ist fraglich. Eine Prüfung könnte aus einem zweiseitigen Ergebnis folgen. Das Ergebnis könnte für oder gegen den Beschuldigten sprechen. Beispielsweise könnte die Schuldprüfung im Fall der Verfahrenseinstellung gem. § 153 StPO zu dem Schluss gelangen, dass die Voraussetzung für eine Einstellung des Verfahrens vorliegt oder nicht. Wenn die Schuld nicht gering ist, wird das Verfahren nicht eingestellt. Die Schuldprüfung gem. § 153 StPO bringt nicht allein dem Beschuldigten einen Vorteil. Die Auffassung von Ambos ist zutreffend. Ihm zufolge ist die Unschuldsvermutung als Grund zur Ablehnung der Berücksichtigung der Schuld bei der Entscheidung über die Angemessenheit der Verfahrensdauer zweifelhaft.

---

469 Ambos, NStZ 2002, S. 631; auch KK-Diemer, § 153 Rn. 11.

470 Baumanns, Beschleunigungsgrundsatz, S. 99.

3. *Komplexität des Falls*

Dieses Kriterium besagt, dass eine vergleichsweise längere Verfahrensdauer gerechtfertigt sein kann, wenn ein Verfahren angesichts der Sach- oder Rechtsfragen als schwierig zu gelten hat.[471] Ein komplexer Sachverhalt braucht einen größeren Erklärungsaufwand als ein einfacher Sachverhalt, um die Wahrheit rekonstruieren zu können. In diesem Fall dauert ein Verfahren länger. Bezüglich des Kriteriums wurde kritisiert, dass es ungeeignet sei, um die Angemessenheit der Verfahrensdauer festzustellen. Diese Kritik ist darauf begründet, dass ein besonders schwieriger Fall eine längere Verfahrensdauer bewirken kann, aber eine längere Verfahrensdauer führt nicht unmittelbar zu einer nicht ausreichend zügigen Durchführung des Verfahrens des Strafverfolgungsorgans. In diesem Fall wird eine Unangemessenheit der Verfahrensdauer durch die Berücksichtigung der Komplexität des Falles nicht bestätigt.[472] Plankenmann hat der Kritik entgegengehalten, dass der Umfang des Falls bei der Entscheidung über die Angemessenheit des Verfahrens eine Rolle spiele. Zur Entscheidung über eine unangemessene Verfahrensdauer muss zuerst ein Maßstab aufgestellt werden, wann die Dauer eines Verfahrens noch als angemessenen zu betrachten ist. Dies ergibt sich anhand individueller Besonderheiten des jeweiligen Einzelfalls. Der Zeitaufwand zur Erreichung der Wahrheitsfindung hängt von der Komplexität des Verfahrens ab. Damit spielt das Kriterium der Komplexität eine wesentliche Rolle für die Verfahrenslänge. Dann kann unter Berücksichtigung des Umfangs und der Komplexität des Verfahrens beurteilt werden, ob eine längere Verfahrensdauer im Vergleich zu andern Verfahren noch als angemessen bewertet wird.[473] Die Auffassung von Plankenmann, dass bei der Entscheidung der Unangemessenheit die Komplexität des Verfahrens in Betracht kommen soll, ist zutreffend. Fraglich ist aber die Auffassung von Plankenmann, dass die Entscheidung über die Angemessenheit der längeren Verfahrensdauer durch einen Vergleich mit der Dauer in anderen Verfahren durchgeführt wird. Bei der Entscheidung, ob die Verfahrensdauer noch angemessen ist, kommt es auf das Verhalten der Strafverfolgungsbehörden an. In Anbetracht des Umfangs des Verfahrens wird die Angemessenheit des Verhaltens der Justiz beurteilt, also ob ihr Verhalten sich auf die Ermittlung der Wahrheitsfindung oder sich einem

---

471 Vgl. Esser, Internationales Strafrecht, § 9 Rn. 235; Grabenwarter/Pabel, EMRK/GG Band I, Kap. 14 Rn. 114; Meyer-Ladwig, EMRK, Art. 6 Rn. 200; SK-Paeffgen, Art. 6, Rn. 120.

472 Baumanns, Beschleunigungsgrundsatz, S. 101; I. Roxin, StV 2003, S. 378.

473 Plankenmann, Überlange Verfahrensdauer, S. 64.

Fremdziel richtet. Beispielsweise könnte eine große Anzahl an Hauptverhandlungsterminen in einem komplexen Fall noch angemessene sein, da die Hauptverhandlung noch der Wahrheitsfindung dienen könnte. In einem einfachen Fall könnte sie dagegen als unangemessen bewertet werden, weil solche Termine unnötig wären, um die Wahrheit aufzuklären. Die Komplexität des Verfahrens könnte zahlreiche Ermittlungsmaßnahmen der Strafverfolgungsbehörde und damit einen großen Zeitaufwand rechtfertigen.

4. Verhalten des Beschuldigten

Das Verhalten des Beschuldigten könnte die Dauer des Strafverfahrens verlängern. In der Regel verstreicht bei der Ausübung der Rechte des Beschuldigten oder die Ausübung der Rechte des Beschuldigten durch seinen Verteidiger Zeit, etwa durch die Ablehnung des Richters, den Beweisantrag oder die Ausübung des Fragerechts. Im Extremfall könnte durch das Verhalten, das allein auf eine Verfahrensverschleppung abzielt, des Beschuldigten oder seines Verteidigers sehr viel Zeit vertan werden. Nach der Rechtsprechung des EGMR und BVerfG kann das Verhalten des Beschuldigten weder dem Staat oder dem Beschuldigten angelastet werden noch die Feststellung der Verletzung des Beschleunigungsgebots begründen.[474] Wenn das Verstreichen der Zeit wegen der Ausübung der prozessualen Rechte des Beschuldigten dem Beschuldigten angelastet wird, kann die Ausübung der prozessualen Rechten versteckt eingeschränkt werden. Der Nemo-tenetur-Grundsatz verlangt nicht, dass der Beschuldigte an der gegen ihn geführten Strafverfolgung aktiv mitwirken muss. Deshalb werden vom Beschuldigten die zügige Durchführung des Strafverfahrens durch die einschränkte Ausübung der prozessualen Rechten und die aktive Teilnahme am Strafverfahren nicht gefordert.[475] Das Verstreichen der Zeit durch das Verhalten des Beschuldigten kann auch nicht dem Staat zugerechnet werden und dadurch kann die Verletzung des Beschleunigungsgebots nicht bejaht werden. Die rechtsstaatswidrige Verzögerung hängt von den Zeiträumen ab, die allein von den Ermittlungsbehörden und den Gerichten abhängen, und nicht von den Zeiträumen, die durch ein Verhalten des Beschuldigten bedingt sind.[476] Wenn der Beschuldigte erst aktiv durch Ausübung seiner prozessualen Rechte

---

474 EGMR, EuGRZ 1983, S. 380, Ziff. 82; BVerfG, NStZ 1984, S. 128.

475 Vgl. Baumanns, Beschleunigungsgrundsatz, S. 105; Gaede wistra 2004 S. 169; LR-Esser, EMRK Art. 6, Rn. 332; Ress, FS-Müller-Dietz S. 643.

476 BVerfG NStZ 1984, S. 128; BGH JR 2006, S. 297; Ress, FS-Müller-Dietz, S. 642; Waßmer, ZStW 118(2006), S. 175.

das Strafverfahren verlängert und danach diese Verlängerung für eine rechtsstaatswidrige Verfahrensverzögerung hält und dafür einen Ausgleich erlangen könnte, würde dies ein *venire contra factum proprium* darstellen.[477] Es könnte den Beschuldigten auch ermuntern, das Strafverfahren durch die Ausübung des prozessualen Rechts zu verschleppen und eine Kompensation zu erlangen, sodass der Natur des Beschleunigungsgebots, das vor einer unangemessenen Verfahrensdauer schützt, widersprochen würde. Andernteils müssen die Strafverfolgungsorgane die vom Beschuldigten ausgeübten Rechte zügig bearbeiten. Wenn sie dies unterlassen und damit eine Verzögerung verursachen, lastet sie den Staat; somit könnte man eine rechtsstaatswidrige Verfahrensverzögerung begründen.[478]

Laut der obengenannten Schilderung kann das Verhalten des Beschuldigten bei der Entscheidung über die Angemessenheit der Verfahrensdauer ein Indiz liefern, dass eine lange Verfahrensdauer in einer bestimmten Verfahrensphase nicht auf staatliches Fehlhalten zurückzuführen ist, sondern durch das Verhalten des Beschuldigten verursacht wurde.[479]

5. *Bedeutung der Sache für den Beschuldigten*

Die Bedeutung des Verfahrens für den Beschuldigten ist ebenso bei der Entscheidung für die Angemessenheit der Verfahrensdauer heranzuziehen.[480] Je bedeutender die Auswirkungen und der Ausgang des Strafverfahrens für den Beschuldigten sind, desto früher ist die unangemessene Verfahrensdauer erreicht oder überschritten.[481] Diese Ansicht basiert darauf, dass das Beschleunigungsgebot eine von der Strafverfolgung verursachte zusätzliche unnötige Belastung für den Beschuldigten vermeiden soll.[482] Im Strafverfahren hat der EGMR die besondere Bedeutung für den Beschuldigten bejaht, wenn eine hohe

477 Plankenmann, Überlange Verfahrensdauer, S. 78.

478 Peukert, in EMRK von Frowein/Peukert, Art. 6 Rn. 260; Plankenmann, Überlange Verfahrensdauer, S. 78.

479 Baumanns, Beschleunigungsgrundsatz, S. 107.

480 EGMR, EuGRZ 1981, S. 491, Ziff. 52; EuGRZ 1996, S. 520, Ziff. 61; NJW 1997, S. 2810, Ziff. 63; BVerfG 46, 17, 29; Grabenwarter/Pabel, EMRK/GG Band I, Kap. 14 Rn. 114; LR-Esser, EMRK Art. 6, Rn. 330; Peukert, in EMRK von Frowein/Peukert, Art. 6 Rn. 262.

481 SK-Paeffgen, Art. 6 Rn. 119.

482 Baumanns, Beschleunigungsgrundsatz, S. 107; Plankenmann, Überlange Verfahrensdauer, S. 80.

Strafe erwartet wird[483] oder sich eine besondere Belastung für den Beschuldigten in dem Verfahren ergeben kann[484]. Die Bedeutung des Strafverfahrens als Kriterium stößt auf die folgenden Kritikpunkte. Die Überprüfung des subjektiven Faktors der Belastung des Beschuldigten durch das Strafverfahren bei der Entscheidung über die Angemessenheit der Verfahrensdauer ist nicht vereinbar mit dem Gleichheitssatz. Mittels dieser Prüfungsweise würde anerkannt werden, dass das Verfahren eines physisch oder psychisch weniger belastbaren Beschuldigten in einer kürzeren Frist zu Ende gebracht werden müsste, während der „stabile" Beschuldigte ein langes Verfahren hinzunehmen hätte.[485] Diese Auffassung könnte die Rechtssicherheit gefährden, weil die Bestimmung der Belastung des Beschuldigten von subjektiven Faktoren abhängt und sich einer rationalen Kontrolle entzieht.[486]

Diese Kritik wird teilweise angenommen. Es ist zutreffend, dass die Entscheidung über die Angemessenheit der Verfahrensdauer durch die Berücksichtigung subjektiver Elemente die Rechtssicherheit gefährden und einen Verstoß gegen die Rechtsgleichheit darstellen könnte. Dieser Kritik liegt die Entscheidung über das Maß der Belastung des Beschuldigten durch die Berücksichtigung subjektiver Faktoren zugrunde. Wenn das Maß der Belastung des Beschuldigten durch einen objektiven allgemeinen Faktor beurteilt wird, entzieht das dieser Kritik den Boden. Nach der Rechtsprechung wird die besondere Belastung des Beschuldigten bejaht, wenn der Beschuldigte sich in Untersuchungshaft befindet[487] oder, wenn der Beschuldigten krank[488] oder alt[489] ist. Die Entscheidung, ob der Beschuldigte sich in Haft befindet, krank oder alt ist, kann anhand objektiver und allgemeingültiger Faktoren getroffen werden. Die Belastung des Beschuldigten als Kriterium ist nicht ungeeignet, um über die Angemessenheit der Verfahrensdauer zu entscheiden. Ungeeignet ist es aber, die Belastung des Beschuldigten aufgrund von subjektiven Faktoren zu erwägen.

483 EGMR, Portington gegen Griechenland, Urt. von 23.09.1998, Ziff. 34.

484 EGMR, Vallée gegen Frankreich, Urt. von 26.04.1994, Ziff. 47; F.E. gegen Frankreich, Urt. von 30.10.1998, Ziff. 57; Styranowski gegen Polen, Urt. von 30.10.1998, Ziff. 57.

485 Ostendorf/Radke, JZ 2001, S. 1094; Waßmer, ZStW 118 (2006), S. 172 f.

486 Piel, FS-Widmaier, S. 434; Ostendorf/Radke, JZ 2001, S. 1094; Waßmer, ZStW 118 (2006), S. 172; Wohlers, JR 1994, S. 139.

487 EGMR, Abdoella gegen Niederlande, Urt. von 25.11.1992, Ziff. 24.

488 EGMR, EuGRZ 1996, S. 195, Ziff. 78; Vallée gegen Frankreich, Urt. von 26.04.1994, Ziff. 47; F.E. gegen Frankreich, Urt. von 30.10.1998, Ziff. 57.

489 EGMR, EuGRZ 1996, S. 520, Ziff. 61; Styranowski gegen Polen, Urt. von 30.10.1998, Ziff. 57.

Die Berücksichtigung der Bedeutung der Sache für den Beschuldigten könnte das rechtswidrige Verhalten des Staates nicht befestigen und somit könnte von der Entscheidung über die Angemessenheit der Verfahrensdauer nicht abgesehen werden. Der EGMR hat angenommen, dass die Sache vorrangig behandelt werden müsse, wenn die Entscheidung des BVerfG von größerer Bedeutung ist, weil deren Ergebnis weit über die einzelne Verfassungsbeschwerde hinausgeht.[490] Der Beschwerdeführer kann das rechtsstaatswidrige Verhalten des Staates nicht dadurch begründen, dass das Gericht die gegen ihn erhobene Strafanklage nach dem später anhängigen Fall behandelt. Hier ist die Berücksichtigung der Bedeutung der Sache für den Beschuldigten bei der Entscheidung über die Angemessenheit der Verfahrensdauer von Bedeutung.

6. *Verhalten der Behörden*

Die Strafverfolgungsorgane sind zur Feststellung und Durchsetzung des staatlichen Strafanspruchs verpflichtet, um eine richtige und gerechte Entscheidung zu treffen sollen.[491] Zur Herbeiführung der richtigen und gerechten Entscheidung wird die Wahrheit über die Tat rekonstruiert.[492] Die Rekonstruktion der Wahrheit durch die Strafverfolgungsorange braucht Zeit und kann die Verfahrensdauer in die Länge ziehen. Ein lang dauerndes Verfahren führt nicht ohne Weiteres zum Verstoß gegen das Beschleunigungsgebot. Die Unangemessenheit der Verfahrensdauer hängt vom Vorliegen einer rechtsstaatswidrigen Verzögerung ab.[493] Das Verhalten der Strafverfolgungsorgane ist rechtsstaatswidrig, wenn es nicht auf die Wahrheitsfindung oder die Wiederherstellung des Rechtsfriedens ausgerichtet ist.[494] Die Unangemessenheit der Verfahrensdauer liegt vor, wenn die staatlichen Maßnahmen eine Verzögerung verursachen, die nicht der Wahrheitsfindung und der Wiederherstellung des Rechtsfriedens dient. Somit ist die Berücksichtigung des Verhaltens der Behörden zur Beurteilung der Angemessenheit der Verfahrensdauer notwendig.[495]

---

490 EGMR, EuGRZ 1996, S. 520, Ziff. 58, 60.

491 Beulke, StPO, Rn. 3.

492 Kühne, StPO, Rn. 1.

493 Baumanns, Beschleunigungsgrundsatz, S. 109; Brett, Verfahrensdauer, S. 266; Grabenwarter/Pabel, EMRK/GG Band I, Kap. 14 Rn. 114; Plankenmann, Überlange Verfahrensdauer, S. 68; SK-Paeffgen, Art. 6, Rn. 122.

494 I. Roxin, Rechtsfolgen, S. 158; Ostendorf/Radke, JZ 2001, S. 1094; Waßmer, ZStW 118(2006), S. 171; Wohlers, JR 1994, S. 139.

495 Die Feststellung eines unangemessenen Verhaltens der Staatsverfolgungsorgane wird in dem nächsten Teil detailliert. Siehe dazu 2. Abschnitt, II.E.

7. Zwischenergebnis

Die Unangemessenheit der Verfahrensdauer wird um Einzelfall im Gesamtverfahren durch folgende Kriterien überprüft: die Komplexität des Falls, das Verhalten des Beschuldigten, die Bedeutung der Sache für den Beschuldigten und das Verhalten der Behörden. Die personenbezogenen Kriterien, z.B. das Maß der Schuld, die Schwere des Tatvorwurfs und die personenbezogenen Belastungen für den Beschuldigten, sind nicht geeignet, um die Unangemessenheit der Verfahrensdauer zu beurteilen.

D. Konkretisierung des Prüfungsvorgangs

1. Zusammenhang der Kriterien

Paeffgen hat behauptet, dass die vier Kriterien in keinem strengen Verhältnis zueinanderstünden.[496] Baumanns will auf die anderen Kriterien mit Ausnahme des Verhaltens der Behörden bei der Entscheidung über die Angemessenheit der Verfahrensdauer verzichten.[497] Es scheint so, als ob keine deutliche Relation zwischen den Kriterien vorliege. Die beiden Behauptungen sind nicht zutreffend. Die vier Topoi, die in der Rechtsprechung aufgestellt wurden, spielen eine Rolle bei der Beurteilung der Angemessenheit. Obwohl viele Verfasser[498] die Auffassung vertreten haben, dass das Verhalten der Behörden maßgeblich sei, um die Unangemessenheit der Verfahrensdauer zu beurteilen, zeigt dies nicht, dass die anderen Kriterien bei der Entscheidung über die Unangemessenheit bedeutungslos sind. Die anderen Kriterien können mindestens als Indizien fungieren, um das Vorliegen des unangemessenen Verhaltens der Behörde zu befestigen oder auszuschließen.[499] Bei der Entscheidung über die Angemessenheit spielt das Verhalten der Behörde die Hauptrolle und die anderen Kriterien können das Vorliegen der Unangemessenheit untermauern oder verneinen. Die anderen Kriterien sind zur Entscheidung der Angemessenheit geeignet, wenn sie i.V.m. dem Verhalten der Behörde stehen.

---

496 SK-Paeffgen, Art. 6 Rn. 123.

497 Baumanns, Beschleunigungsgrundsatz, S. 109.

498 Brett, Verfahrensdauer, S. 266; LR-Esser, EMRK Art. 6, Rn. 330; Grabenwarter/Pabel, EMRK/GG Band I, Kap. 14 Rn. 114; Peukert, EuGRZ 1979, S. 271; SK-Paeffgen, Art. 6 Rn. 122; Ulsamer, FS-Faller, S. 379.

499 Siehe dazu 2. Abschnitt II.C.

2. *Vorschläge zum Prüfungsgang der Feststellung der unangemessenen Verzögerung*

Die Verletzung des Beschleunigungsgebots setzt eine rechtsstaatswidrige Verzögerung voraus. Laut der oben geschilderten Auffassung ist die Angemessenheit einen Verhaltensfaktor.[500] Die Angemessenheit der Frist ist der Zeitraum, den die Justiz zur Rekonstruktion der Wahrheit und zur Wiederherstellung des Rechtsfriedens fordert. Die Unangemessenheit ist prägnant darstellbar. Sie ist erreicht, wenn die tatsächliche Verfahrensdauer die notwendige übertrifft.[501]

Nach dieser Erklärung lässt sich noch nicht klar bestimmen, wann die notwendige Dauer überschritten ist. Das BVerfG und der BGH vertreten die Auffassung, dass die Angemessenheit der Verfahrensdauer alle Umstände des Einzelfalles wertend berücksichtigt, und überlassen die Entscheidung dem Richter.[502] In den Rechtsprechungen gibt es keinen übereinstimmenden Maßstab für die Entscheidung über die unangemessene Verfahrensdauer. Wenn die Entscheidung dem Richter überlassen ist und keiner Kontrolle unterliegt, entspricht das dem Gebot der Rechtssicherheit nicht.[503] Laut der oben dargestellten Würdigung der Kriterien wurden diese zur Bestimmung der Angemessenheit festgestellt.[504] Anschließend wird die Art und Weise der Prüfung erörtert. Darunter ist zu verstehen, wie die Überprüfung des Vorgangs des Strafverfahrens durch die Kriterien erfolgt und eine Unangemessenheit feststellt.

a. *Objektiver Vergleich zwischen tatsächlicher und notwendiger Dauer*

Imme Roxin hat in ihrer Schrift behauptet, dass die Beurteilung der Verfahrensdauer über die notwendige Grenze hinaus durch den objektiven Vergleich zwischen tatsächlicher und notwendiger Dauer ohne wertende Betrachtung verrichtet werden.[505] Bei der Prüfung werden die von der Rechtsprechung aufgestellten Kriterien berücksichtigt. Sie hat folgende These angenommen:

---

500 Siehe dazu 2. Abschnitt. II.A.

501 I. Roxin, Rechtsfolgen, S. 158.

502 I. Roxin S. 158.

503 I. Roxin, Rechtsfolgen, S. 158; Plankenmann, Überlange Verfahrensdauer, S. 53; Wohlers, JR 1994, S. 139.

504 Siehe dazu 2. Abschnitt. II.C.

505 I. Roxin, Rechtsfolgen, S. 158 f.

> *„Jede in die Sphäre der Strafverfolgungsorgane fallende Verzögerung des Verfahrens, die sich nicht aus der Schwierigkeit oder dem Umfang der Sache ergibt, stellt eine Verletzung des verfassungsrechtlichen Beschleunigungsgebotes dar.“*[506]

Eine in die Sphäre der Strafverfolgungsorgane fallende Verzögerung liegt vor, wenn die Strafverfolgungsorgane mit ihrer Wahrheitserforschung einen toten Punkt erreicht haben und in der nebulösen Hoffnung verharren[507] und wegen der Durchführung von Ermittlungsmaßnahmen weiter Zeit vergeht. Darüber hinaus besteht eine durch die Strafverfolgungsorgane verursachte Verzögerung, wenn die Ermittlungsmaßnahmen die notwendige Dauer übertreffen. Die Berechnung der notwendigen Verfahrensdauer von Imme Roxin basiert auf Erfahrungssätzen, die darüber Auskunft geben, ob eine Ermittlungsmaßnahme eine vage Hoffnung auf Erfolg hat oder Zeit für weitere Ermittlungsmaßnahmen noch erforderlich ist.[508] Für diesen Prüfungsvorgang hat Imme Roxin ein Beispiel angeführt. Wenn ein Zeuge aus dem Ausland geladen wird, könnte relativ exakt bestimmt werden, wie lange eine Ladung im Wege des Rechtshilfeverfahrens zur Erreichung des Zeugen braucht und wie viel Zeit bis zur Rückantwort des Zeugen verstreicht.[509] Imme Roxin will durch die anhand der Erfahrung der Strafverfolgungsorgane aufgestellten Kataloge die Erfolgsaussicht der Ermittlungsmaßnahme und die benötigtbenötigte Zeit für die Durchführung der Ermittlungsmaßnahme heranziehen, um über die Angemessenheit der Verfahrensdauer zu entscheiden, und nicht die richterliche Bewertung im Einzelfall.

b. Prozessordnungswidrigkeit als Kriterium

Baumanns hat behauptet, die Prozessordnungswidrigkeit des Verhaltens der Justizorgane sei das allein maßgebliche Kriterium zur Festlegung der Angemessenheit der Verfahrensdauer.[510] Das Beschleunigungsgebot ist dann verletzt, wenn eine Prozessordnungswidrigkeit des Verhaltens der Justizorgane festgestellt wird. Baumanns hat zwei Maßstäbe zur Entscheidung über die Prozessordnungswidrigkeit des Verhaltens der Justizorgane vorgestellt.

---

506 I. Roxin, Rechtsfolgen, S. 167.
507 I. Roxin, Rechtsfolgen, S. 163.
508 Baumanns, Beschleunigungsgrundsatz, S. 112; I. Roxin, Rechtsfolgen, S. 162 ff.
509 I. Roxin, Rechtsfolgen, S. 164.
510 Baumanns, Beschleunigungsgrundsatz, S. 117.

i. Verletzung des Strafprozessrechts

Die Entscheidung über das prozessordnungswidrige Verhalten der Justiz könnte vor allem auf die Vorschrift der Prozessordnung zurückzuführen sein. Eine Verzögerung ist nicht rechtsstaatswidrig, wenn die Untätigkeit der Justiz mit dem Strafprozessrecht übereinstimmt.[511] Beispielsweise kann ein Verfahren wegen des Wartens auf die Beurteilung der Zivilklage nach § 262 Abs. 2 StPO ausgesetzt werden. Eine Verfahrensunterbrechung entspricht der Höchstdauer einer Unterbrechung nach § 229 StPO. Die Fristreglung schreibt eine minimale Anforderung vor. Es ist richtig, dass eine Überschreitung der in der StPO vorgeschriebenen Frist zu einer rechtswidrigen Verzögerung führt und somit das Beschleunigungsgebot verletzt ist. Umgekehrt führt die Befolgung der in der StPO bestimmten Fristenregelungen nicht ohne Weiteres zum Einhalten des Beschleunigungsgebots.[512] Wenn die Strafverfolgungsorgane beispielsweise eine Aufgabe im Verfahren nicht genügend betrieben haben, die bei genügendem Betrieb früher hätte erledigt werden können, aber die in der StPO vorgeschriebene Frist noch eingehalten wird, führt dies nicht zum Verstoß gegen die Vorschrift der StPO. Diese Konstellation verletzt das Beschleunigungsgebot, weil dieses von den Strafverfolgungsorganen einen regen Betrieb des Verfahrens fordert. Ein langsamer, aber nicht unterbrochener Betrieb des Verfahrens folgt der Vorschrift der Höchstdauer einer Unterbrechung nach § 229 StPO, dahingegen das Verfahren dem Beschleunigungsgebot nicht entsprechen könnte, weil das Verfahren wegen des ungenügenden Betriebs des Verfahrens in die Länge zieht. Somit erfüllt die Befolgung der Vorschrift der StPO die minimale Anforderung des Beschleunigungsgebots.

ii. Übertretung der Beurteilungsspielräume

In der StPO hat der Gesetzgeber den Strafverfolgungsorganen einen großen Beurteilungsspielraum eingeräumt.[513] Dieser Beurteilungsspielraum liegt im Laufe des Strafverfahrens überall vor. Die StA als Herrin der Ermittlung beurteilt den Verdachtsgrad nach § 152 Abs. 2 StPO, das Bedürfnis der Nachforschungen zur Erfüllung der Sachaufklärungspflicht nach § 160 StPO, die Anordnung von Ermittlungsmaßnahmen wie etwa eine technische Observation (§ 100 h StPO) oder die Beantragung von Ermittlungsmaßnahmen wie etwa eine

---

511 Baumanns, Beschleunigungsgrundsatz, S. 118.

512 Keller/Meyer-Mews, StraFo 2005, S. 356.

513 Ambos, NStZ 2002, S. 631; Baumanns, Beschleunigungsgrundsatz, S. 119; Ostendorf/Radke, JZ 2001, S. 1095.

Beschlagnahme (§§ 94 ff. StPO), die Einstellung des Verfahrens (§§ 153 ff. StPO) und den genügenden Anlass zur Erhebung einer öffentlichen Klage gemäß § 170 Abs. 1 StPO.[514] Der Richter entscheidet, ob eine dem Richter vorbehaltene Ermittlungsmaßnahme angeordnet wird wie die U-Haft nach §§ 112 ff. StPO, ob ein Hauptverfahren eröffnet wird (§ 199 StPO), und über das Ergebnis der Beweisaufnahme nach § 261 StPO. Bei der Entscheidung des Freiraums soll der Entscheidungsträger im Einzelfall aller entscheidungswesentlichen Faktoren durch eine Gesamtschau berücksichtigen.[515] Das Ergebnis der Entscheidung des Freiraums kann unterschiedlich ausfallen. Angesichts des Bestehens der vielfältigen Beurteilungsspielräume ist es schwer festzustellen, ob das Verhalten der Justizorgane noch prozessordnungsgemäß ist. Jeder Beurteilungsspielraum hat eine rechtliche Grenze. Wenn die Justizorgane diese Grenze überschreiten, wird ihr Verhalten als prozessordnungswidrig betrachtet. Die „Vertretbarkeit" von Art und Zeitpunkt einer prozessualen Maßnahme zeigt die ausschlaggebende Grenze auf.[516] Die Beurteilung ist unvertretbar, wenn die Entscheidung im Ergebnis auf eine Kontrolle gem. dem Maßstab der objektiven Willkür oder dem der groben Fehlbeurteilung hinausläuft.[517]

Ob die Grenzen der überlassenen Beurteilungsspielräume eingehalten wurden, wird dadurch festgelegt, dass das Erfordernis von Ermittlungs- oder Prozesshandlungen zur Erfüllung der Verfahrensziele mittels der Zugrundelegung eines objektiven Ex-ante-Maßstabes bestimmt wird.[518] Die Feststellung des Erfordernisses ist eine Verhältnismäßigkeitsprüfung. Bei der Überprüfung des Erfordernisses der Beurteilungsspielräume kommt es darauf an, ob die betroffenen Verhaltensweisen erforderlich und verhältnismäßig sind, um die mit dem Verfahren angestrebten Ziele der Wahrheitsfindung und der Wiederherstellung des Rechtsfriedens zu erreichen. Die Frist des Verfahrens ist noch angemessen, wenn das Verfahren nicht durch ein prozessordnungswidriges Verhalten der Justiz verzögert wird.[519] Zur Differenzierung zwischen der ordnungsgemäßen und der unangemessenen Verfahrensdauer kann eine Verhältnismäßigkeitsprüfung des Verhaltens der Justiz erfolgen.

---

514 Hoffman, NStZ 2002, S. 566 ff.

515 Hoffman, NStZ 2002, S. 566.

516 BGH NJW 2001, S. 3275;

517 BGHSt 28, 122, 124; 33, 217, 222 f.; 41, 30, 34; Baumanns, Beschleunigungsgrundsatz, S. 121; Schmidt, NJ 2008, S. 390.

518 Ostendorf/Radke, JZ 2001, S. 1095; Waßmer ZStW 118(2006), S. 173.

519 Baumanns, Beschleunigungsgrundsatz, S. 111 ff.

a) Geeignetheit

Hier wird überprüft, ob die vom Staat gewählte Maßnahme den verfolgten Zweck verwirklichen kann.[520] Die Strafverfolgungsbehörde will den staatlichen Strafanspruch durchsetzen und damit den durch den Täter verletzten Rechtsfrieden wiederherstellen.[521] Um dieses Ziel zu erreichen, ist eine zuverlässige Wahrheitssuche notwendig.[522] Eine Maßnahme der Justiz ist ungeeignet, wenn die Justiz die Absicht verfolgt, dass ihr Verhalten der Entscheidungsfindung nicht dienen soll, und wenn ihr Verhalten aus unsachlichen Gründen durchgeführt wird und für überflüssig gehalten wird.[523] Ein solches Verhalten schiebt das Ende des Strafverfahrens unnötig hinaus. Dieses unnötige verzögernde Verhalten der Justiz wird nicht nur durch eine völlige Untätigkeit hervorgerufen, sondern auch durch den ungenügenden Betrieb und einen positiven Akt, der sich nicht auf die Entscheidungsfindung richtet und das Verfahren verschleppt. Um die Prognosequalität und die genügenden Beurteilungsräume von Ermittlungsmaßnahmen hinreichend zu berücksichtigen, muss daher insoweit kein allzu straffer Prüfungsmaßstab angelegt werden. Eine Maßnahme ist ungeeignet, wenn ihre Eignung offensichtlich nicht vorliegt.[524]

b) Erforderlichkeit

Eine Maßnahme ist nicht erforderlich, wenn das Ziel durch ein gleich wirksames, aber weniger belastendes Mittel erreicht werden kann.[525] In Bezug auf das Beschleunigungsgebot ist es erforderlich, die Belastung des laufenden Strafverfahrens so gering wie möglich zu halten.[526] Diese Belastung beinhaltet nicht nur die konkreten Auswirkungen des Verfahrens im Einzelfall, sondern auch den normativen Druck im laufenden Verfahren und die naturgemäß vom laufenden Verfahren ausgehende Unsicherheit, die jedermann gleichermaßen trifft und psychischen Druck hervorbringt. Um die geringste Belastung zu gewährleisten, sollen die zu ergreifenden Maßnahmen von den Strafverfahrensbehörden im

520 Pieroth/Schlink/Kingreen/Poscher, Staatsrecht II, Rn. 301.
521 Meyer-Goßner/Schmitt, StPO, Ein. Rn. 4.
522 BVerfGE 63, 45, 63.
523 Scheffler, Die überlange Dauer, S. 113.
524 Baumanns, Beschleunigungsgrundsatz, S. 124 ff.
525 Pieroth/Schlink/Kingreen/Poscher, Staatsrecht II, Rn. 303.
526 Baumanns, Beschleunigungsgrundsatz, S. 125; Hillenkamp, NJW 1989, S. 2848; Kohlmann, FS-Maurach, S. 509; Klopfer, JZ 1989, S. 214.

Sinne der zeitlichen Erforderlichkeit so rasch wie möglich durchgeführt werden. Dieser Maßstab ist unpraktikabel und zu streng.[527]

Die Maßnahme ist erforderlich, wenn keine andere für jedermann ersichtliche Maßnahme vorliegt, um das angestrebte Ziel zügiger zu erreichen, ohne dass die Verfahrensziele der Wahrheitsfindung und Wiederherstellung des Rechtsfriedens durch die zügige Maßnahme verhindert würden.[528] Das bedeutet nicht, ein angemessenes Verfahren mit dem schnellstmöglichen Verfahren gleichzusetzen. Eine angemessene Maßnahme ist nicht eine Maßnahme, die zu einer optimalen Betreibung des Verfahrens führt, sondern eine Maßnahme, die der normalen Alltagspraxis entspricht und sich an die Wertung der StPO hält.[529]

c) Verhältnismäßigkeit i. e. S

Durch die Prüfung der Verhältnismäßigkeit i.e.S. wird der Ausgleich zwischen der Schwere der grundrechtlichen Beeinträchtigung einerseits und der Bedeutung der durch die Maßnahme angestrebten Belange andererseits durchgeführt.[530] Mit Blick auf das Beschleunigungsgebot ist die Verhältnismäßigkeit i.e.S. verletzt, wenn der durch die übermäßige zeitliche Verlängerung des Verfahrens herbeigeführte Schaden nicht im Verhältnis zu den verfolgten Verfahrenszielen steht.[531] Baumanns hat bei dieser Prüfung angenommen, dass sich die Belastung für den Betroffenen mit ansteigender Strafverfahrensdauer verstärkt, während die Bedeutung der durch das Strafverfahren verfolgten Ziele abnimmt.[532]

3. Stellungnahme zur Auffassung von Imme Roxin

Laut dem Vorschlag von Imme Roxin hängt die Angemessenheit der Verfahrensdauer von der tatsächlich notwendigen Verfahrensdauer ab. Die Verfahrensdauer ist angemessen, wenn die tatsächliche Verfahrensdauer nicht über die notwendige Verfahrensdauer hinausgeht.[533] Die notwendige Verfahrensdauer wird festgestellt durch Erfahrungssätze ohne wertende Betrachtung und durch die Zeit, die eine bestimmte prozessuale Maßnahme in der Regel benötigt.[534]

---

527 Baumanns, Beschleunigungsgrundsatz, S. 125.
528 Baumanns, Beschleunigungsgrundsatz, S. 129 f.
529 Baumanns, Beschleunigungsgrundsatz, S. 162.
530 Hufen, Staatsrecht II, § 9 Rn. 23.
531 Baumanns, Beschleunigungsgrundsatz, S. 130.
532 Baumanns, Beschleunigungsgrundsatz, S. 166.
533 I. Roxin, Rechtsfolgen, S. 158.
534 Baumanns, Beschleunigungsgrundsatz, S. 114; I. Roxin, Rechtsfolgen, S. 162 ff.

Dieser Prüfungsgang ist unzutreffend. Vor allem erscheint es unmöglich, die notwendige Dauer durch objektive Kriterien ohne wertende Abwägung festzustellen. Der Erfahrungssatz hat sich dadurch herausgebildet, dass der Richter oder StA die Fallen behandelt und entschieden hat. Bei den Entscheidungen in diesen Fällen haben sie viele wertende Abwägungen getroffen. Der Übergang von einer langsamen, aber sorgfältigen und angemessenen Arbeitsweise zu einer pflichtwidrigen Verzögerung ist fließend. Somit ist die Bestimmung der Angemessenheit durch eine wertende Abwägung des Verfahrensgangs nötig.[535]

Eine aufgrund von Erfahrungssätzen aufgestellte notwendige Verfahrensdauer könnte dazu führen, dass den Behörden jeglicher Handlungsspielraum entzogen würde.[536] Dieser Verzicht auf den Beurteilungsspielraum wird auch von Imme Roxin selbst verneint.[537] Die Abschaffung des Beurteilungsspielraums der Strafverfolgungsbehörden führt zum starren Vorgang der Wahrheitsermittlung, weil jede Ermittlungsmaßnahme den von früheren Rechtsprechungen aufgestellten, ausgetretenen Weg geht. Dies könnte die Wahrheitsfindung gefährden.

Bei der Ausgestaltung der notwendigen Verfahrensdauer wurde zwangläufig ein sehr zügig betriebenes Verfahren als Idealbild herangezogen. Zwar meinte Imme Roxin nicht, dass das Beschleunigungsgebot ein zügiges Verfahren verlange. Nach ihrer Auffassung könnte aber jede Untätigkeit oder ungenügende Betreibung des Verfahrens der Strafverfolgungsbehörden als „unnötig" eingestuft werden, was dem Sinne der maximalen Beschleunigung des Verfahrens ähneln würde.[538]

4. Bewertung der Auffassung von Baumanns

Das strafprozessuale Beschleunigungsgebot schützt den Beschuldigten vor Belastungen, die aus einem unangemessenen Verhalten der Justiz resultieren. Zur Festlegung des Verstoßes gegen das Beschleunigungsgebot kommt es auf die Angemessenheit des Verhaltens der Justiz an. Das Verhalten der Strafverfolgungsorgane ist unangemessene, wenn es nicht auf die Wahrheitsfindung oder die Wiederherstellung des Rechtsfriedens abzielt[539] oder eine zur Förderung des Strafverfahrens notwendige Maßnahme nicht zügig betreibt[540]. Das

535 Plankenmann, Überlange Verfahrensdauer, S. 64.
536 Baumanns, Beschleunigungsgrundsatz, S. 115.
537 I. Roxin, Rechtsfolgen, S. 165; dies, FS-Volk, S. 620.
538 Plankenmann, Überlange Verfahrensdauer, S. 58
539 I. Roxin, Rechtsfolgen, S. 158; Ostendorf/Radke, JZ 2001, S. 1094; Waßmer, ZStW 118(2006), S. 171; Wohlers, JR 1994, S. 139.
540 Plankenmann, Überlange Verfahrensdauer, S. 69.

Beschleunigungsgebot ist abgeleitet vom Grundsatz der Verhältnismäßigkeit und des Übermaßverbots. Eine Vielzahl des Schrifttums erkennt die Feststellung der unangemessenen Frist durch die Verhältnismäßigkeitsprüfung an.[541] Im Strafverfahren wird den Strafverfolgungsbehörden ein Beurteilungsspielraum überlassen. Die Strafverfolgungsbehörden bemessen die Art und den Zeitpunkt einer prozessualen Maßnahme.[542] Die Maßnahme der Justiz ist unvertretbar, wenn sie durch eine unzulässige Erwägung die Grenzen des Beurteilungsspielraums überschreitet und sich nicht nach den Grundsätzen und Wertmaßstäben des Gesetzes richtet, insbesondere, wenn willkürlich und groß missbräuchlich verfahren wird.[543] Zur Entscheidung über die Vertretbarkeit, die eine relative Sache darstellt, ist die Verhältnismäßigkeitsprüfung angezeigt.[544]

Vor allem ist die Maßnahme der Justiz ungeeignet, wenn sie das angestrebte Ziel, nämlich die zuverlässige Wahrheitsermittlung,[545] nicht erreichen kann.[546] Die Strafverfolgungsbehörde soll ex ante bei ihrer Maßnahme berücksichtigen, ob das staatliche Mittel das angestrebte Ziel erreicht.[547] Durch die Geeignetheitsprüfung[548] könnten vor allem die offensichtlich ungeeigneten Maßnahmen, die

541 Hillenkamp, NJW 1989, S. 2848; Kloepfer, JZ 1979, S. 214; Kohlmann, FS-Maurach, S. 508 ff.; Peters, JR 1978, S. 247; Scheffer, Die überlange Dauer, S. 111.

542 Baumanns, Beschleunigungsgrundsatz, S. 119; Scheffer, Die überlange Dauer, S. 117.

543 Meyer-Goßner/Schmitt, StPO, § 337 Rn. 16; Hoffman, NStZ 2002, S. 566.

544 Hillenkamp, NJW 1989. S. 2848; Kloepfer, JZ 1979, S. 214; Kohlmann, FS- Maurach, S. 508 ff.; Peters, JR 1979, S. 247; Scheffler, Die überlange Dauer, S. 111 ff.

545 BVerfGE, 63, 45,63.

546 Baumanns, Beschleunigungsgrundsatz, S. 123 f; Hillenkamp, NJW 1989, S. 2848; Scheffer, Die überlange Dauer, S. 112.

547 Ostendorf/Radke, JZ 2001, S. 1095; Scheffer, Die überlange Dauer, S. 112; Waßmer, ZStW 118(2006), S. 173.

548 Im Schrifttum wird die Geeignetheitsprüfung nicht ausgeführt. Es kommt in Bezug auf die Erforderlichkeit der Maßnahme nur darauf an, ob die Maßnahme für die Justiz noch vertretbar ist. Vgl. Kohlmann, FS-Maurach, S. 508 ff.; Klopfer, JZ 1989, S. 214. Scheffer hat diese Behauptung näher begründet. Durch die Geeignetheitsprüfung wird die ungeeignete Maßnahme mittels einer Ex-ante-Betrachtung ausgeschieden, folgt eine Ungeeignetheit aus der Gefahr der Wahrheitsfindung. Es ist möglich, dass einige Maßnahmen auch nach langer Zeit noch der Wahrheitsermittlung dienen könnten, sodass die Möglichkeit der Erreichung des Ziels sich nicht ausschließen lässt. Kloepfer behauptet, „dass in aller Regel die Gewähr für die richtige Entscheidung umso größer ist, je sorgfältiger ermittelt, verhandelt und beraten wird“. Scheffler, Die überlange Dauer, S. 112. Diese Auffassung ist unzutreffend. Bei der Prüfung der Geeignetheit der Maßnahme werden die Schwierigkeit der Abgrenzung der sinnlosen Maßnahmen im Einzelfall und die Gefahr für die Wahrheitsfindung bemerkt, sodass ein lockerer

in Bezug auf das Beschleunigungsgebot die völlige Untätigkeit und die Scheintätigkeit sein können, ausgeschlossen werden.[549] Völlige Untätigkeit bedeutet, dass die Justiz das Verfahren in einem bestimmten Zeitraum nicht ersichtlich gefördert hat.[550] Scheintätigkeit meint, dass die Strafverfolgungsbehörde Maßnahmen durchführt, um das Ruhen des Verfahrens zu verschleiern.[551] Beide Tätigkeiten sind von vornherein ungeeignet. Eine ungeeignete Maßnahme kann nie erforderlich sein.[552] Eine Verfahrensverzögerung, die durch eine ungeeignete Maßnahme der Justiz verursacht wird, führt ohne Weiteres zum Verstoß gegen das Beschleunigungsgebot.

Bei der Prüfung der Erforderlichkeit wird festgestellt, ob die Strafverfolgungsorgane ein milderes Mittel gewählt haben, um die Beeinträchtigungen so gering wie möglich zu halten.[553] Die Prüfung der Erforderlichkeit in Bezug auf das Beschleunigungsgebot bedeutet die „zeitliche Erforderlichkeit."[554] Der Grundsatz der Erforderlichkeit verlangt, dass das Strafverfahren so kurz wie möglich dauert. Diese Auffassung entspricht nicht der Natur des Beschleunigungsgebots. Das Beschleunigungsgebot schützt vor einem unnötig langen Strafverfahren.[555] Es fordert kein „speedy trial",[556] also die optimale oder maximale Beschleunigung des Verfahrens,[557] oder eine schnelle Verurteilung, die einen möglichen Fehler in Kauf nimmt, sondern ein bei aller Sorgfalt zügiges Strafverfahren.[558] Bei der Durchführung des Strafverfahrens hat die StPO den

---

Maßstab zur Verfügung steht. Die Vertretbarkeit wird abgelehnt, wenn die Eignung offensichtlich nicht gegeben ist. Vgl. Baumanns, Beschleunigungsgrundsatz, S. 124. Der Topos „Keine Wahrheitsfindung um jeden Preis" wird in Strafverfahren wiederholt betont. Es ist auch nicht zutreffend, dass zur Vermeidung der Gefahr für die Wahrheitsfindung alle Ermittlungsmaßnahmen unberücksichtigt durchgeführt und die Verfahren unvorhersehbar verlängert werden. Schließlich hat Scheffler auch anerkannt, dass die Ungeeignetheitsprüfung gelegentliche eine selbstständige Rolle spielt. Scheffler, Die überlange Dauer, S. 117.

549 Baumanns, Beschleunigungsgrundsatz, S. 136 f.

550 Baumanns, Beschleunigungsgrundsatz, S. 136.

551 Baumanns, Beschleunigungsgrundsatz, S. 137.

552 Hirschberg, Verhältnismäßigkeit, S. 59 f; Scheffler, Die überlange Dauer, S. 116 f; Wittig, DÖV 1968, S. 817.

553 Scheffler, Die überlange Dauer, S. 113.

554 Kloepfer, JZ 1979, S. 214; Scheffler, Die überlange Dauer, S. 114.

555 I. Roxin, StV 2010 S. 437.

556 Paeffgen, GA 2014, S. 278.

557 I. Roxin, StV 2010 S. 438.

558 Gollwitzer, FS-Kleinknecht, S. 150 f; Pfeiffer, FS-Baumann, S. 335.

Strafverfolgungsorganen Beurteilungsspielräume hinsichtlich Art und Zeitpunkt der zu treffenden Maßnahme eingeräumt. Daher wird unter der Prüfung der Erforderlichkeit berücksichtigt, ob die Maßnahme der Strafverfolgungsorgane die Grenze ihrer Beurteilungsspielräume durch unzulässige Abwägung überschritten und dadurch eine unnötige Verlängerung des Verfahrens hervorgerufen hat.[559] Eine unzulässige Abwägung liegt vor, wenn das Ergebnis einer Entscheidung der Strafverfolgungsorgane unter der Kontrolle nach dem Maßstab zur Willkür oder groben Fehlbeurteilung führen kann.[560] Die Beurteilung der Erforderlichkeit der Maßnahme bedarf wiederum einer Abwägung und Wertung verschiedener Kriterien. Hier weist jeder Einzelfall Besonderheiten auf. Ob die Maßnahme der Justiz erforderlich ist, wird anhand folgender Kriterien beurteilt: Umfang und Komplexität des Verfahrens, Verhalten des Beschuldigten und Bedeutung des Verfahrens für den Beschwerdeführer.[561]

Schließlich bei der Feststellung der ungemessenen Maßnahme soll die Maßnahme der Verhältnismäßigkeit i.e.S. entsprechen. Bei der Prüfung wird einerseits die Belastung des Beschuldigten und andererseits das Interesse der Wahrheitsfindung sowie der Rechtsfriedensstiftung abgewogen. Die Maßnahme ist unangemessen, wenn die lange Verfahrensdauer dazu führt, dass die von der lange Verfahrensdauer verursachte Belastung des Beschuldigten über Verhältnis zu den angestrebten Verfahrenszielen geht.[562] Das Maß der Belastung des Beschuldigten durch einen objektiven allgemeinen Faktor beurteilt wird. Nach der Rechtsprechung wird die besondere Belastung des Beschuldigten bejaht, wenn der Beschuldigte sich in Untersuchungshaft befindet oder, wenn der Beschuldigten krank oder alt ist.[563] Wenn der Beschuldigte sich in der Lage der besonderen Belastung befindet, verlangt das Beschleunigungsgebot eine kürzere Verfahrensdauer als der Beschuldigte, der sich nicht in der besonderen, belasteten Lage befindet, um das Beschleunigungsgebot zu gewährleisten. Die besondere Belastung des Beschuldigten könnte die geeigneten und erforderlichen Maßnahmen der Justiz einen unangemessenen Charakter hinzufügen. Die prozessuale Maßnahme könnte wegen der großen Belastung mit dem Ablauf der Zeit als unangemessen angesehen werden.

559 Baumanns, Beschleunigungsgrundsatz, S. 129.
560 BGHSt 41, 30, 34; Schmidt, NJ 2008, S. 390.
561 Vgl. Plankenmann, Überlange Verfahrensdauer, S. 59 f.
562 Kohlmann, FS-Maurach, S. 509; Baumanns, Beschleunigungsgrundsatz, S. 130.
563 Siehe 2. Abschnitt II.C.5.

An diesem Prüfungsvorgang wird kritisiert, dass die Entscheidung über die Angemessenheit der Maßnahme mittels der Verhältnismäßigkeitsprüfung unter der Aufsicht der Rechtssicherheit nicht besser abschneidet als der Kriterienkatalog der Rechtsprechung,[564] weil die Prüfung der Erforderlichkeit zum Schluss auf die Abwägung im Einzelfall zurückgeht. Dieser Prüfungsvorgang bringt kaum eine nähere Konkretisierung der Kriterien hervor. Diese Kritik ist inkorrekt. Die Verhältnismäßigkeitsprüfung sichert den Vorgang der Prüfung, aber dieser Prüfungsvorgang dient nicht der Konkretisierung der Kriterien. Der Prüfungsvorgang kann vor allem eine transparente Konturierung der Abwägung zur Entscheidung über unangemessene Maßnahmen darstellen, weil die Abwägung durch Ziele und Mittel auf einen begrenzbaren Kreis von Interessen bezogen bleibt.[565] Daneben erfordert dieser Prüfungsvorgang die Begründungspflicht. Bei der Geeignetheitsprüfung hat das zuständige Gericht aufzuklären, ob die Maßnahme der Justiz sich auf die Wahrheitsfindung und den Abschluss des Verfahrens richtet. Bei der Erforderlichkeitsprüfung muss das zuständige Gericht begründen, wieso eine Maßnahme, die der Erfüllung der Ziele des Strafverfahrens dient, unter der Berücksichtigung der von der Rechtsprechung aufgestellten Kriterien nicht erforderlich ist. Umgekehrt könnte die Prüfung durch den Kriterienkatalog dazu führen, dass das Gericht nur die Konstellation i.V.m. dem Kriterium in der Rechtsprechung dargestellt hat, aber nicht aufgeklärt hat, wie die Konstellation die unangemessene Maßnahme der Justiz begründet. Im Extremfall hat das Gericht nur die Prüfungskriterien aufgelistet, aber nicht den Inhalt und die konkrete Konstellation nähergebracht. Beispielsweise beurteilte das LG Frankfurt die Unangemessenheit der Verfahrensdauer ohne nähere Betrachtung der konkreten Sachlage, wenn die Verfahrensdauer über das Doppelte der gesetzlichen Verjährungsfrist hinausgegangen war.

E. Konkretisierung des unangemessenen Verhaltens des Staats

Bei der Entscheidung über eine angemessene Verfahrensdauer muss das Verhalten des Staats berücksichtigt werden. Bei dieser Prüfung wird festgestellt, ob Behörden und Gerichte das Verfahren angemessen flüssig durchgeführt haben, oder ob sie inaktiv geblieben sind, als sie das Verfahren durchführen sollten, oder den Weitergang des Verfahrens gehemmt haben.[566] Laut dieser Formulierung kann das Verhalten des Staats in drei Typen klassifiziert werden, nämlich

564 Plankenmann, Überlange Verfahrensdauer, S. 59.
565 Lepsius, in Verhältnismäßigkeit, S. 24.
566 SK-Paeffgen, Art. 6, Rn. 122.

vor allem die Untätigkeit des Staats, dann der Verstoß durch einen aktiven Akt, - beispielsweise die Scheintätigkeit, die fehlgehende Tätigkeit, die überschießende Sachaufklärung-, und schließlich der ungenügende Betrieb des Verfahrens.

1. Untätigkeit des Staats

Das Beschleunigungsgebot wird verletzt, wenn das Gericht über längere Phasen hinweg ohne ersichtlichen Grund nichts in den Verfahren unternimmt.[567] Diese Untätigkeit des Gerichts ist ungeeignet, um das Ziel des Strafverfahrens zu erreichen. Diese Maßnahme wird bei der Prüfung der Geeignetheit ausgeschlossen, und damit der Verstoß gegen das Beschleunigungsgebot begründet. In der Rechtsprechung des EGMR[568] hat das Gericht wegen der Inaktivität des Staats die Verletzung des Beschleunigungsgebots wiederholt bejaht.

Die Behörden und Gerichte haben das Verfahren zeitweise ausgesetzt. Eine solche Aussetzung des Verfahrens erweckt den Eindruck der Untätigkeit. Die Untätigkeit kann durch das Interesse der Prozessökonomie[569] oder der Rechtssicherheit[570] gerechtfertigt werden. Die wegen des Abwartens auf den Ausgang paralleler Verfahren verstrichene Zeit ist noch angemessen. Durch die Berücksichtigung des Interesses der Prozessökonomie oder der Rechtssicherheit kann die Ungeeignetheit der Untätigkeit des Staats beseitigt werden. Diese Aussetzung des Verfahrens soll der Erforderlichkeitsprüfung noch unterliegen.[571] In der Rechtsprechung hat der EGMR nicht ausführlich erklärt, womit die Überschreitung der Erforderlichkeit der Aussetzung des Verfahrens begründet wurde. In der Rechtsprechung hat der EGMR behauptet, dass die Entscheidung der Aussetzung den besonderen Umständen der Sache angemessen sein müsse.[572] Aber

---

567 Grabenwarter/Pabel, EMRK, § 24, Rn. 82; Meyer-Ladwig, EMRK, Art. 6 Rn. 202; Meyer, in EMRK Kommentar von Karpenstein/Mayer, Art. 6, Rn. 81.

568 EGMR, Ommer gegen Deutschland (Nr. 1), Urt. von 13.11.2008, Ziff. 55 - Das LG Köln hat das Verfahren zwischen dem Erlass des Eröffnungsbeschlusses und der Terminierung der Hauptverhandlung etwa vier Jahre nicht durchgeführt; EGMR, Ommer gegen Deutschland (Nr. 2), Urt. von 13.11.2008, Ziff. 70. Die Ermittlungsbehörden hat das Verfahren mehrfach nicht gefördert; EGMR, Uhl gegen Deutschland, Urt. von 10.2.2005 – Das Ermittlungsverfahren wurde in fünfzehn Monate nicht vorangetrieben.

569 EGMR, NVwZ 2007, S. 1037, Ziff. 44; NVwZ 2008, S. 291, Ziff. 78.

570 EGMR, EuGRZ 1985, S. 551, Ziff. 13, 37.

571 Vgl. Baumanns, Beschleunigungsgrundsatz, S. 126 f; Scheffler, Die überlange Dauer, S. 113.

572 EGMR, NVwZ 2007, S. 1037, Ziff. 44; NVwZ 2008, S. 291, Ziff. 78.

der EGMR hat nur unter Berücksichtigung des zeitlichen Kriteriums die Erforderlichkeit der Aussetzung des Verfahrens beseitigt.[573] Die Aussetzung ist nicht erforderlich, wenn die Aussetzung den Beurteilungsspielraum der Justizorgane überschritten hat oder das abgewartete Parallelverfahren selbst rechtsstaatswidrig verzögert worden ist.[574] Die Erforderlichkeitsprüfung der Aussetzung wird durch die Berücksichtigung der Kriterien-Umfang und Komplexität des Verfahrens, Verhalten des Beschuldigten und Bedeutung des Verfahrens für den Beschwerdeführer- beurteilt.[575] Dass die Aussetzung des Verfahrens den Beurteilungsspielraum überschritten hat, liegt beispielsweise vor, wenn der Staat zum Zweck der Wahrheitsfindung eine bestimmte Tätigkeit durchführen soll, aber dies unterlässt.[576] Zur Entscheidung der Erforderlichkeit der Aussetzung kommt es auf die Berücksichtigung der konkreten Kriterien an. Dieser Prüfungsvorgang wurde vom EGMR erklärt, aber nicht restlos durchgeführt.

2. *Verstoß gegen das Beschleunigungsgebot durch einen aktiven Akt des Staats*

Bei der zweiten Fallgruppe verlängert die Strafverfolgungsbehörde nicht durch Untätigkeit, sondern durch die aktive Durchführung des Strafverfahrens die Verfahrensdauer. Die Scheintätigkeit ist ungeeignet, die Wahrheit zu finden oder das Verfahren zum Ende zu bringen. Es handelt sich um eine aktive Durchführung, um zu verschleiern, dass das Verfahren ruht. Die fehlerhafte Tätigkeit des Staats könnte zur Aufhebung eines Urteils und zur Verweisung an die Vorinstanz zur erneuten Entscheidung führen. Sowohl durch das Verfahren vor dem Revisionsgericht als auch die erneute Behandlung der Sache vergeht Zeit.

---

573 „Infolge dessen benötigten die deutschen Behörden und Gerichte insgesamt mehr als siebeneinhalb Jahre, um über den Rechtsbehelf der Bf. zu entscheiden. Diese Verzögerung kann nicht durch Erwägungen der Prozessökonomie gerechtfertigt werden." EGMR, NVwZ 2007, S. 1037, Ziff. 44; „Auch wenn man annimmt, dass es nach den Umständen des Falles noch als vertretbar angesehen werden kann, das Verfahren für mehr als fünf Jahre auszusetzen, muss berücksichtigt werden, dass das LG, nachdem es die weitere Aussetzung des Verfahrens am 21.12.1988 abgelehnt hatte, das Verfahren erst im Juni 1990 fortsetzte, obwohl das OLG Celle die Beschwerde des Bf. gegen die Entscheidung vom 21.12.1988 bereits am 8.3.1989 zurückgewiesen hatte." EGMR, NVwZ 2008, S. 291, Ziff. 78.

574 Baumanns, Beschleunigungsgrundsatz, S. 127.

575 Siehe 2. Abschnitt II.D.4.

576 Radke, Bestrafungshindernisse, S. 63.

Die überschießende Sachaufklärung dient nicht der Wahrheitsfindung, sondern führt zur Zeitverschwendung.

Scheintätigkeit sowie die fehlgehende und überschießende Tätigkeit gehören zu dieser Fallgruppe. In dieser führt das Gericht zum Schein das Verfahren durch, aber die Tätigkeit dient nicht der Erreichung des Zwecks des Strafverfahrens.

Die Scheintätigkeit des Staats gilt als eine prozessordnungswidrige Untätigkeit. Scheintätigkeit bedeutet, dass das Gericht und die Behörden durch eine aktive Tätigkeit die Ruhe des Verfahrens verschleiern.[577] Die Tätigkeit dient aus dem objektiven Ex-ante-Gesichtspunkt verfahrensfremden Zwecken und wird damit als unnütz bewertet. Diese Tätigkeit ist von vornherein nicht zur Erreichung der Verfahrenszwecke geeignet.[578] Damit wird die Verletzung des Beschleunigungsgebots begründet. Beispiele für eine Scheintätigkeit sind die Suche nach einem unerreichbaren oder nicht existenten Zeugen, die Durchführung einer weiteren Fahndung, die keine hinreichende Erfolgsaussicht bietet,[579] und die Bestellung eine für eine mündliche Verhandlung nicht zur Verfügung stehenden Sachverständigen.[580]

Nun wird die Frage beantwortet, ob eine Verzögerung, die dadurch entsteht, dass das verfahrensfehlerhaft tatrichterliche Urteil vom Rechtsmittelgericht oder dass eine Revisionsentscheidung vom BVerfG aufgehoben wird und die Sache neu durchgeführt werden muss. Eine solche Verzögerung führt in der Regel nicht zum Verstoß gegen das Beschleunigungsgebot.[581] Eine Begründung wird ausgeführt, wonach der durch die Strafprozessordnung aufgestellte Instanzenzug zeigt, dass der Gesetzgeber den Fehler der Gerichte nur durch Rechtsmittel beseitigte. Die verlängerte Verfahrensdauer begründet nach dem Willen des Gesetzgebers nicht den Verstoß gegen das Beschleunigungsgebot.[582] Die Verfahrensdauer wegen der Durchführung eines Revisionsverfahrens oder der erneuten Entscheidung folgt aus der rechtsstaatlichen Ausgestaltung des Rechtsmittelverfahrens und kann nicht für „rechtsstaatswidrig“ gehalten werden.[583]

577 Wohlers, JR 1994, S. 140.

578 Baumanns, Beschleunigungsgrundsatz, S. 137.

579 Baumanns, Beschleunigungsgrundsatz, S. 137.

580 EGMR, NJW 2011, S. 1055, Ziff. 28.

581 BGH, NStZ 2001, S. 106; StV 2006, S. 242; StV 2009, S. 693; Peukert, in EMRK von Frowein/Peukert, Art. 6 Rn. 257; LR-Esser, EMRK Art. 6, Rn. 325; Scheffler, JZ 1992, S. 194; Ulsamer, FS-Faller, S. 378.

582 I. Roxin, Rechtsfolgen, S. 161 f; Waßmer, ZStW 2006, S. 175 f.

583 BVerfG, NJW 2003, S. 2228; NJW 2003, S. 2898; BGH, NJW 2005, S. 1813; NStZ-RR, 2006, S. 177; I. Roxin, StV 2003 S. 379; Waßmer, ZStW 2006, S. 175.

Die Möglichkeit der Aufhebung eines Urteils und der Zurückverweisung zur erneuten Entscheidung ist ein Prozessrisiko. Damit ist die Verlängerung der Verfahrensdauer angemessen.[584] In den ständigen Rechtsprechungen des BVerfG und des BGH wird die Auffassung vertreten, dass das Beschleunigungsgebot verletzt ist, wenn der offensichtliche Fehler durch das Revisionsverfahren korrigiert wird.[585] Dieser Fehler der Justiz ist nicht vertretbar, weil das Verhalten der Justiz die Grenze des Beurteilungsraums übertreten hat. Der offensichtliche Fehler besteht darin, dass Strafverfolgungsorgane eine eindeutige Gesetzeslage oder ständige höchstrichterliche Rechtsprechung missachtet haben oder Ausdruck staatlicher Willkür ist.[586] Dieser offensichtliche Fehler liegt allein bei den betreffenden Rechtsansichten mangels jedes sachlichen Grundes vor.[587] Die Verzögerung infolge der Beseitigung des Mangels kann die Verletzung des Beschleunigungsgebots begründen, wenn die Möglichkeit der Aufhebung des Mangels vom Staat vorhersehbar ist.[588] Dann nämlich wird die Offensichtlichkeit des Fehlers durch eine Ex-ante-Betrachtung beurteilt. Ein solcher Fehler könnte ein formeller oder materieller Fehler sein. Der formelle Fehler besteht darin, dass das Gericht den Verfahrensvorgang fehlerhaft durchgeführt hat. Beispielsweise hat der Staatsanwalt ein offensichtlich unbegründetes Rechtsmittel beantragt.[589]

Der Ermittlungsrichter hat bei der richterlichen Vernehmung einer Zeugin entgegen § 168 c Abs. 5 den Beschuldigten und seinen Verteidiger nicht benachrichtigt und die Aussage der Zeugin im Urteil verwertet.[590] Der materielle Fehler besteht in der fehlerhaften Anwendung des sachlichen Rechts, wie etwa einer fehlerhaften Subsumtion oder einer unrichtigen Beweiswürdigung.[591] Zusammenfassend ist das Beschleunigungsgebot verletzt, wenn ein offensichtlicher formeller und materieller Fehler vorliegt und durch das Rechtsmittelgericht oder eine Revisionsentscheidung vom BVerfG aufgehoben wird.

Schließlich soll das Verhältnis zwischen der ausufernden Sachaufklärung und der Verletzung des Beschleunigungsgebots bestimmt werden. Das Gericht ist verpflichtet, alle Tatsachen und Beweismittel zu ermitteln, die für die

---

584 Peukert, in EMRK von Frowein/Peukert, Art. 6 Rn. 257.

585 BVerfG, NJW 2003, S. 2898; NJW 2005, S. 3487; NJW 2006, S. 673; NStZ 2005, S. 457; BGH NStZ-RR 2006, S. 178; EGMR, NJW 2002, S. 2857.

586 Baumanns, Beschleunigungsgrundsatz, S. 151.

587 BVerfGE 87, 273, 279; 112, 185, 216.

588 Baumanns, Beschleunigungsgrundsatz, S. 151.

589 OLG Karlsruhe, NJW 2004, S. 1887.

590 BVerfG, NJW 2006, S. 673

591 Baumanns, Beschleunigungsgrundsatz, S. 153.

Entscheidung von Bedeutung sind.[592] Der Umfang der Aufklärungspflicht reicht bis zur Grenze, an welcher dem Gericht eine sicher abschließende Beendigung des Strafverfahrens möglich ist.[593] Das Tatgericht ist nicht verpflichtet, die Sache ausufernd aufzuklären.[594] Eine überschießende Sachverhaltsermittlung, die das Verfahren über die erforderliche Dauer in die Länge zieht, kann nicht durch die Aufklärungspflicht gerechtfertigt werden und verletzt das Beschleunigungsgebot.[595] Die überschießende Sachaufklärung besteht darin, dass die Sachaufklärung weiter durchgeführt wird, wenn die Ergebnisse der Sachaufklärung eine „Entscheidungsreife“ begründen.[596] Ob das Gericht eine umfassende Sachaufklärungspflicht erfüllt oder einen Sachverhalt überschießende ermittelt, entscheidet der den Umfang der Sachaufklärungspflicht. In der Rechtsprechung gibt es keine einstimmige Beschreibung der Anforderung, der der Tatrichter zur Erfüllung der umfassenden Aufklärungspflicht zu genügen hat.[597] In der Rechtsprechung findet sich die umgekehrte Beschreibung, wann das Tatgericht die Aufklärungspflicht verletzt. Das Tatgericht hätte mit Rücksicht auf die Beweislage noch nicht zu einer bestimmten Bestätigung gelangen dürfen, weil es bei rationaler Überprüfung aller Umstände des zu entscheidenden Falles damit rechnen musste, dass ihm bekannte oder erkennbare, nicht verwertete weitere Beweismittel einen Sachverhalt erbringen, welcher der bisher vorhandenen Überzeugung, was den Tatvorwurf betrifft, widerspricht, in Verdacht kommt oder betätigt, wird die Aufklärungspflicht ungenügend erfüllt.[598] Um die Aufklärung zu erfüllen, muss das Gericht den Inhalt der vorliegenden Akten, den Verlaufen und die bisherigen Folgen der Hauptverhandlung und die in der Hauptverhandlung bekannt werdenden Umstände sowie die Äußerungen, Anträge oder Anregungen der Verfahrensbeteiligten berücksichtigen, z.B. ob es nötig ist, den Sachverhalt durch zusätzliche, bislang nicht vorgebrachte Beweismittel umfassender und sorgfältiger weiter zu ermitteln.[599] Zur Feststellung der Erfüllung der Aufklärungspflicht muss eine umfassende, verständige und der allgemeinen Lebenserfahrung

592 Meyer-Goßner/Schmitt, StPO, § 244, Rn. 11.
593 LR-Becker, § 244, Rn. 43.
594 BGH, NStZ 1994, S. 248; Eisenberg, StPO, Rn. 14; Meyer-Goßner/Schmitt, StPO, § 244, Rn. 13; LR-Becker, § 244, Rn. 43.
595 LR-Becker, § 244, Rn. 57.
596 Eisenberg, StPO, Rn. 14.
597 LR-Becker, § 244, Rn. 47.
598 BGH NStZ 1994, S. 248; LR-Becker, § 244, Rn. 47.
599 LR-Becker, § 244, Rn. 47.

Rechnung tragende Abwägung der Sachlage erfolgen.[600] Unter dieser Abwägung kommen der erkennbare Beweiswert der benutzbaren weiteren Beweismittel einerseits und der Beweiswert der schon erhaltenen Beweismittel, ihre Beweiskraft und die aus ihnen resultierenden Ergebnisse andererseits in Betracht.[601]

In einigen Entscheidungen hat das Gericht bezüglich des Umfangs der Aufklärungspflicht behauptet, dass das Gericht alle Beweismittel erschöpfen müsse, sei es auch nur entfernten Beweisstoff, um die durch die bisherige Beweisaufnahme begründete Vorstellung des zu beurteilenden Sachverhalts zu ändern.[602] Diese Behauptung gilt nur in Grenzfällen, in denen die bisher vorhandene Überzeugung des Gerichts auf einer eher ungesicherten Beweislage beruht.[603] Wenn die Überzeugung des Gerichts nur die Übereinstimmung verlässlicher Beweismittel garantiert, muss ein konkreter Anlass aller entfernten Beweismittel einer weiteren Sachaufklärung dienen.[604] Hier zeigt ein klares Beispiel, dass die Beschleunigung des Verfahrens und die Aufklärungspflicht in einigen Fällen kollidieren und abgewogen müssten. Unter einigen Voraussetzungen könnte das Interesse der Beschleunigung des Verfahrens vor dem Interesse der Aufklärungspflicht Vorrang haben.

Durch den oben geschilderten Prüfungsvorgang könnte der Umfang der Aufklärungspflicht festgestellt werden. Ob das Beschleunigungsgebot verletzt ist, hängt davon ab, ob der Umfang der Aufklärungspflicht überschritten wird.

3. *Ungenügende Tätigkeit*

Eine Verzögerung kann nicht nur durch die Untätigkeit des Staats, sondern auch durch einen ungenügenden Verfahrensbetrieb hervorgerufen werden. Eine solche ungenügende Tätigkeit kann dadurch entstehen, dass das Erfordernis einer überobligatorischen Beschleunigung des Verfahrens vorliegt.

Die Justiz muss das Verfahren überobligatorisch beschleunigen, wenn sich der Beschuldigte in U-Haft befindet. Aufgrund der Minderung des Eingriffs in die Freiheitsrechte des Beschuldigten gem. dem Grundsatz der Verhältnismäßigkeit wird von der Justiz die Beschleunigung des Verfahrens angefordert.[605] Der

600 BGHSt 30 131, 142; 36 159, 165; BGH NJW 1951, S. 283; 2005. S. 1382; Gössel, JR 2005, S. 392; Meyer-Goßner/Schmitt, StPO, § 244, Rn. 12.
601 LR-Becker, § 244, Rn. 47.
602 BGH 23, 176, 188; 30, 131, 143; NStZ 1983, S. 210.
603 Meyer-Goßner/Schmitt, StPO, § 244, Rn. 12; LR-Becker, § 244, Rn. 49.
604 Herdegen, NStZ 1984, S. 98; Eisenberg, StPO, Rn. 11.
605 BVerfG NJW 1966, S. 1259; Pfeiffer, FS-Baumann, S. 331.

EGMR hat diese Auffassung auch angenommen.[606] Zur Erfüllung der Anforderung soll das Gericht mehr Sitzungen pro Woche terminieren, Zeugen und Sachverständiger möglichst wirksam laden und einen strafferen Verhandlungsplan aufstellen.[607] Wenn die oben genannten Maßnahmen nicht durchführbar sind, muss das zuständige Gericht dies begründen.[608]

Eine weitere Beschleunigungsanforderung existiert, wenn der Sachverhalt komplex ist und das Gericht eine längere Verfahrensdauer absehen kann.[609] Einerseits kann ein besonders komplexes Verfahren eine Verlängerung des Verfahrens legitimieren, aber andererseits verlangt es vom Gericht eine zügige Durchführung des Verfahrens. Beispielsweise muss das Gericht mehrere und längere Verhandlungstage terminieren als in einem normalen Fall.[610] Bei der Behandlung von Wirtschaftskriminalität, die häufig außergewöhnlich schwierig ist und ein speditiver Verfahrensbetrieb dementsprechend schwerfällt, verlangt der EGMR vom Staat, seine Justiz so einzurichten und auszustatten, dass die Verfolgungsbehörden und Gerichte der Anforderung des Art. 6 Abs. 1 nachkommen können.[611]

Zum Schluss hat der Staat die Pflicht, ein Verfahren straff durchzuführen, wenn bereits im vorangegangenen Verfahrensablauf das Beschleunigungsgebot verletzt wurde.[612] Eine intensivierte Verfahrensförderung kann den Verstoß gegen das Beschleunigungsgebot ausgleichen[613] und die weitere Vertiefung der Verletzung vermeiden.[614] Zur Realisierung der Anforderung muss der Staat sich umso mehr Bemühen, das Verfahren so schnell wie möglich zu Ende zu bringen, je tiefer die vorangegangene Verletzung ist.[615]

---

606 EGMR NJW 2001, S. 2697 f; NJW 2005, S. 3127.

607 EGMR NJW 2005, S. 3127.

608 Baumanns, Beschleunigungsgrundsatz, S. 139.

609 BVerfG NJW 2006, S. 679; OLG Celle NdsRpfl 2001, S. 196; Villiger, EMRK, Rn. 465.

610 Vgl. Baumanns, Beschleunigungsgrundsatz, S. 139.

611 EGMR EuGRZ 1983, S. 382, Ziff. 92; NJW 1984, S. 2750; EuGRZ 1996, S. 519, Ziff. 55; NJW 1997, S. 2810; NJW 1999, S. 3548; NJW 2001, 212; NJW 2001, S. 213; NJW 2002, S. 2857; wistra 2004, S. 177; StV 2009, S. 561.

612 BVerfG NJW 2003, S. 2226; 2006, S. 675; Krehl, StV 2005, S. 562; Krehl/Eidam, NStZ 2006, S. 4.

613 Der Streit um die Anerkennung der Heilungsmöglichkeit siehe dazu 3. Abschnitt II.C.2.

614 Krehl, StV 2005, S. 562.

615 BVerfG NJW 2003, S. 2226; NStZ 2004, S. 337; Krehl/Eidam, NStZ 2006, S. 4.

Das Gericht ist auch verpflichtet, dass sich die Vertretbarkeit der Verfahrensanforderung danach richtet, ob das Strafverfahrensrecht ein derartiges Vorgehen vorher regelt, bzw. toleriert und die dargestellten Grenzen der Beurteilungsräume befolgt werden, wenn keine besonderen Umstände im vorgenannten Sinne vorliegen.[616] Die StPO sieht keine zeitliche Vorgabe vor bzw. gibt die Erforderlichkeit einer Maßnahme in Bezug auf das Beschleunigungsgebot nicht direkt an, orientiert sich dabei aber gleichwohl an den immanenten Wertungen der StPO.[617] Die zeitlichen Vorgaben in der StPO beispielsweise in den §§ 121 Abs. 2, 229 sind eine maximale Zeitgrenze bzw. die minimalen Garantien. Solche Vorgaben sind nicht geeignet, um die Frage zu klären, ob die Maßnahme der Justiz erforderlich ist und dem Beschleunigungsgebot entspricht.[618] Die Erforderlichkeit der Maßnahme der Justiz soll durch den oben genannten Prüfungsvorgang festgestellt werden.[619]

Zur Erfüllung der Anforderung des Beschleunigungsgebots muss die Hauptverhandlung straff durchführen.[620] Aus den deutschen Rechtsprechungen wurde die Auffassung geschlossen, dass die Hauptverhandlung nach der Eröffnung in der Regel innerhalb von drei Monaten beginnt.[621] Diese Auffassung soll bei näherer Untersuchung der Rechtsprechungen mehr ergänzt werden. In den von der Rechtsprechung dargestellten Sachverhalten befanden sich die Angeklagten in Haft. In Untersuchungshaftsachen erlangt das Beschleunigungsgebot eine besondere Bedeutung, da die Untersuchungshaft die verfassungsmäßige Freiheit der Person gem. Art. 2 Abs. 2 Satz 2 GG intensiv einschränkt.[622] Der von Art. 2 Abs. 2 Satz 2 GG garantierten Freiheitsanspruch verlangt, eine wegen Untersuchungshaft hervorgerufene schwerste Grundrechtsverletzung nicht unangemessen lang aufrechtzuerhalten.[623] Daneben soll das Strafverfahren mit der Anordnung der Untersuchungshaft in verstärktem Maß zügig durchgeführt werden.[624] Im Vergleich zum Art. 6 Abs. 1 EMRK, der das allgemeine

---

616 Baumanns, Beschleunigungsgrundsatz, S. 140.
617 Baumanns, Beschleunigungsgrundsatz, S. 140 f.
618 Siehe dazu 2. Abschnitt II.D.2.b.i.
619 Siehe dazu 2. Abschnitt II.D.4.
620 BGH, NJW 1970, S. 767; HK-Krehl, Einl., Rn. 16; Krehl/Eidam, NStZ 2006, S. 6.
621 Vgl. BVerfGK 7, 21, 40; 10, 294, 307; BVerfG, NStZ-RR 2007, S. 313; BVerfG, HRRS 2013 Nr. 166; OLG; OLG Köln, StV 1992, S. 525;OLG Nürnberg, StraFo 2008, S. 469 f; OLG Schleswig, StV 1992, S. 525; KG Berlin, StV 1992, S. 523.
622 BVerfGE 36, 264, 269; BVerfG NJW 2006, S. 672 ff.; OLG Bamberg StV 1991, S. 169.
623 BVerfGK 10, 294, 307; BVerfG, NStZ-RR 2007, S. 313; BVerfGE 20, 45, 50; 36, 264, 273.
624 BVerfG NJW 1966, S. 1259; Pfeiffer, FS-Baumann, S. 331.

Beschleunigungsgebot vorschreibt, hat der Art. 5 Abs. 3 Satz 1 2 Hs. für Haftsachen ein besonders normiertes Beschleunigungsgebot verankert, dem zufolge Haftsachen vorrangig gegenüber Nichthaftsachen sind.[625] Art. 5 Abs. 3 Satz 1 2 Hs. und Art. 6 Abs. 1 haben damit ein „vergleichbares Prüfraster".[626] Die angemessene Dauer gem. Art. 5 Abs. 3 Satz 1 2 Hs. ist im Regelfall kürzer, als die Dauer gem. Art. 6 abzuwägen.[627] Die Freiheitsentziehung wegen der U-Haft als der schwerste Eingriff folgt aus der stärkeren Anforderung der Beschleunigung des Verfahrens.

Über die Verhandlungsdichte hat das BVerfG wiederholt behauptet, dass in einer Haftsache eine Verhandlungsfrequenz von zumindest zwei Tagen pro Woche in der Regel der Anforderung des Beschleunigungsgebots entspricht.[628] In einer jüngeren Rechtsprechung wird deutlich von zwei vollen Tagen deutlich ausgesprochen.[629] Laut der oben dargestellten gleichen Denkweise könnte die Hauptverhandlung in einer Nichthaftsache an weniger als zwei vollen Tagen pro Woche stattfinden.

Das BVerfG selbst nennt diese Prämisse in dem Beschluss von 25.12.2005 als das „Gebot der bestmöglichen Verfahrensförderung".[630] Aus diesem Obersatz leitet die Kammer derzeit eine präzise Frist für den Abstand zwischen dem Eröffnungsbeschluss und dem Beginn der Hauptverhandlung oder für die Handlungsfrequenz ab, und ficht damit die einleitende Formel an, dass sich eine starre Frist für eine noch angemessene Verfahrensdauer kaum angeben ließen.[631] Diese Vorgangsweise wird kritisiert. Vor allem, dass das BVerfG zahlenmäßige Vorgaben zur Konkretisierung des Gebots der bestmöglichen Verfahrensförderung bei der Auslegung und Anwendung spezifischen Verfassungsrechts festgestellt hat, ist wegen der Fachgerichtsbarkeit fraglich.[632] Das BVerfG stößt wegen dieser Vorgehensweise eine seit Langem geübte methodische Kritik am „höchsten

---

625 Burhoff, StraFo 2006, S. 54, Meyer-Goßner/Schmitt, StPO, Einl. Rn. 160.

626 Pauly, StV 2006, S. 481.

627 Vgl. BGH StV 2008, S. 633; Dörr, EMRK/GG Band I, Kap. 13 Rn. 58.

628 BVerfGK 7, 140, 157; BVerfG StV 2013, S. 643. In einigen Rechtsprechungen wird ausgeführt, dass das Beschleunigungsgebot in Haftsachen verletzt wird, wenn die Strafsache lediglich an einem Sitzungstag pro Wochen verhandelt wird. Vgl. BVerfGK 7, 140, 157; BVerfG StV 2008, S. 198.

629 BVerfG StV 2013, S. 643.

630 BVerfG NJW 2006, S. 677.

631 Jahn, NJW 2006, S. 653.

632 BVerfG Beschl. v. 8.12.2004 – 2 BvR 52/02; vgl. auch BVerfG Beschl. v. 13.5.2003 – 2 BvR 517/03; Kuckein, NStZ 2005, S. 698.

Amtsgericht der Nation" an.[633] Zusätzlich zwingt das BVerfG den erfahrenen Bundesrichter und die Bundesanwaltschaft durch die exakte Karlsruhe Vorgabe dazu, wie sie Haftsachen richtig anregen.[634] Dagegen soll das BVerfG allein exakt feststellen, wem das Unterlassen angemessener Betreibung des Verfahrens schuldet.[635] Wird bei der Feststellung der angemessenen Verfahrensdauer die Höchstfrist abgelehnt, hängt die angemessene Verfahrensdauer von der Würdigung des Verhaltens der Justiz im Einzelfall ab.[636] Die Rechtsprechung, die diese Einschränkung des Beginns der Hauptverhandlung seit dem Eröffnungsbeschluss in drei Monaten anerkannte, lässt die Regulierung der Frist zu.[637] Die Anforderung der Verhandlungsdichte könnte auch wegen des Einzelfalls eingestellt werden. Damit kommt dieser zeitlichen Einschränkung bei der Entscheidung über die Angemessenheit der Verfahrensdauer keine Bestimmtheit zu. Obwohl die zeitliche Vorgabe des Abstands zwischen Eröffnungsbeschluss und Beginn der Hauptverhandlung sowie der Verfahrensdichte nicht das bestimmte Kriterium zur Feststellung der Verfahrensverzögerung darstellt, gibt diese zeitliche Vorgabe wenigstens ein Indiz, dass das Gericht das Verfahren nicht genügend straff durchführt.

Im folgenden Teil werden die vom EGMR bejahten ungenügenden Verfahrensförderungen dargestellt.

Eine unzulängliche Tätigkeit besteht bei mangelnder Kooperation der Strafverfolgungsbehörden. In diesem Fall wurde der Sachverhalt dreimal von der StA zurückgewiesen, weil die Sache der Anklage weiter ermittelt oder Verfahrensfehler korrigiert werden mussten.[638] Die Zurückweisung des Sachverhalts dient der näheren Aufklärung der Sache und der Vermeidung der Nicht-Annahme der

633 Sendler, NJW 1995, S. 3293; Schmitt Glaeser, NJW 1996, S. 874.

634 Jahn, NJW 2006, S. 653.

635 Jahn, NJW 2006, S. 653 f.

636 Siehe 2. Abschnitt I.C.

637 *„Dem Beschleunigungsgebot ist daher – sofern nicht besondere Umstände vorliegen – nur dann Genüge getan, wenn innerhalb von drei Monaten nach Eröffnung des Hauptverfahrens mit der Hauptverhandlung begonnen wird. Dauert die Untersuchungshaft bereits ein Jahr an, so kann schon eine Verzögerung um einen Monat oder sechs Wochen das Beschleunigungsgebot in Haftsachen verletzen.“* BVerfGK 7, 21, 40; auch vgl. BVerfGK 10, 294, 307. *„Auch wenn sich starre Grenzen für den in Haftsachen zulässigen zeitlichen Abstand zwischen Eröffnungsbeschluss und Beginn der Hauptverhandlung nur schwer festlegen lassen, so sind an den zügigen Fortgang des Verfahrens doch umso strengere Anforderungen zu stellen, je länger die Untersuchungshaft bereits andauert.“*

638 EGMR, Vachev gegen Bulgarien, Urt. von 08.07.2004, Ziff. 94, 96.

Anklage durch Gericht. Die Zurückweisung des Sachverhalts allein begründet nicht ein unangemessen staatliches Verhalten, weil die Maßnahme den Beurteilungsraum nicht überschreitet. Die mehrmalige Zurückweisung des Sachverhalts könnte einen ungenügenden Austausch der Meinungen zwischen der StA und dem Ermittler oder eine unzulängliche Ermittlung des Ermittlers verursachen. Wenn die Strafverfolgungsbehörde in einem solchen Fall nicht eng kooperiert, um die Erforderlichkeit der Zurückweisung zu entfallen, damit das Verfahren weiter verzögert wird, geht die Verzögerung zulasten der betreffenden Behörden.

Die unzulängliche Tätigkeit des Staats kann sich daraus ergeben, dass der Anforderung der Erstellung des Gutachtens ungenügend nachgekommen wird. Das Gutachten trägt zur Wahrheitsermittlung bei. Ob die Wartezeit für die Erstellung des Gutachtens erforderlich ist, hängt von der Komplexität der Sache, dem Verhalten des Beschuldigten und dem Verhalten des Staats ab. Der EGMR hält die Wartezeit auf das Gutachten für nicht erforderlich, wenn die Wartezeit lange dauert und das Gericht den Sachverständigen ungenügend antreibt, das Gutachten baldig zu erstellen.[639] Als unzulängliche Förderung des Verfahrens gilt auch die verspätete Absetzung und Zustellung des Urteils nach dessen Verkündung[640], das zögerliche Vorlegen von Krankenakten[641] und das langwierige Hin- und Herschieben von Akten[642]. Die Strafverfolgungsbehörden sind in den oben dargestellten Fällen ungenügend aktiv, um die erforderlichen Dokumente anzufordern, sich zu verschaffen oder zuzustellen.

In Strafverfahren sollen die Strafverfolgungsbehörden zur Wahrheitsfindung die Zeuge vernehmen (§§ 48 ff StPO). Laut der StPO darf eine Hauptverhandlung gegen einen Angeklagten, der ausgeblieben ist, nicht durchgeführt werden (§ 230 Abs. 1 StPO). Wenn der Angeklagte und die Zeuge wiederholt nicht erscheinen, wird die Dauer des Verfahrens in die Länge gezogen. In diesem Fall haben die Strafverfolgungsbehörden durch adäquate Mittel die Anwesenheit des Angeklagten und der Zeugen zu sichern, anderenfalls wird die dürftige Verfahrensförderung bejaht.[643]

639 EGMR, Wohlmeyer Bau GmbH gegen Österreich, Urt. von 08.07. 2004, Ziff. 52; Rachevi gegen Bulgarien, Urt. von 23. 09. 2004, Ziff. 90.

640 EGMR, ÖJZ 1990, S. 482.

641 EGMR, NJW 2011, S. 1055, Ziff. 28.

642 EGMR, NJW 1979, S. 479, Ziff. 104.

643 EGMR, Kuśmierek gegen Polen, Urt. von 21.09.2004, Ziff. 65.

Eine vorübergehende Überlastung der Strafverfolgungsbehörden bejaht den Verstoß gegen das Beschleunigungsgebot nicht, wenn die Überlastung der Strafverfolgungsbehörden durch eine rechtzeitige angemessene Maßnahme beseitigt wird.[644] Ansonsten ist das Beschleunigungsgebot verletzt, wenn der Staat keine Maßnahme gegen die Überlastung ergreift oder die ausgeübte Maßnahme nicht zu einer baldigen, spürbaren Verbesserung der Überlastung der Strafverfolgungsbehörden führt[645].

Eine nennenswerte Konstellation in Deutschland ist die chronische Überlastung des BVerfG. Im Fall Probstmeier und im Fall Pammel gab die deutsche Regierung zu, dass die Arbeitsüberlastung des BVerfG seit Ende der Siebzigerjahre bestanden hatte. Der Staat bemühte sich um die Änderung des Gesetzes über das BVerfG und um die Entlastung des BVerfG.[646] In beiden Fällen behauptete die deutsche Regierung, dass die chronische Überlastung des BVerfG die Verzögerung des Verfahrens nicht herbeigeführt habe. Der Grund für die Verzögerung sei, dass die Bedeutung der Sache gering gewesen sei und die Reihenfolge der Behandlung dieser Fälle geändert worden sei, weil das BVerfG wegen der deutschen Wiedervereinigung Fälle mit stärker politischer oder sozialer Bedeutung zunächst habe durchführen wollen.[647] In den Rechtsprechungen hat der EGMR den Verstoß gegen das Beschleunigungsgebot allein damit begründet, dass die seit Ende der Siebzigerjahre beim BVerfG bestehende chronische Arbeitsüberlastung eine überlange Verfahrensdauer nicht rechtfertigt, obwohl der EGMR die Auffassung befürwortete, dass ein Vertragsstaat international nicht für eine vergängliche Überlastung seiner Gerichtsbarkeit auf seine Rechnung geht.[648] Die Begründung ist nicht ausreichend. Der EGMR hat die Frage nach dem Einfluss der deutschen Wiedervereinigung nicht beantwortet und die Anstrengung des Vertragsstaats zur Entlastung des BVerfG in der Begründung nicht berücksichtigt. In diesen Fällen hatte die deutsche Wiedervereinigung keine Auswirkung auf die Verfahrensverzögerung. Eine Auswirkung besteht nur in jenen Fällen, die in einem engen zeitlichen Zusammenhang mit der deutschen

644 EGMR, Baggetta gegen Italien, Urt. von 25.06.1987, Ziff. 23; Guincho gegen Portugal, Urt. von 10.07.1984, Ziff. 40; EuGRZ 1983, S, 483, Ziff. 29; EuGRZ 1981, S. 493, Ziff. 51; Peukert, in EMRK von Frowein/Peukert, Art. 6 Rn. 256.

645 EGMR, Guincho gegen Portugal, Urt. von 10.07.1984, Ziff. 40; EuGRZ 1983, S, 483, Ziff. 29; Peukert, in EMRK von Frowein/Peukert, Art. 6 Rn. 256.

646 EGMR, NJW 1997, S. 2809, Ziff. 61; EuGRZ 1997, S. 315, Ziff. 66.

647 EGMR, NJW 1997, S. 2809, Ziff. 61; EuGRZ 1997, S. 315, Ziff. 66.

648 EGMR, NJW 1997, S. 2809, Ziff. 64; EuGRZ 1997, S. 315, Ziff. 69.

Wiedervereinigung stehen.[649] Die beiden Fälle waren mehr als zehn Jahre vor der deutschen Wiedervereinigung beim BVerfG anhängig, sodass keine Auswirkungen der deutschen Wiedervereinigung auf diese Fälle bestehen können. Die seit Ende der Siebzigerjahre vorliegende Überlastung des BVerfG, die bis Mitte der Achtzigerjahre bestand, also bis in die Zeit, als die beiden Fälle beim BVerfG anhängig waren, beeinflusst das Verfahren noch. Es zeigt sich, dass die Überlastung nicht zeitweilig ist und die Abhilfemaßnahme keine Wirkung zur Entlastung des BVerfG hat. Laut der oben dargestellten Auffassung wird die Verletzung des Beschleunigungsgebots in beiden Fällen bestätigt.

Eine unzureichende Verfahrensförderung besteht auch darin, dass der Richter im Strafverfahren wiederholt wechselt. Es ist unzweideutig, dass der wiederholte Wechsel des Richters das Verfahren verzögert, weil der Richter die Sache wiederholte bekannt machen muss.[650] Zur Garantie des Grundsatzes der Unmittelbarkeit muss die gesamte Hauptverhandlung wiederholt werden, wenn ein Richter im Verfahren ausfällt.[651] Hierauf wird das Verfahren weiter verzögert. Wenn der Staat keine Maßnahme wie die Bestellung des Ergänzungsrichters gem. § 192 Abs. 2 GVG ausübt, um den wiederholten Wechsel des Richters zu vermeiden, erfüllt der Staat seine Pflicht nicht, nach der er sich um das ordnungsgemäße Funktionieren des Justizapparates kümmern muss.[652] Dadurch liegt ein unzureichender Betrieb des Verfahrens vor und der Verstoß gegen das Beschleunigungsgebot wird bejaht.

---

649 Im Fall Süßmann hat der EGMR den Verstoß gegen das Beschleunigungsgebot verneint, weil die Verfassungsbeschwerde die Zeitnähe der deutschen Einigung (drei Jahre) vor BVerfG anhängig war. Vgl. EGMR, EuGRZ 1996, S. 520 Ziff. 60. Dagegen hat der EGMR im Fall Kleine die Rechtfertigung der Verzögerung mittels der deutschen Wiedervereinigung nicht akzeptiert, weil die Verfassungsbeschwerde zum Zeitpunkt des Inkrafttretens des Einigungsvertrages am 3. Oktober 1990 schon mehr als vier Jahre beim BVerfG anhängig war. Vgl. EGMR, Klein gegen Deutschland, Urt. von 27.10.2000, Ziff. 45; auch hat Brett dieses zeitliche Element anerkannt. Vgl. Brett, Verfahrensdauer, S. 268.

650 EGMR, Lechner und Hess gegen Österreich, Urt. 15.03.1987, Ziff. 58; Georgiadis gegen Zypern, Urt. 14.08.2002, Ziff. 46.

651 Beulke, StPO, Rn. 24.

652 Peukert, in EMRK von Frowein/Peukert, Art. 6 Rn. 256.

Dritter Abschnitt: Rechtsfolgen der rechtsstaatswidrigen Verzögerung

Die Rechtsfolgen einer Verletzung des Beschleunigungsgebots werden seit Langem kontrovers diskutiert, weil eine gesetzliche Regelung fehlt. Vor der Entscheidung des BGH im Jahr 2008 wurde die Strafzumessungslösung zur Kompensation der Verletzung des Beschleunigungsgebots anerkannt. Der BGH hat das System der Kompensation 2008 gewechselt, sodass nun der Verstoß gegen das Beschleunigungsgebot durch die Vollstreckungslösung kompensiert wird. Dieser Abschnitt beschäftigt sich mit den Rechtsfolgen des Verstoßes gegen das Beschleunigungsgebot.

I. Strafzumessungslösung

A. Entwicklung durch die Rechtsprechung

Der BGH hat vor allem die Strafzumessungslösung unterstützt. Die rechtsstaatswidrige Verzögerung wird als Strafmilderungsgrund betrachtet und die Verzögerung wird mittels der strafmildernden Berücksichtigung im Rahmen der Strafzumessung ausgeglichen.[653]

Das BVerfG hat die Strafzumessungslösung weiter konkretisiert, indem die rechtsstaatswidrige Verzögerung in der Regel mit den prozessualen Mitteln (§ 153, 153a, 154, 154a StPO) kompensiert werden muss. Wenn verfahrensrechtliche Mittel nicht möglich seien, dann sei es regelmäßig geboten und genügend, die überlange Verfahrensdauer im Rahmen des Rechtsfolgenausspruchs in Betracht zu ziehen.[654] Die frühere Rechtsprechung sah eine strafmildernde Berücksichtigung im Rahmen des Rechtsfolgenausspruchs als erforderlich an, um die Verletzung des Beschleunigungsgebots auszugleichen. Nun stellt das BVerfG eine eingehende Vorgabe für die Art und Weise der Kompensation und deren Ausführung im Urteil auf.[655]

---

653 BGHSt 24, 239, 242; BGH NStZ 1982, S. 292; NJW 1990, S. 56; NStZ 1992, S. 230; NJW 1999, S. 1198.

654 BVerfG, Vorprüfungsausschuss, NStZ 1984, S. 128.

655 Plankenmann, Überlange Verfahrensdauer, S. 101.

Im Jahr 1997 wurde die Strafzumessungslösung durch das BVerfG weitere konkretisiert. Der Ausgleich einer rechtsstaatswidrigen Verfahren wird in zwei Stufen geprüft. Vor allem sind die Art und der Umfang sowie der Grund der Verzögerung konkret festzustellen. Dann muss der Umfang der Kompensation durch einen Vergleich der an sich verwirkten mit der tatsächlich verhängten Strafe explizit und konkret festgesetzt werden.[656] Unterlässt es das Gericht, die Art und das Ausmaß der Verzögerung zu bestimmen und die Kompensation der rechtsstaatswidrigen Verfahrensverzögerung ausdrücklich zu berechnen, ist der Rechtsfolgenausspruch aufzuheben.[657]

B. Grundlage der Strafzumessungslösung und deren Kritik

Vor allem basierte die Strafzumessungslösung zur Kompensation der Verletzung des Beschleunigungsgebots auf der Auffassung, dass die Verletzung des Beschleunigungsgebots einen Strafmilderungsgrund darstellt. Die Rechtsprechung des BVerfG stellte dar:

> *„Schuldmindernd wirken rechtsstaatswidrige Verfahrensverzögerungen zumeist deshalb, weil das sachlich nicht veranlasste Andauern der Strafverfolgung den Beschuldigten im Regelfall besonderen Belastungen aussetzt […], die zum Teil sanktionsähnlichen Charakter haben.“*[658]

Wenn die Belastung wegen des Verstoßes gegen das Beschleunigungsgebot nach § 46 Abs. 1 S. 1 ausgeglichen wird, geht die Kritik von dem Begriff der Schuld i.S.v. § 46 Abs. 1 S. 1 StGB aus. Die Schuld i.S.v. § 46 Abs. 1 S. 1 StGB meint die Tatschuld, d.h. die aus einer bestimmten Handlung oder Unterlassung resultierende Schuld.[659] Die Tatschuld ergibt sich durch die Ermittlung der Schwere der Tat in ihrer Bedeutung für die verletzte Rechtsordnung und des Grads der persönlichen Schuld des Täters.[660] Die Schuld i.S.v. § 46 Abs. 1 S. 1 StGB ist das individuelle Maß des dem Täter für die konkrete Tat zu machenden Vorwurfs.[661]

---

656 BVerfG NStZ 1997, S. 591; BGHSt 45, 308, 309; BGH NStZ 1997, S. 452; NStZ-RR 1998, S. 108; NJW 1999, S. 1199; NStZ 1999, S. 314; NStZ-RR 2000, S. 343; StV 2002, S. 598; NJW 2003, S. 2759; wistra 2004, S. 184; NStZ 2007, S. 539.

657 BGH, 20.01.2004, 5 StR 581/03, Rn. 5 = HRRS, 2004 Nr. 364; BGH, 24.01.2006, 4 StR 456/05, Rn. 4.

658 BVerfG NStZ 2006, S. 681, Ziff. 5.

659 Vgl. Sch/Sch-Stree/Kinzig, StGB, § 46 Rn. 4.

660 BGHSt 20, 264, 266; vgl. auch Sch/Sch-Stree/Kinzig, StGB, § 46 Rn. 4; LK StGB-Theune, § 46, Rn. 5.

661 Fischer, StGB, § 46, Rn. 5.

Die Verletzung des Beschleunigungsgebots ergibt sich nicht aus einem Verhalten des Beschuldigten, sondern aus einem Verhalten der Justizorgane. Die Kompensation nach § 46 Abs. 1 S. 2 durchzuführen, ist auch ungeeignet. Diese Vorschrift ergänzt die Umstände, die zu berücksichtigen sind, zwar damit, dass auch die von der Strafe für das künftige Leben des Täters ausgehenden Wirkungen berücksichtigt werden müssen. Obwohl die besonderen Belastungen wegen der Verfahrensverzögerung als Strafe wahrgenommen werden, sind sie keine Wirkung der Strafe.[662] Daneben erfolgt die Strafzumessung nach § 46 Abs. 2 durch die Abwägung der subjektiven, in der Person des Täters liegenden Umstände.[663] Die Bemessung der Strafe nach § 46 Abs. 2 berücksichtigt das Nachtatverhalten des Täters, das einen Rückschluss auf die Haltung des Täters bei der Begehung der Tat zulässt und damit die Tatschuld abmildern kann.[664] Die rechtsstaatswidrige Verfahrensverzögerung ist ein nur das Verfahren kennzeichnender Umstand. Dieser Umstand steht mit der Tat in keinem Zusammenhang.[665] Daher ist weder § 46 Abs. 1 noch § 46 Abs. 2 als die Grundlage zur Kompensation des Verstoßes gegen das Beschleunigungsgebot geeignet.

Angesichts der Kritik an der Strafzumessungslösung, die davon ausgeht, dass ein unmittelbarer Zusammenhang zwischen der Tatschuld und den Belastungen des Beschuldigten vorliegt, oder die Belastungen keine Auswirkung auf die Strafe haben, wurden teilweise Auffassungen vorgeschlagen, um die Kritikpunkte zu umgehen.

Ein Teil der Auffassung befürwortet, dass die rechtsstaatswidrige Verfahrensverzögerung ein schuldunabhängiger Strafmilderungsgrund ist.[666] Diese Auffassung richtet sich gegen die Anforderung, dass die außerhalb der Person des Täters liegenden Vorgänge ungeeignet sind, die Schuld zu verringern. Die Einschränkung von Strafzumessungstatsachen auf schuldabhängige Elemente entspricht sowohl den gesetzlichen Vorgaben als auch der Rechtsprechung zur Strafzumessung.[667] Bruns hat die wesentliche Begründung des schuldunabhängigen Strafmilderungsgrunds angeführt. Die Schuld i.S.v. § 46 Abs. 1 S. 1 in Bezug auf das Schuldprinzip meint die Schuld i.S.v. Vorwerfbarkeit und die

---

662 Kraatz, JR 2006, S. 405.

663 Sch/Sch-Stree/Kinzig, StGB, § 46 Rn. 6.

664 BGH NJW 1971, S. 1758; NStZ 1981, S. 257; NStZ 1985, S. 545; NStZ 1998, S. 404; SK StGB-Horn, § 46, Rn. 132.

665 Baumanns, Beschleunigungsgrundsatz, S. 205.

666 Paschmanns, Verfahrenseinstellung, S. 134; Ziegert, StraFo 2008, S. 322.

667 BGHSt 24, 241, 242; BGH NStZ 1983, S. 135; StV 1984, S. 97; NStZ 1986, S. 162.

Strafzumessungsschuld. Während der Inhalt der Schuld i.S.v. Vorwerfbarkeit die Tatbestandsseite der strafrechtlichen Norm darstellt, erwähnt die Strafzumessungsschuld die Intensität der Störung der Rechtsordnung durch die Tat.[668] Unter der Berücksichtigung des Strafzwecks wird die Schuld i.S.v. § 46 Abs. 1 S. 1 als Schuldausgleich verstanden.[669] Die Strafe soll den Rechtsgüterschutz und Rechtsfrieden durch einen gerechten Schuldausgleich schaffen, sodass die Strafe nicht nur nach dem Maß der Tatschuld, sondern auch danach festgestellt werden muss, mit welcher Strafe ein gerechter Schuldausgleich erreichbar ist.[670] Der Schuldausgleich stellt die Ablösung der „Sühne oder Vergeltung" dar. Die Schuld dient nicht nur der Strafzumessung, sondern bestimmt auch die Höhe der Strafe. Es ist nicht erforderlich, die schuldabhängigen oder schuldunabhängigen Strafzumessungstatsachen i.S.v. Schuldprinzip zu differenzieren, sondern festzulegen sind die Strafzumessungssachen, die zum Schuldausgleich geeignet ist. Bei dem Schuldausgleich sind die schuldunabhängigen Gesichtspunkte in Rechnung zu stellen, da sie auf das Schuld-Sühne-Prinzip einwirken.[671] Schäfer hat diese Auffassung weit verbreitet und die strafzumessungsrelevanten Tatsachen in drei Fallgruppen eingeordnet - die Wirkung der Strafe, die Folgen der Tat für den Täter und die Wirkung des Verfahrens - eingeordnet.[672] Nach dieser Auffassung kann die aus der rechtsstaatswidrigen Verzögerung des Verfahrens resultierende Belastung nach § 46 Abs. 1 S. 1 bei der Strafzumessung kompensiert werden.

Die Auffassung der rechtsstaatswidrigen Verzögerung als ein schuldunabhängiger Strafmilderungsgrund wurde wie folgt kritisiert. Die Berechnung des Maßes der Kompensation durch einen Abschlag, der genau beziffert werden muss, ist aufgrund seiner Mathematisierung dem Strafzumessungsrecht fremd.[673] Nach der Rechtsprechung und herrschenden Lehre wird bei der Strafzumessung die Spielraumtheorie verwandt. Danach hat der Richter den Spielraum zwischen der schon und der noch schuldangemessenen Strafe, die konkret zu verhängende Strafe festzustellen. Die konkrete Strafe soll der Richter unter Berücksichtigung aller im Einzelfall für und gegen den Täter sprechenden, ausdrücklichen

668 Münchener Kommentar StGB-Frank, § 46, Rn. 12; Bruns, MDR 1987, S. 179

669 Münchener Kommentar StGB-Frank, § 46, Rn. 13; auch Bruns, MDR 1987, S. 179; Ziegert, StraFo 2008, S. 323.

670 LK StGB-Theune, § 46 Rn. 8.

671 Bruns, MDR, 1987, S. 179; Ziegert, StraFo 2008, S. 323.

672 Schäfer/Sander/van Gemmeren, Strafzumessung, Rn. 716.

673 Plankenmann, Überlange Verfahrensdauer, S. 129.

Umständen subjektiv feststellen.[674] Dagegen ist die Feststellung eines konkreten Strafanteils einzelner Strafzumessungsgesichtspunkte zum bestimmten einer exakt ermessenen Kompensation der rechtsstaatswidrigen Verzögerung nach deutschem Strafzumessungsrecht weder erforderlich noch möglich.[675] Im Übrigen führt ein schuldunabhängiger Strafmilderungsgrund zur Unterschreitung der an sich schuldangemessenen Strafe. Ob eine Konventionsverletzung durch die Verkündung einer Unterschreitung der an sich schuldangemessenen Strafe kompensiert werden kann, ist keineswegs gesichert.[676]

Einige Autoren vertreten, dass die Belastung der rechtsstaatswidrigen Verfahrensverzögerung eine strafähnliche Wirkung entfaltet, womit die Anforderung des § 46 Abs. 1 S. 2 erfüllt ist.[677]

Die wegen der rechtsstaatswidrigen Verzögerung bedingte Verfahrensbelastung ist eine informelle „Vorab-Bestrafung", die bei der Strafverhängung berücksichtigt und gemildert werden muss.[678] Die Anerkennung des Aspekts der „strafähnlichen Wirkung" begründet diese Auffassung.[679] Im Strafverfahren verpflichtet der Beschuldigte sich nicht, aktiv zur Überführung der Tat zu kooperieren.[680] Er soll die mit dem Strafverfahren notwendige vorgebrachte Belastung dulden.[681] Je länger das Strafverfahren andauert, umso stärker werden die Belastungen regelmäßig. Der Beschuldigte muss die genannten Belastungen nur bis zu einer gewissen Grenze hinnehmen, bis zu der das Gericht das Verfahren im normalen Zeitraum durchführt. Bei einer rechtsstaatswidrigen Verfahrensverzögerung hat der Beschuldigte sich den unnötigen Belastungen ausgesetzt. Der Staat hat durch diese Verzögerung über den Beschuldigten eine strafähnliche Sanktion verhängt. Der Beschuldigten wird in ungerechtfertigter Weise zusätzlich bestraft, wenn dieses vorweggenommene Übel bei der Sanktionsbestimmung wieder ausbalanciert würde.[682] Diese Akzeptanz der strafähnlichen Wirkung der rechtsstaatswidrigen Verfahrensverzögerung haben der

674 BGHSt 7, 28, 32; BGHSt 20 264, 266 f; auch SSW-StGB-Eschelbach, § 46 Rn. 42; Plankenmann, Überlange Verfahrensdauer, S. 131.
675 SSW-StGB-Eschelbach, § 46 Rn. 54.
676 Münchener Kommentar StGB-Radtke, vor § 38 Rn. 58.
677 Kraatz, JR 2006, S. 405; Schroth, NJW 1990, S. 31; Waßmer, ZStW 2006, S. 185; Ziegert, StraFo 2008, S. 324.
678 Baumanns, Beschleunigungsgrundsatz, S. 206.
679 Kloepfer, JZ 1979, S. 214; Schroth, NJW 1990, S. 30.
680 BGHSt 45, 367, 368.
681 Beulke, StPO, Rn. 127.
682 I. Roxin, StV 2008 S. 17.

BGH sowie das BVerfG bestätigt. Die Rechtsprechung des BVerfG hat wiederholt dargestellt:

> *„Diese Belastungen,* ***die in ihren Auswirkungen der Sanktion*** *selbst gleichkommen können [...], treten mit zunehmender Verzögerung des Verfahrens in Widerstreit zu dem aus dem Rechtsstaatsgebot abgeleiteten Grundsatz, wonach die Strafe verhältnismäßig sein und in einem gerechten Verhältnis zu dem Verschulden des Täters stehen muss [...]. Aus diesem Grund muss sich eine rechtsstaatswidrige Verfahrensverzögerung bei der Strafzumessung auswirken, wenn sie nicht im Extrembereich zur Einstellung [...] oder zum Vorliegen eines unmittelbar aus dem Rechtsstaatsgebot des Grundgesetzes herzuleitenden Verfahrenshindernisses führt.“*[683]

Der BGH hat formuliert:

> *„Bei überlanger Verfahrensdauer [...] wirkt das in der ständigen Belastung liegende-der Strafe schon vorweggenommene- Übel strafmindernd.“*[684]

Diese Anschauung trifft auf scharfe Kritik. Es geht darum, ob eine wegen Verfahrensverzögerung verursachte Belastung eine strafähnliche Wirkung hat. Diese Kritik entspringt dem Wesen der Strafe. Die Strafe ist „jeder staatliche Eingriff in Rechtsgüter einer Person, der mit der Intention der Übelzufügung aufgrund eines vorangegangenen Verhaltens vorgenommen wird“.[685] Unter dieser Definition stellt die Strafe den staatlichen Eingriff in Rechtsgüter des Beschuldigten einerseits und eine Übelzufügung und die damit verbundene Missbilligung der Rechtsgemeinschaft andererseits dar.[686] Bei der Verletzung des Beschleunigungsgebots liegt ein staatlicher Eingriff in Rechtsgüter des Beschuldigten offensichtlich vor. Die rechtsstaatswidrige Verfahrensverzögerung handelt sowohl dem Recht aus Art. 6 Abs. 1 EMRK als auch den Grundrechten gem. Art. 1 und Art. 2 Abs. 3 GG zuwider. Bei der Belastung der Verfahrensverzögerung handelt es sich nicht um eine Folge, die vom Staat intendiert wird. Daneben dient die Belastung der Verfahrensverzögerung auch nicht dem Ausgleich der sozialethischen Missbilligung.

Im Übrigen geht die Kritik auch von dem Strafzweck aus. Laut der derzeitigen Auffassung bezweckt die Strafe die Prävention.[687] Die Strafe soll nicht nur auf den Täter einwirken, um dessen Resozialisierung und die Vermeidung künftiger

---

683 BVerfG NJW 1993, 3255; vgl. ebenso BVerfG NJW, S. 2473; NJW 1995, S. 1277; NJW 2003, S. 225; NStZ 2006, S. 681.

684 BGH NStZ 1989, S. 526; vgl. auch BGH NJW 1990, 1000 f.

685 Frister, Schuldprinzip, S. 16; auch LK StGB-Weigend, Einl., Rn. 63.

686 Baumanns, Beschleunigungsgrundsatz, S. 222.

687 Frister, Strafrecht AT, Kap. 2, Rn. 26; Roxin, Strafrecht AT, § 3 Rn. 37.

Straftaten zu erreichen, sondern auch die Allgemeinheit beeinflussen, indem sie die normbestärkenden Effekte auslöst und potenzielle Täter abschreckt.[688] Durch das Übel des überlangen Verfahrens kann dieser präventive Zweck der Strafe nicht erfüllt werden, sodass diese durch die rechtsstaatswidrige Verzögerung verursachte Belastung mit der Strafähnlichkeit nicht gleichzusetzen ist, selbst wenn die Verletzung des Beschleunigungsgebots wegen der anhaltenden Unklarheit des Ergebnisses des Verfahrens das quälende Empfinden darstellen kann.[689] Darüber hinaus könnte die Kompensation der rechtsstaatswidrigen Verzögerung durch den Verzicht auf die volle Strafhöhe die generalpräventive Wirkung der Strafe stören. Die generalpräventive Wirkung wird durch eine glaubwürdige Strafe entfaltet. Eine unverständliche Unterschreitung der schuldangemessenen Strafe führt zu einer unglaubwürdigen Bestrafung.[690]

C. Kompensationslücken in der Strafzumessungslösung

1. Lebenslange Freiheitsstrafe

Bei einer Tat, die mit lebenslanger Freiheitsstrafe verbunden ist, bestand die Anwendungslücke, dass aufgrund der absoluten Strafdrohung die Belastung der rechtsstaatswidrigen Verzögerung durch die strafmildernde Berücksichtigung im Rahmen der Strafzumessung nicht kompensiert werden kann.[691] In der Rechtsprechung könne die Kompensation durch die Annahme der außergewöhnlichen Umstände bei Heimtücke zu einer Strafrahmenverschiebung führen.[692] Diese Auffassung wurde nicht von der folgenden Entscheidung des BGH angenommen. Ein anderer Fall hat die Milderung mit lebenslanger Freiheitsstrafe nicht anerkannt. Der Senat behauptete, dass die absolute Strafandrohung sich nicht ändert. Weil Mord nach § 78 Abs. 2 StGB unverjährbar ist, vermutete man anhand der gesetzgeberischen Entscheidung, dass der Gesetzgeber keine Verschiebung der absoluten Strafandrohung gewollt hat.[693] Das BVerfG

688 Frister, Strafrecht AT, Kap. 2, Rn. 26; Murmann, Strafrecht, § 8 Rn. 45; Roxin, Strafrecht AT, § 3 Rn. 37, Wessels/Beulke/Satzger, Strafrecht AT, Rn. 23.

689 Baumanns, Beschleunigungsgrundsatz, S. 223.

690 Sch/Sch StGB 27 – Lenckner/Perron/Stree, vor §§ 38 ff. Rn. 18a.

691 Dieses Problem besteht vor allem darin, dass die Sache in einem langen zeitlichen Abstand zwischen Tat und Urteil behandelt wurde. Vgl. BGHSt 41, 72, 93; BGH StV 2002, S. 598. Die gleiche Anwendungslücke könnte im Fall der rechtsstaatswidrigen Verzögerung denkbar sein. BGH NJW 2006, S. 1529 ff.

692 BGHSt 41, 72, 94.

693 BGH StV 2002, S. 599; auch BGH NJW 2006, S. 1535.

hat diese Auffassung auch befürwortet und näher erläutert. Die Begründung des BVerfG ging zuerst vom Willen des Gesetzgebers aus, dass das Tatunrecht mit der Verhängung der lebenslangen Freiheitsstrafe für ausreichend gehalten werden, wenn der objektive und subjektive Tatbestand verwirklicht ist. Nach diesem gesetzgeberischen Willen müssen die anderen schuldbeeinflussenden Faktoren unberücksichtigt gelassen werden.[694] Nach § 211 StGB wird die lebenslange Freiheitsstrafe nicht verhängt, wenn die konkrete Tatschuld bei Subsumtion unter den Tatbestand mit dem aus den Mordmerkmalen resultierenden Unrechtsgehalt ausnahmsweise nicht vereinbar ist und die Bestrafung durch die absolute Strafe deshalb unverhältnismäßig wäre.[695] Unter der Berücksichtigung der außergewöhnlichen Strafmilderungskriterien in § 211 wird bislang nicht nur ein Zeitraum zwischen Tat und Verurteilung[696], sondern auch eine verzögerte Sachbearbeitung der Justizbehörde nicht in Erwägung gezogen.[697] Daneben hat die Begründung des BGH anerkannt, dass die lange Verfahrensdauer und die rechtsstaatswidrige Verzögerung auf die Strafandrohung des Mordes nicht beeinflussen, weil Mord gem. § 78 Abs. 2 StGB von der Verjährungsregel ausgenommen ist. Der Gesetzgeber erhellt seine Intention, dass der zeitliche Faktor nicht als schuldmindernd bewertet wird und das staatliche Interesse an der Strafverfolgung nicht stört.[698] Damit hat der EGMR moniert, dass das deutsche Rechtssystem keine wirksame Vorgehensweise zur Kompensation der rechtsstaatswidrigen Verzögerung beim Vorliegen einer absoluten Strafandrohung anbietet.[699]

Im Schrifttum wird diese vom BGH und BVerfG angenommen Auffassung unterschiedlich bewertet. Schneider hat diese Auffassung befürwortet. Die rechtsstaatswidrige Verfahrensverzögerung wurde nicht im Sinne eines außergewöhnlichen Faktors der vom BGH aufgestellten[700] zur Verdrängung der absoluten Strafandrohung verstanden, weil die außergewöhnlichen Umstände sich aus der Persönlichkeit des Täters oder den Besonderheiten der Tat ergeben

---

694 BVerfGE 86, 288, 310, 323; BVerfG NStZ 2006, S. 682, Rn. 8.

695 BGH 30, 105 ff.; BGH NStZ 2005, S. 154 f.

696 BGH StV 2002 S. 599.

697 BVerfG NStZ 2006, S. 682 f, Rn. 9.

698 BVerfG NStZ 2006, S. 683, Rn. 11.

699 EGMR JR 2009, S. 173.

700 Die Rechtsfolgenlösung besteht darin, dass eine lebenslange Freiheitsstrafe im Falle eines heimtückisch ausgeführten Mordes nicht verhängt wird, wenn „außergewöhnliche Umstände" vorliegen. Dies entspricht dem Verhältnismäßigkeitsprinzip. Vgl. BGH 30, 105; BGHSt 48, 255; NK StGB-Neumann, vor § 211 Rn. 161.

müssen.[701] Neumann hat erklärt, dass der „qualitative Sprung“ von der lebenslangen zu einer Freiheitsstrafe im Gesetz jeder Grundlage entbehrt.[702]

Manche Autoren haben die oben geschilderte Auffassung abgelehnt und dies wie folgt begründet. Zunächst muss das nationale Recht, das vom Zeitpunkt seines Inkrafttretens unabhängig ist, aus Perspektive der Völkerrechtsfreundlichkeit und prinzipiell konventionskonform ausgelegt werden.[703] Der Staat muss in einem wirksam eröffneten Rechtsweg die Feststellung der Verletzung des Beschleunigungsgebots anbieten. Falls eine Verletzung festgestellt wird, muss eine Kompensation erfolgen.[704] Das Beschleunigungsgebot gilt für das Strafverfahren wegen Mord. Damit entspricht die Behebung der Kompensationsmöglichkeit bei einer Verletzung des Beschleunigungsgebots im Fall von Mord der völkerrechtskonformen oder völkerrechtsfreundlichen Auslegung nicht. Dann wurde der Begründung der Ablehnung der Kompensation der rechtsstaatswidrigen Verfahrensverzögerung im Fall des Mords mit der Regel der Verjährung gem. § 78 Abs. 2, nach der die Verjährung bei Mord ausgeschlossen ist, widersprochen. Der § 78 Abs. 2 StGB schreibt die Verjährungsfrist vor, weil sich die Beweislage mit dem Zeitablauf verschlechtert[705] und das Bedürfnis nach staatlichen Strafen abnimmt[706]. Der Gesetzgeber berücksichtigte bei der Ausnahme der Verjährung beim Mord nur den objektiven Aspekt der Auswirkung des Zeitablaufs seit der Begehung der Straftat. Die Relativierung des staatlichen Strafanspruchs beim Mord wegen des Zeitablaufs seit der Straftat wurde abgelehnt. Dabei meinte der Gesetzgeber nicht, dass die Kompensation der Verzögerung beim Mord auch nicht in Erwägung zu ziehen ist.[707] Schließlich hat der Verfasser ausgeführt, dass die absolute Strafdrohung durch die Rechtsfolgenlösung abdrängbar ist, wenn „außergewöhnliche Umstände“ vorliegen. Die rechtsstaatswidrige Verzögerung soll auch im Sinne des außergewöhnlichen Umstands verstanden werden. Die Rechtsprechung des BGH, in der die lange Verfahrensdauer nicht als außergewöhnlicher Umstand zum Absehen von lebenslanger Freiheitsstrafe verstanden wurde, ist zweifelhaft, weil die Rechtsprechung nicht durch das

701 Münchener Kommentar StGB-Schneider, § 211 Rn. 221.
702 NK StGB-Neumann, § 211 Rn. 127.
703 BVerfGE, 64, 1, 20; BVerfGE, 111, 307, 325;
704 Gaede, JR 2007, S. 254; Hoffman-Holland, ZIS 2006, S. 540.
705 BGHSt 8, 269, 270.
706 BGHSt 29, 370, 372.
707 Hoffman-Holland, ZIS 2006, S. 540; die Differenz zwischen die lange Verfahrensdauer und die rechtsstaatswidrige Verzögerung des Strafverfahrens hat schon verfasst. Vgl. 2. Abschnitt I.B.2.

BVerfG inhaltlich überprüft wird.[708] Die abschließende Darlegung oder Aufzählung der außergewöhnlichen Umstände zum Absehen von absoluter Strafdrohung ist nicht möglich.[709] Der außergewöhnliche Umstand besteht darin, dass die konkrete Tatschuld bei Subsumtion unter den Tatbestand mit dem durch die Mordmerkmale vorgegebenen Unrechtsgehalt im Ausnahmefall nicht vereinbarte und die Verkündung der absoluten Strafdrohung deshalb unverhältnismäßig gewesen wäre. Die konventionswidrige Verzögerung trifft auch auf diese Sachlage zu, weil sie den aus der Erfüllung des Straftatbestandes abzuleitenden Unrechtsgehalt mindert.[710] Gaede beanstandete, dass der BGH die lebenslange Freiheitsstrafe eilig de lege lata zur unabänderlichen gesetzgeberischen Vorgabe werden ließ. Im Schrifttum und in der Rechtsprechung wurde die Behauptung aufgestellt, dass die aus dem Nationalsozialismus stammende Vorschrift bezüglich des Mords reformiert werden soll.[711] Es soll überprüft werden, ob diese Vorschrift derzeit im Zuge der herrschenden objektivierenden Gesetzesauslegung verfassungs- und konventionskonform auszulegen sein könnte. Gaede hat die Auffassung von Hoffmann-Holland anerkannt, die rechtsstaatswidrige Verfahrensverzögerung als einen außergewöhnlichen Umstand zu betrachten, weil die Verletzung des Beschleunigungsgebots zur Unrechtsrelativierung führt.[712] Die erweiterte Rechtsfolgenlösung durch Rechtsfortbildung, um eine Konformität von Verfassung und EMRK herzustellen, ist möglich.[713]

Der Einwand gegen die Ablehnung der Annahme der Verschiebung der lebenslangen Freiheitsstrafe zur Kompensation der rechtsstaatswidrigen Verzögerung, ging davon aus, dass die Ablehnung der Kompensation der rechtsstaatswidrigen Verzögerung mit dem Verlangen der konventionskonformen Auslegung nicht vereinbar ist, und dass die rechtsstaatswidrige Verfahrensverzögerung als „außergewöhnlichen Umstands“ gilt. Um diese Auffassung zu bewerten, sollen diese zwei Behauptungen näher erläutert werden. Die Aussage ist zutreffend, dass das nationale Recht, das das Gewicht auf das Völkerrecht legt, die unmögliche Kompensation möglich machen müsste. Wenn der Vertragsstaat untätig bleiben würde, kann er die konventionskonforme Auslegung nicht erfüllen.[714]

708 Krehl, StV 2006, S. 412.
709 BGHSt 30, 105, 119.
710 Hoffman-Holland, ZIS 2006, S. 540.
711 NK StGB-Neumann, vor § 211 Rn. 169; BVerfGE 45, 187, 222.
712 Gaede, JR 2007, S. 255.
713 Gaede, JR 2007, S. 255.
714 Gaede, JR 2007, S. 254; Hoffman-Holland, ZIS 2006, S. 540.

Dies könnte die Auffassung nicht ohne Weiteres begründen, dass die Kompensation durch das Absehen von der lebenslangen Freiheitsstrafe zutreffend wäre. Die Verletzung des Beschleunigungsgebots könnte durch die finanzielle Entschädigung ausgeglichen werden, sodass die Anlehnung der Kompensation durch die Verschiebung der lebenslangen Freiheitsstrafe nicht dazu führt, dass die Anforderungen des EGMR missachtet werden. Die von der Rechtsprechung aufgestellte Rechtsfolgenlösung zur Verschiebung der lebenslangen Freiheitsstrafe baut darauf auf, bei Vorliegen des außergewöhnlichen Umstands den Unrechtsgehalt des verwirklichten Mordmerkmals herabzusetzen.[715] Die Rechtsfolgenlösung ist begrenzt auf die im § 211 Abs. 2 vorgeschriebenen Mordmerkmalen.[716] Damit wird die rechtsstaatswidrige Verfahrensverzögerung nicht vom Begriff des außergewöhnlichen Umstands erfasst. Die rechtsstaatswidrige Verfahrensverzögerung im Fall des Mords kann unter dem Betracht der erweiterten Rechtsfolgenlösung durch die Strafzumessung nicht kompensiert werden.[717]

Angesichts der Besonderheit der absoluten Strafdrohung, deren Verhängung lediglich unter der Berücksichtigung des Tatunrechts, das aus der Verwirklichung von objektivem und subjektivem Tatbestand abzuleiten ist,[718] hat die Verfahrensverzögerung keinen Einfluss auf das Tatunrecht. Die Verschiebung der lebenslangen Freiheitsstrafe zur Kompensation der rechtsstaatswidrigen Verzögerung ist nicht zutreffend. Die Kompensation der Verletzung des Beschleunigungsgebots im Strafverfahren, das sich dem Beschuldigten der Mord verworfen, könnte durch die Vollstreckung[719] oder die finanzielle Entschädigung ausgeglichen werden.

2. *Kompensationslücke bei Freispruch*

Die Strafzumessungslösung kann keine Kompensation des Verstoßes gegen das Beschleunigungsgebot leisten, wenn das Gericht den Angeklagten freispricht, weil es wegen des Freispruchs keinen Rechtsfolgenausspruch gibt und damit eine Strafmilderung undurchführbar ist.[720] Dieses Problem ist durch die

---

715 BGH NStZ 1982, S. 69; BGH NJW 1983, S. 55; BGH NStZ 1984, S. 20; BGH NStZ 1995, 231 f; BGH NStZ 2005, S. 155; Fischer, StGB, § 211 Rn. 101; Münchener Kommentar StGB-Schneider, § 211 Rn. 276; Sch/Sch StGB 28-Eser/Sternberg-Lieben, § 211 Rn. 57.

716 Fischer, StGB, § 211 Rn. 46, 104; NK StGB-Neumann, § 211 Rn. 128.

717 Die Vollstreckungslösung bietet die Möglichkeit der Lösung. Siehe 3. Abschnitt II.A.

718 BVerfGE 86, 288, 310, 323.

719 BGHSt 52, 124, 136; NK StGB-Neumann, § 211 Rn. 127.

720 Plankenmann, Überlange Verfahrensdauer, S. 122; Scheffler, Die überlange Dauer, S. 202.

Vollstreckungslösung nicht zu beheben, weil mangels eines Rechtsfolgenausspruchs keine Strafe zur Kompensation der rechtsstaatswidrigen Verzögerung als vollstreckt gelten kann.[721]

3. Kompensationslücke wegen der Unterschreitung der gesetzlichen Mindeststrafe

Der BGH hat im Jahr 2007 einen Fall erfahrt, in dem die Kompensation der Verfahrensverzögerung durch die Milderung der tat- und schuldangemessenen Strafe im Rahmen der Strafzumessungslösung zu einer Unterschreitung der gesetzlichen Mindeststrafe geführt hätte.[722] Von diesem Geschehen wird die Gesetzesbindung der Gerichte (Art. 20 Abs. 3 GG) berührt, die die durch das StGB bestimmte Grenzen der Strafenfindung berücksichtigen müssen. Diese Überschreitung der gesetzlichen Mindeststrafe zur Kompensation der rechtsstaatswidrigen Verzögerung könnte durch übergeordnete rechtliche Aspekte nur dann begründet werden, wenn es keine andere Gelegenheit der Kompensation gibt, die den Grundsätzen des Strafzumessungsrechts des StGB entspricht.[723] Wegen dieses Falls sah der BGH sich veranlasst, auf die Strafzumessungslösung zum Ausgleich der überlangen Verfahrensdauer zu verzichten.[724]

Im Gegensatz zur Judikatur wurde in einigem Schrifttum dieses Problem aufgeklärt. Scheffler schloss seine Auffassung, dass die Milderung der Strafe unter der gesetzlichen Mindeststrafe zulässig ist, aus die von der Heimtückemord-Entscheidung aufgestellten Rechtsfolgenlösung des BGH. In dieser Heimtückemord-Entscheidung könnten außergewöhnliche Umstände die in § 211 vorgeschriebene lebenslange Freiheitsstrafe als unangemessen halten lässt, und diese könnte gemäß § 49 Abs. 1 Nr. 1 StGB von der lebenslangen Freiheitsstrafe abgesehen werden. Nach dieser Erklärungsweise ist eine Strafrahmenverschiebung bei anderen Vorschriften im StGB durchführbar.[725] Schroth argumentierte, dass die rechtsstaatswidrige Verfahrensverzögerung strafähnlichen Charakter hat. Dieser strafähnliche Charakter der rechtsstaatswidrigen Verzögerung muss als schon geleistete Strafe bei der Strafzumessung

721 Diese Kompensationslücke in der Strafzumessungslösung und der Vollstreckungslösung lässt sich durch die Verzögerungsentschädigung gem. § 198 GVG schließen. Siehe 3. Abschnitt. III

722 BGHSt 52, 124, 125.

723 BGHSt 52, 124, 129.

724 BGHSt 52, 124, 129.

725 Scheffler, Die überlange Dauer, S. 239 f.

berücksichtigt werden. Der EGMR hat verlangt, die Verletzung des Beschleunigungsgebots durch eine nachprüfbar ausgewiesene Strafmilderung zu kompensieren. Ein Staat verliert einen Teil der Strafgewalt, weil er wegen der Verhängung der informell sanktionsähnlichen Maßnahmen ohne gesetzliche Grundlage den Beschuldigten wiedergutmachen muss. Bei diesem Ausgleich setzt die untere Grenze des Spielraums der Schuld dem Tatrichter keine Schranken. Wird die Erfüllung der Kompensationspflicht ernst genommen, darf auch die gesetzliche Mindeststrafe insoweit nicht gelten.[726]

Die Auffassung von Scheffler ist unzutreffend, weil die Annahme der Verfahrensverzögerung im Sinne der außergewöhnlichen Umstände zu bezweifeln ist.[727] Der Standpunkt von Schroth ist auch mit Skepsis zu betrachten, weil der strafähnliche Charakter der Verfahrensverzögerung nicht einheitlich angenommen wird.[728]

II. Strafvollstreckungslösung

A. Anlass des Systemwechsels

Der 3. Strafsenat betraf den Fall, in dem das LG zur Gewährleistung der verfassungsrechtlich gebotenen Kompensation für den Verstoß gegen das Beschleunigungsgebot den Strafrahmen des § 306 Abs. 2 StGB nach § 49 Abs. 1 Nr. 2 Satz 1, Nr. 3 StGB gemindert hat. Die vom LG festgestellte Strafe unterschreitet die gesetzliche Mindeststrafe.[729] Der 3. Strafsenat hat die Entscheidung des LG nicht angenommen. Die Strafrahmenverschiebung unter der gesetzlichen Mindeststrafe hat er als unzulässig erklärt. Er regte die Ansicht an, der gebotene Ausgleich für die Verletzung des Beschleunigungsgebots durch die Anwendung des § 51 Abs. 1 Satz 1 StGB vorzunehmen. Auf diese Weise wird die Mindeststrafe als angemessene Strafe erkannt und in dem Urteil gleichzeitig ausgesprochen. Dann gilt ein bestimmter Teil der Strafe zur Kompensation der Verletzung des Beschleunigungsgebots als vollstreckt.[730] Der BGH hat seine Auffassung damit begründet, dass das Gericht bei der Kompensation der Verletzung des Beschleunigungsgebots nicht nur das Verlangen des GG oder der EMRK, sondern auch eine mit dem nationalen deutschen Straf- und Strafprozessrecht in

726 Schroth, NJW 1990, S. 30.
727 Siehe dazu 3. Abschnitt I.C.1.
728 Siehe dazu 3. Abschnitt I.B.
729 BGHSt 52, 124, 125.
730 BGHSt 52, 124, 126 f.

Einklang stehende Weise zur Durchführung der Kompensation beachten soll. Die Vorgehensweise des LG führt dazu, den einfachgesetzlichen Rahmen des Strafzumessungsrechts zu sprengen. Hierdurch könnte die Gesetzesbindung der Gerichte (Art. 20 Abs. 3 GG) verletzt sein, wenn der Richter die im StGB vorgeschriebenen Grenzen der Strafenfindung nicht achtet. Die Überschreitung der Mindeststrafe könnte aus übergeordneten rechtlichen Gesichtspunkten nur dann zulässig sein, wenn keine andere Möglichkeit die Verletzung des Beschleunigungsgebots ausgleichen kann. Die Kompensation durch die Vollstreckungslösung erfüllt sowohl die Vorgabe der EMRK als auch die verfassungsrechtlichen Vorgaben.[731] Die Erforderlichkeit des Systemwechsels ergibt sich im Fall des Mordes, in dem den Beschuldigten die absolute Strafandrohung trifft. In diesem Fall kann die Verletzung des Beschleunigungsgebots nicht durch die Strafzumessung kompensiert werden, weil es keine gesetzliche Milderungsmöglichkeit gibt.[732] Der Fall beschreibt einen Konflikt zwischen Straf- und Strafprozessrecht und verfassungs- sowie konventionsrechtlichen Vorgaben. Die Austragung dieses Konflikts soll die Bindung der Gerichte an die einfachgesetzlichen Vorschriften des StGB und der StPO so weit wie möglich respektieren.[733] Somit darf die gesetzliche Untergrenze der vorgeschriebenen Strafe nur dann unterschritten werden, wenn keine andere Möglichkeit zur Kompensation besteht. Das Vollstreckungsmodell hat diese andere Möglichkeit angeboten.[734] Die rechtliche Grundlage des Vollstreckungsmodells könnte sich in der Bestimmung der EMRK und deren Entschädigungsprinzip finden. Im innerstaatlichen Recht könnte sie aus der Vorgabe des § 51 Abs. 1 Satz 1, Abs 4 Satz 2 StGB ausführlich hergeleitet werden.[735] Im Vergleich zur Strafzumessungslösung hat die Vollstreckungslösung eine Überlegung erübrigt, ob für besondere Ausnahmefälle ein Unterschreiten der gesetzlichen Mindeststrafe oder gar ein Absehen von der gesetzlich vorgesehenen absoluten Strafbedrohung (lebenslange Freiheitsstrafe) berücksichtigt werden muss.[736]

Die Kompensation der Verletzung des Beschleunigungsgebots durch die Strafzumessungslösung stellt einen „Fremdkörper"[737] des deutschen

731 BGHSt 52, 124, 129.
732 Vgl. BGH, StV 2002, S. 598 f; BVerfG, NStZ 2006, S. 680 ff.
733 BGHSt 52, 127, 135.
734 BGHSt 52, 127, 135.
735 BGHSt 52, 127, 135.
736 BGHSt 52, 127, 136.
737 BGH. NStZ-RR 2006, S. 202.

Strafzumessungsrechts dar.[738] Während die Strafzumessung gem. § 46 Abs. 2 StGB allein die subjektive Beziehung des Täters zur Tat und sein Verhalten während und nach der Tat in Erwägung zieht, steht die Verfahrensverzögerung mit der Schuld der konkreten Tat in keinem Zusammenhang.[739] Das Bedürfnis des Ausgleichs der Verletzung des Beschleunigungsgebots durch Strafmilderung besteht darin, dass der Beschuldigte zum Opfer einer Verfahrensgestaltung geworden ist, die mit rechtsstaatlich Maßstäben nicht mehr vereinbart werden kann.[740] Diese Strafmilderung dient nicht dem gerechten Ausgleich von Unrecht und Schuld. Daher steht die Strafzumessung wegen der Verletzung des Beschleunigungsgebots nicht in Einklang mit dem Strafzumessungsrecht.

Übrigens sieht der BGH in seiner Rechtsprechung weitere Vorteile, die durch die Strafvollstreckungslösung erreicht werden. Die Vollstreckungslösung behält die tat-und schuldangemessene Strafe bei. Durch die Berücksichtigung der Kompensation durch die Strafzumessungslösung werde eine tat- und schuldunangemessene Strafe im Urteilstenor ausgesprochen, da bei der Strafzumessung eine schuldunabhängige Verfahrensverzögerung erfasst wird.[741] Zudem vereinfache die Strafvollstreckungslösung die Strafzumessung erheblich.[742] Der Richter braucht wegen des Systemwechsels im Rahmen der Strafzumessung nicht mehr eine in „mathematisierender Weise" bezifferte Strafe zu mildern, um eine Verfahrensverzögerung zu kompensieren.[743]

B. Vorgehensweise der Kompensation

Die Kompensation der rechtsstaatswidrigen Verfahrensverzögerung durch die Strafvollstreckungslösung nach dem Beschluss des BGH erfolgt in vier Stufen. Zuerst muss der Richter die Art und das Ausmaß der Verzögerung sowie deren Ursache ermitteln und im Urteil konkret feststellen.[744] Dann wird diese Feststellung als Grundlage für die Strafzumessung benutzt. Bei der Strafzumessung wird nicht nur der lange zeitliche Abstand zwischen Tat und Urteil, sondern auch die Belastung wegen einer langen Verfahrensdauer, die nicht rechtsstaatswidrig ist, strafmildernd berücksichtigt.[745] Im Anschluss muss das Tatgericht prüfen, ob die

738 Kraatz, JR 2008, S. 190.
739 Kraatz, JR 2008, S. 190.
740 Weber, JR 2008, S. 39.
741 BGHSt, 52, 127, 141.
742 BGHSt, 52, 127, 143.
743 Plankenmann, Überlange Verfahrensdauer, S. 146.
744 BGHSt, 52, 127, 146.
745 BGHSt, 52, 127, 146.

rechtsstaatswidrige Verfahrensverzögerung nur durch die ausdrückliche Feststellung in den Urteilsgründen genügend kompensiert wird.[746] Falls allein die Feststellung der Verzögerung nicht ausreicht, um die Verletzung des Beschleunigungsgebots auszugleichen, so muss das Gericht festlegen, welcher bezifferte Teil der Strafe zum Ausgleich der Verzögerung als vollstreckt gilt.[747] Wenn eine abgeurteilte Anklage gegen den Beschuldigten mehr Straftaten enthält, muss das Tatgericht zunächst den Abstand zwischen Tatzeitpunkt und Urteil sowie die Belastung des Angeklagten durch die Verfahrensdauer bei der Feststellung der Einzelstrafen im Rahmen der Strafzumessung mildernd berücksichtigen. Die Anrechnung ist ausschließlich auf die Gesamtstrafe durchzuführen, die durch eine Zusammenfassung der Einzelstrafen gebildet und in der Urteilsformel ausgesprochen wird, indem ein bezifferter Teil der Gesamtstrafe zur Kompensation der Verzögerung als vollstreckt gilt, weil allein die Gesamtstrafe Grundlage der Vollstreckung ist.[748]

Der Umfang der Kompensation hängt ab von dem Umfang der Verzögerung, die der Staat verantworten muss, dem Maß des Fehlverhaltens der Strafverfolgungsbehörden sowie den Auswirkungen all dessen auf den Beschuldigten.[749] Nach dieser Rechtsprechung wird die Kompensation zwar durch die analoge Anwendung des § 51 StGB vorgenommen, nach dem die Dauer der U-Haft im Verhältnis 1:1 auf die ausgesprochene Freiheitsstrafe angerechnet wird. Dennoch wird eine rechtsstaatswidrige Verfahrensverzögerung in einem deutlich geringeren Verhältnis als 1:1 kompensiert.[750] Diese Auffassung wird damit erklärt, dass die Belastung wegen der Verfahrensverzögerung nicht mit der Belastung der Untersuchungshaft gleichsetzbar ist.[751] Baumanns hat die Rechtsprechungen über die Kompensation der rechtsstaatswidrigen Verzögerung analysiert und einen Anrechnungsmaßstab von mindestens einem Achtel bis maximal der Hälfte der Dauer der Verzögerung herauskristallisiert. In der Regel erfolgt die Kompensation in einem Umfang von einem Viertel bis zu einem Drittel.

746 BGHSt, 52, 127, 146. Beispielsfall BGH StraFo 2008, S. 297; NJW 2010, S.1155; NStZ 2010, S. 640; NStZ 2012, S. 470; BGH, NStZ 2012, S. 653.

747 BGHSt, 52, 127, 146.

748 BGHSt, 52, 127, 147.

749 BGHSt, 52, 127, 147.

750 BGHSt 52, 127, 146f; Meyer, in EMRK Kommentar von Karpenstein/Mayer, Art. 6, Rn. 88.

751 Plankenmann, Überlange Verfahrensdauer, S. 179.

Ein Ausgleich bis zur Hälfte findet nur in Ausnahmefällen statt, in denen eine schwerwiegende Verletzung des Beschleunigungsgebots vorliegt.[752]

C. Vereinbarkeit der Vollstreckungslösung mit geltendem Recht

Die Literatur behauptet eine verfassungsrechtliche Gefahr des Systemwechsels. Ziegert äußerte, dass die Strafvollstreckungslösung nicht der ständigen Rechtsprechung des BVerfG sowie dem Grundsatz der verhältnismäßigen Strafen entspricht.[753] Imme Roxin erkannte durch die Einführung der Vollstreckungslösung sowohl eine Verletzung des Grundsatzes der verhältnismäßigen Strafen als auch einen Verstoß gegen das Resozialisierungsgebot.[754] Nach Salditt verstößt der Systemwechsel gegen den Bestimmtheitsgrundsatz (Art. 103 Abs. 2 GG).[755] Im Übrigen halten einige Teile des Schrifttums die Analogie zu § 51 StGB mit unterschiedlichen Begründungen für unzutreffend.[756]

1. Vereinbarkeit der Vollstreckungslösung mit der Rechtsprechung des BVerfG

Das BVerfG hat in seiner Rechtsprechung wiederholt entschieden, dass sich *„eine rechtsstaatswidrige Verfahrensverzögerung bei der Strafzumessung auswirken (muss), wenn sie nicht im Extrembereich zur Einstellung oder zum Vorliegen eines unmittelbar aus dem Rechtsstaatsgebot des Grundgesetzes herzuleitenden Verfahrenshindernisses führt“*.[757] Damit hat es die Kompensation der Verletzung des Beschleunigungsgebots durch Strafzumessung anerkannt.

In seiner Rechtsprechung hat das BVerfG nicht ausgesprochen, dass die Strafzumessungslösung die einige Kompensationsmöglichkeit ist, die zur verfassungsrechtlichen Anforderung der ausreichenden Kompensation führt. Die Rechtsprechung des BVerfG kann nur so interpretiert werden, dass die Strafzumessung eine verfassungskonforme Kompensation für eine rechtsstaatswidrige Verfahrensverzögerung darstellt. Der Einsatz eines neuen, bisher nicht betrachteten Lösungsmodells wird nicht vom BVerfG abgelehnt.[758]

---

752 Baumanns, Beschleunigungsgrundsatz, S. 292.

753 Ziegert, StraFo 2008, 326 f.

754 I. Roxin, StV 2008, S. 17.

755 Salditt, StraFo 2007, S. 513.

756 I. Roxin, FS-Volk, S: 632; Peglau, NJW 2007, S. 3299; Scheffler, ZIS 2008, S. 277; Heghmanns, ZIS 2008, S. 198.

757 BVerfG, NJW 1993, S. 3255; NJW 1995, S. 1277 f; NJW 2003, 2225; NStZ 2006, S. 681.

758 Reich, überlange Verfahrensdauer, S. 86.

2. *Verstoß gegen den Grundsatz verhältnismäßigen Strafens*

Imme Roxin hat die These behauptet, dass der Grundsatz verhältnismäßigen Strafens verletzt würde, wenn die rechtsstaatswidrige Verzögerung nicht in der Strafzumessung berücksichtigt würde, sondern durch die Strafvollstreckungslösung ausgeglichen würde, die die Strafhöhe unberührt lässt.[759]

Außer dem Erfordernis, die Strafhöhe nach dem Maß der Vorwerfbarkeit in Erwägung zu ziehen, benennt das BVerfG es auch als Aufgabe des Strafrechts, die elementaren Werte des Gemeinschaftslebens zu gewährleisten. Somit besteht eine angemessene Strafsanktion in der Herstellung des Schuldausgleichs, also auch in der Berücksichtigung einer besonderen Strafempfindlichkeit des Täters und der Beachtung besonderer strafähnlicher Folgen gem. § 60 StGB, sowie in der genügenden Betrachtung des Erfordernisses von Prävention und Resozialisierung des Täters. Der Verstoß gegen das Beschleunigungsgebot nach der Rechtsprechung des BGH wird von der „Tatferne" und „der langen Verfahrensdauer" getrennt. Die Kompensation der Verletzung des Beschleunigungsgebots dient nur dem Ausgleich des erlittenen Verfahrensunrechts, sodass der Verstoß gegen das Beschleunigungsgebot sowohl „die Strafempfindlichkeit" des Täters als auch präventive Belange nicht tangiert und die Kompensation des Beschleunigungsgebots nicht eine „Folge der Tat" nach § 60 StGB ist. Die Kompensation des Verstoßes gegen das Beschleunigungsgebot berührt nicht die Feststellung der Strafhöhe und somit verletzt die Kompensation durch die Strafvollstreckungslösung den Grundsatz verhältnismäßigen Strafens nicht.[760]

3. *Übereinstimmung mit Art. 103 Abs. 2 GG*

Nach Art. 103 Abs. 2 GG ist eine Tat nur bestrafbar, wenn die Strafbarkeit vor dem Begehren gesetzlich bestimmt war. Dieses Gebot gilt sowohl für die Festlegung der Strafbarkeitsvoraussetzung als auch für die Strafdrohung.[761] Der Einzelne soll nicht nur von Anfang an wissen können, was vom Strafrecht verboten wird, sondern auch, welche Strafe ihm bei dem Verstoß gegen das Verbot droht, damit er seines Verhalten nach der Regel einrichten kann.[762] Dieses Gebot gilt auch für die Voraussetzung der Strafaussetzung zur Bewährung (§ 56 StGB).[763]

---

759 I. Roxin, StV 2008, S. 17.

760 Reich, überlange Verfahrensdauer, S. 91; für eine nähere Auseinandersetzung vgl. dies., überlange Verfahrensdauer, S. 54 ff.

761 Sch/Sch StGB 29-Eser/Hecker, § 1, Rn. 23, Rn. 28.

762 BVerfGE 25 269, 285; BVerfGE 45, 363, 370.

763 Schmidt-Aßmann, Maunz-Düring, Art. 103 Abs. 2 GG, Rn. 197.

Nach Salditt führt die Einführung der Vollstreckungslösung zu einer Verkürzung der Bandbreite der Möglichkeit der Strafaussetzung zu Bewährung. Damit ist das Bestimmtheitsgebot verletzt.[764] Die Strafaussetzung zur Bewährung setzt dafür voraus, dass eine Freiheitsstrafe, die durch die Strafzumessung nach § 46 StGB im Ergebnis verkündet wird, unter zwei Jahren liegt. Die Einführung der Strafvollstreckungslösung könnte die Möglichkeit der Strafmilderung durch die Strafzumessung reduzieren, weil die Kompensation der rechtsstaatswidrigen Strafverfahrensverzögerung von der Strafzumessung ausgeschlossen ist.

Diese Ansicht von Salditt ist unhaltbar. Die Kompensation der Verletzung des Beschleunigungsgebots durch die Strafzumessung hält der BGH für einen „Fremdkörper" der Strafzumessung. Die Ausnahme der Kompensation von der Strafzumessung hat der BGH begründet und entspricht damit der Natur der Strafzumessung. Die Einführung der Strafvollstreckungslösung beschränkt sich nicht unmittelbar auf die Anwendung des § 56 StGB. Die Verkürzung der Bandbreite der Möglichkeit der Strafaussetzung zur Bewährung wegen der richtig verhängten Strafe durch die zutreffende Durchführung der Strafzumessung verstößt nicht gegen § 56 und somit ist der Bestimmtheitsgrundsatz unverletzt.

4. *Zulässigkeit der Analogie zu § 51 StGB*

Teils wird die Analogie zu § 51 StGB in der Strafvollstreckungslösung für fragwürdig gehalten. Vor allem wird der Einwand der mangelnden Vergleichbarkeit der U-Haft und der rechtsstaatswidrigen Verzögerung zum Ausdruck gebracht.[765] Bei der Anrechnung der U-Haft geht es um einen rechtmäßigen Freiheitsentzug, während es sich bei dem Verstoß gegen das Beschleunigungsgebot um eine rechtsstaatswidrige Handlung der Justizbehörden handelt. Bei einer rechtmäßigen strafverfahrensrechtlichen Maßnahme wird eine Strafmilderung durch die Strafzumessungslösung nicht verlangt, wenn die Strafe mit ihren von den Strafzwecken her zuerkannte Funktion im Einklang steht. Bei einer rechtfertigten Maßnahme besteht kein Grund, auf die Rechtsfolgen zu verzichten.[766] Angesichts der Aufopferung des Beschuldigten, um die effektive Strafverfolgung zu gewährleisten, soll seine Belastung durch eine Vollstreckungsmaßnahme ausgeglichen werden.[767] Die von einem rechtsstaatswidrigen Verhalten der

764 Salditt, StraFo 2007, S. 513.

765 I. Roxin, StV 2008, S. 15 f.; Schlothauer, StraFo 2011, S. 468.

766 I. Roxin, StV 2008, S. 16.

767 NK StGB-Kett-Straub, § 51 Rn. 2.

Strafverfolgungsbehörden ausgehenden Eingriffe in die Rechte des Angeklagten müssten durch eine Strafreduzierung kompensiert werden.[768]

Es ist zwar unzweideutig, dass es sich bei der Anrechnung der U-Haft um den Ausgleich für eine zulässige Maßnahme der Justiz handelt, jedoch soll bei der Verletzung des Beschleunigungsgebots ein rechtsstaatswidriges Handeln der Strafverfolgungsbehörden kompensiert werden. Trotz der unterschiedlichen Merkmale beider Konstellationen stehen sie nicht unbedingt entgegen, weil die U-Haft, die nicht nach § 112 ff. StPO rechtmäßig angeordnet wird, auch dann gem. § 51 angerechnet wird.[769]

Die Frage ist, ob und zu welchem Anlass eine hinreichende Vergleichbarkeit beider Fallgruppen ableitbar ist, die eine Gleichbehandlung und damit eine Analogie zum § 51 StGB im Rahmen der rechtsstaatswidrigen Verfahrensverzögerung rechtfertigen kann. In Bezug auf die U-Haft wird das Freiheitsrecht des Beschuldigten zur Garantie der Durchführung des Strafverfahrens auf gerechtfertigte Weise beschränkt. Die Verletzung des Beschleunigungsgebots geht von einer prozessordnungswidrigen Untätigkeit der Justiz, im Strafverfahren aus, die in die freie Entfaltung der Persönlichkeit und die allgemeine Handlungsfreiheit sowie damit die Grundrechtsposition des Beschuldigten eingreift. In beiden Fallkonstellationen sind die Grundrechte durch ein Handeln der Justiz betroffen.[770]

§ 51 StGB entfaltet dabei eine Doppelwirkung. Nach ihm wird sowohl der verfahrensrechtliche Freiheitsentziehungsvorgang als auch die damit verursachte Belastung kompensiert. Bei der Kompensation der rechtsstaatswidrigen Verfahrensverzögerung geht es dito um den Ausgleich eines verfahrensrechtlichen Vorgangs. Aus diesem Grund ist eine Gleichbehandlung nämlich die analoge Anwendung des § 51 StGB rechtmäßig.[771]

Außerdem begründet die fehlende Vergleichbarkeit des Kompensationsvorgangs den Einwand gegen die Analogie zum § 51 StGB. Während die Dauer der U-Haft nach § 51 StGB im Verhältnis 1:1 die verhängte Freiheitsstrafe angerechnet wird, wird die Dauer der rechtsstaatswidrigen Verzögerung durch die Vollstreckungslösung in einem geringen Umfang ausgeglichen.[772] Die von der rechtsstaatswidrigen Verzögerung hergeleitete Belastung könnte durch vielfältige Gründe verursacht werden, sodass der Umfang der damit einhergehenden

768 I. Roxin, StV 2008, S. 16.

769 Reich, überlange Verfahrensdauer, S. 68.

770 Reich, überlange Verfahrensdauer, S. 68 f.

771 Reich, überlange Verfahrensdauer, S. 69; aA vgl. Ziegert, StraFo 2008, S. 324.

772 BGHSt 52, 127, 146 f.

Belastung unterschiedlich ist. Da ein unterschiedliches Maß der Belastung vorliegt, benennt der BGH in der Vollstreckungslösung keinen festen Maßstab für die Anrechnung, sondern sieht eine wertende Betrachtung der maßgeblichen Umstände des Einzelfalls nach der analogen Anwendung des § 51 Abs. 4 Satz 2 StGB vor.[773] Der Umfang der Kompensation der rechtsstaatswidrigen Verfahrensverzögerung ist geringer als die Anrechnung der Dauer der U-Haft, weil die Belastung wegen der Verfahrensverzögerung nicht mit der Belastung der Untersuchungshaft gleichsetzbar ist.[774] Die Ablehnung der Analogie zum § 51 StGB mit der Begründung, dass die Anrechnung der U-Haft und der rechtsstaatswidrigen Verfahrensverzögerung nicht im gleichen Verhältnis durchgeführt wird, ist unzutreffend.

D. Anwendbarkeit der Einstellung des Verfahrens

1. Problemaufriss und Auffassung von BGH und Schrifttum

Vor der Klageerhebung ist das Verfahren mit der Zustimmung des Gerichts einzustellen. Nach der Klageerhebung kann das laufende Strafverfahren durch das Gericht mit Zustimmung der StA und des Angeklagten eingestellt werden, wenn in dem Verfahren das Vergehen und das Maß der Schuld gering sind. In der Strafzumessungslösung kann die Schuld wegen der durch eine überlange Verfahrensdauer vorgebrachten Belastung des Beschuldigten gemindert werden.[775] Dies bedeutet, dass eine Schuld der Tat, die zum Tatzeitpunkt als nicht gering bewertet wurde, wegen der rechtsstaatswidrigen Verzögerung relativiert werden kann und somit die Anforderung der geringen Schuld nach § 153 Abs. 2 StPO erfüllt.[776] Diese Milderung der Schuld wegen der überlangen Verfahrensdauer wirkt sich bei der Einstellung nach § 153 a StPO auf die Reduzierung des Maßes der Schuld sowie auf die Abnahme des öffentlichen Interesses aus.

Es liegt klar auf der Hand, dass wegen der Einsetzung der Strafvollstreckungslösung die Einstellungsmöglichkeit gem. §§ 153 und 153 a beschränkt wird. Das Gericht stellt das Verfahren nicht mehr ein, wenn das Maß der Schuld im Sinne des § 153 StPO im Vorhinein nicht gering ist oder die entgegenstehende Schwere der Schuld sowie das öffentliche Interesse im Rahmen des § 153 a noch

---

773 BGHSt 52, 127, 140 f.

774 Plankenmann, Überlange Verfahrensdauer, S. 179.

775 BGH, NJW 1990, S. 1001; BGH, NStZ-RR 2007, 178.

776 BGH, NJW 1995, S, 737; NJW 1990, S. 1001.

vorliegen, weil durch den Systemwechsel die Strafzumessung und Kompensation strikt getrennt wird.

Der BGH behauptete, dass die Einstellung nach §§ 153 und 153a noch möglich ist, wenn das gebotene Maß der Kompensation der Verzögerung die schuldangemessene Strafe erreicht oder übersteigt. Gegebenenfalls muss die Strafverfolgungsbehörde überprüfen, ob die Fortsetzung des Verfahrens einem aus der Verfassung abzuleitenden Verfahrenshindernis entgegensteht.[777]

Entgegen der Auffassung des BGH hat der Großteil des Schrifttums bei der Verletzung des Beschleunigungsgebots die Anwendung der Einstellung nach Opportunitätsgrundsätzen abgelehnt.[778] Die Einstellung des Verfahrens gem. §§ 153 oder 153 a ist nicht möglich, da nach dem Systemwechsel die Strafzumessung und die Kompensation der rechtsstaatswidrigen Verzögerung getrennt werden, wohingegen es bei der Einstellung des Verfahrens nach §§ 153 und 153 a um die Betrachtung des Maßes der Schuld geht.[779] Die Anwendung des § 153 StPO ist systemwidrig. Zur Begründung der Ablehnung der Anwendung der §§ 153 und 153 a hat Kraatz überdies ausgeführt, dass das vorzeitige Verfahren dem Unschuldsvermutungsgrundsatz entgegensteht, da die Schuld des Beschuldigten noch nicht endgültig festgestellt wurde.[780] Heghmanns und Leipold haben die Ausschließung der Anwendbarkeit der §§ 153 und 153 a mit der Notwendigkeit des Notbehelfs der Verletzung des Beschleunigungsgebots begründet. Heghmanns gab an, dass es tatsächlich unnötig ist, diese prozessualen Notbehelfe zur Kompensation der Verletzung des Beschleunigungsgebots zusätzlich zu nutzen. Wenn eine gebotene Entschädigung für die Verletzung des Beschleunigungsgebots die schuldangemessene Strafe erreicht, kann die Kompensation dadurch erzielt werden, dass die angekündigte Strafe als vorgestreckt gilt.[781] Leipold besagt, dass die Einstellungsmöglichkeit in diesem Fall durch die Einstellung des Verfahrens wegen eines Verfahrenshindernisses ausgeübt werden kann, sodass die Einstellung nach den Opportunitätsgrundsätzen ohne Not weggefallen ist.[782]

777 BGHSt 52, 127, 145.

778 Beukelmann, StraFo 2011, S. 212; Gaede, JZ 2008, S. 422; Heghmanns, ZJS 2008, S. 200; Kraatz, JR 2008, S. 192; Schmitt, StraFo 2008, S. 317;

779 Heghmanns, ZJS 2008, S. 201; Kraatz, JR 2008, S. 192; Ziegert, StraFo 2008, S. 324.

780 Kraatz, JR 2008, S. 192.

781 Heghmanns, ZJS 2008, S. 201.

782 Leipold, NJW-Spezial 2008, S. 152.

2. *Stellungnahme*

Die Begründung der Ablehnung der Anwendbarkeit der §§153 und 153a ist nur teilweise überzeugend. Der Vorwurf der Unschuldsvermutung ist unhaltbar. Laut der Unschuldsvermutung sind die Festlegung der Schuld des Angeklagten, die Ankündigung der Schuld und die Zumessung der Strafe durch das Strafgericht erst möglich, wenn die Schuld des Angeklagten durch ein mit rechtsstaatlichen Verteidigungsgarantien ausgestattetes Strafverfahren bis zum prozessordnungsmäßigen Abschluss nachgewiesen ist.[783] Wenn ein Strafverfahren eingestellt wird, bevor die Hauptverhandlung bis zur Schuldspruchreife durchgeführt worden ist, so hat das Tatgericht keine prozessordnungsmäßige Grundlage für ein Erkenntnis zur Schuld. Der Gesetzgeber fordert durch die Vorschrift des § 153 nur eine hypothetische Schuldbeurteilung.[784] Diese Schuldbeurteilung übt keine Schuldfestlegung sowie keinen Schuldnachweis aus und somit steht sie dem Grundsatz der Unschuldsvermutung nicht entgegen.[785] Die Auffassung von Heghmanns, dass eine gebotene Entschädigung für die Verletzung des Beschleunigungsgebots die schuldangemessene Strafe erreicht oder überschreitet, kann durch die Strafvollstreckungslösung hinreichend kompensiert werden und also der prozessuale Notbehelf zur Verzögerungskompensation unnötig ist, ist nicht persuasorisch. Diese Auffassung lässt die Vertiefung der Belastung des Beschuldigten mit der Fortsetzung des Verfahrens außer Acht. Dass die Einstellung des Verfahrens wegen der Trennung der Strafzumessung und der Kompensation nicht undurchführbar ist, ist teilweise überzeugend. Diese Trennung führt dazu, dass die Einstellung des Verfahrens in diesem Fall, in dem die Schuld des Täters nicht von vornherein nicht als gering anzusehen wäre, nicht möglich ist, da die Schuld des Beschuldigten nicht aufgrund der überlangen Verfahrensdauer durch die Strafzumessungslösung gemildert wird. Dahingegen beschränkt sich diese Trennung nicht auf die Einstellungsmöglichkeit, wenn die Schuld des Beschuldigten von Anfang an als gering gilt. Damit lässt sich die Einstellung des Verfahrens den prozessualen Notbehelf in Fällen zu, welche mit der Voraussetzung der §§ 153 und 153 a in Einklang stehen.

Es ist offensichtlich, dass in einigen Fällen das Verfahren nicht nach §§ 153 und 153a eingestellt werden kann, wenn die Schuld oder das öffentliche Interesse nicht gering ist. Laut der Auffassung von Leipold kann eine rechtsstaatswidrige

---

783 Vgl. BVerfGE 82, 106, 116.

784 Vgl. BVerfGE 74, 358, 373; BVerfGE 82, 106, 116; Kindhäuser, StPO, § 10, Rn. 14; näher siehe 1. Abschnitt II.C.3.

785 Vgl. Kindhäuser, StPO, § 10, Rn. 14.

Verfahrensverzögerung ein Verfahrenshindernis von Verfassungs wegen begründen und dadurch ein Verfahren eingestellt werden.[786]

3. *Einstellungsmöglichkeit durch das Verfahrenshindernis von Verfassungs wegen.*

a. *Zulässigkeit der Einstellung des Verfahrens durch Verfahrenshindernis von Verfassungs wegen*

i. *Entwicklung der Rechtsprechungen*

Das BVerfG hat 1983 das Verfahrenshindernis wegen überlanger Verfahrensdauer anerkannt. Es äußerte, dass die vom BGH vertretene Auffassung den verfassungsrechtlichen Bedenken begegnet, dass sich aus einer Verletzung des Beschleunigungsgebots in keinem Falle ein Verfahrenshindernis herauskristallisieren kann. Unter Betrachtung der Kriterien, wie der Dauer der Verzögerung durch die Justizorgane, der Gesamtdauer des Verfahrens, der Schwere des Tatvorwurfs, des Umfangs und der Schwierigkeit des Verfahrensgegenstandes und der Belastung des Beschuldigten, kann eine außerordentliche Verletzung des Rechtsstaatsgebots wegen der überlangen Verfahrensverzögerung festgestellt werden, weil ein anerkennenswertes Interesse an der weitergehenden Strafverfolgung im Einzelfall nicht mehr besteht und eine Fortsetzung des Verfahrens rechtsstaatlich nicht mehr hingenommen werden kann.[787]

Dahingegen hat der BGH lange das Vorliegen eines Verfahrenshindernisses wegen der Verletzung des Beschleunigungsgebots kategorisch abgelehnt.[788] Er betonte, dass eine Verletzung des Beschleunigungsgebots nicht ohne Weiteres zu der Unzulässigkeit des Verfahrens führt, weil Art. 6 EMRK im Unterschied zum Art. 5 Abs. 3 Satz 2 keine Rechtsfolge der Verletzung des Beschleunigungsgebots aufgestellt hat.[789] Bevor der BGH seit 2000 das Verfahrenshindernis wegen der Verletzung des Beschleunigungsgebots anerkannt hat,[790] hat der BGH allein die Zwischenlösung des Abbruchs des Strafverfahrens zugebilligt, wenn eine Verzögerung aufgrund der verfahrensrechtlichen und materiellrechtlichen

---

786 Leipold, NJW-Spezial 2008, S. 152.

787 BVerfG, NStZ 1984, S. 128; NJW 1993, S. 3255; 1995, S. 1278; 2003, S. 2226; 2003, S. 2897.

788 BGHSt 21, 81 ff.; BGHSt 24, 239 ff.; BGH, wistra 1992, S. 26 ff.; BGH, NStZ 1989, S. 283 ff..

789 BGHSt 21, 81, 84.

790 BGH, NStZ 2001 S. 270.

Besonderheit durch die Strafzumessung nicht irreparabel war und das Verfahren nicht nach § 153 StPO eingestellt werden konnte.[791]

Die OLG haben auf solche Fälle unterschiedlich reagiert. Einige OLG haben die Zwischenlösung angenommen, die Strafverfahren unter den strengen Voraussetzungen abbrechen kann,[792] während andere OLG ein Verfahrenshindernis wegen der überlangen Verfahrensdauer anerkannt haben[793].

ii. Voraussetzung des Verfahrenshindernisses von Verfassungs wegen

Zur Anerkennung der Verfahrenshindernisse im Rahmen der Verletzung des Beschleunigungsgebots muss zunächst dargestellt werden, ob der Fall, in dem das gebotene Maß der Kompensation der Verzögerung die schuldangemessene Strafe erreicht oder übersteigt und wegen der Schwere der Schuld die Einstellung nach §§ 153 und 153a nicht erfolgen kann, die Vorgaben eines Verfahrenshindernisses von der Verfassung wegen erfüllt.

Der Verfahrensabbruch durch das Verfahrenshindernis von Verfassungs wegen kommt „in besonders gelagerten Ausnahmefällen" zum Einsatz. Das Verfahrenshindernis von Verfassungs wegen als eine auf Ausnahmefällen reagierende Lösung unterliegt einer dreifachen Beschränkung. Erstens ist die Verfahrenshindernislösung eine subsidiäre Maßnahme. Sie ist anwendbar, wenn die in ihren sachlichen Voraussetzungen gegebenen und verfassungsrechtlich ausreichenden einfachrechtlichen Reaktionsformen einen geringeren Wirkungsgrad beitragen. Zweitens ist der angerichtete Schaden irreparabel. Drittens folgt aus dem groben Rechtsstaatsverstoß, dass die „Fortsetzung des Verfahrens nicht mehr hinnehmbar" ist.[794]

Die oben dargestellte Verfahrensverzögerung erfüllt diese Voraussetzungen. Vor allem kann das Verfahren nach §§ 153 und 153a eingestellt, weil der Umfang der Schuld von vornherein nicht geringer ist. Dann erreicht oder übersteigt das gebotene Maß der Kompensation wegen der Verzögerung die schuldangemessene Strafe, kann die Verletzung des Beschleunigungsgebots in diesem Fall nicht durch die Vollstreckungslösung ausgeglichen werden. Wenn der gebotene

791 BGHSt 35, 137, 140 ff.

792 OLG Zweibrücken, NStZ 1989, S. 134; NStZ 1995, S. 49; OLG Düsseldorf, NStZ 1993, S. 450.

793 BayObLG wistra 1994, S. 352; OLG Düsseldorf, wistra. S. 351; StV 1995, S. 400; OLG Koblenz, NJW 1994, S. 1887; OLG Stuttgart NStZ 1993, S. 450; OLG Zweibrücken, NStZ 1989, S. 134; NStZ 1995, S. 49.

794 Hillenkamp, NJW 1989, S. 2847.

Umfang der Kompensation der Verzögerung die schuldangemessene Strafe erreicht oder überschreitet, wird das Beschleunigungsgebot schwer verletzt und die Fortsetzung des Verfahrens könnte zur Erweiterung dieser Verletzung führen. Daraufhin ist die Fortsetzung des Verfahrens nicht mehr hinnehmbar.

iii. Einwand der Anwendung des Verfahrenshindernisses im Rahmen der überlangen Verfahrensdauer

a) Fehlen einer gesetzlichen Rechtsfolgenregelung

Der BGH hat die Annahme des Verfahrenshindernisses wegen der überlangen Verfahrensdauer kategorisch missbilligt. In der Reihe von Rechtsprechungen des BGH können sich einige Auffassungen herausstellen, dass die Anwendung des Verfahrenshindernisses im Rahmen der überlangen Verfahrensdauer beanstandet wird.

Zuerst begründete der BGH, dass der Einstellung des Verfahrens nach dem Verfahrenshindernis von Verfassungs wegen bei der überlangen Verfahrensdauer eine gesetzliche Rechtsfolgenregelung fehlt. Im Unterschied zum Art. 5 EMRK schreibt Art. 6 EMRK keine Rechtsfolge für eine Verletzung des Beschleunigungsgebots vor. Die fehlende Regelung in Art. 6 EMRK führt dazu, dass ein Verfahrenshindernis durch Verletzung dieses Artikels nicht entstehen kann.[795] Diese Ansicht ist nicht zutreffend. Die EMRK normiert in Art. 41 eine Entschädigungsregelung. Diese Entschädigung wird zugebilligt, wenn eine Verletzung der Konvention oder der Protokolle konstatiert und die Verletzung durch das nationale Recht unvollkommen kompensiert wird.[796] Der Betroffene vor die Entschädigung gem. Art. 41 EMRK soll den innerstaatlichen Rechtsweg erschöpfen. Danach kann er eine Individualbeschwerde erheben und wird eine Verletzung durch die Entschädigung gem. Art. 41 EMRK ausgeglichen. Laut Art. 41 EMRK wird die Kompensation der Verletzung auf der innerstaatlichen Ebene vorbehandelt, weil der EGMR über eine Entschädigung der unvollkommenen Kompensation nach staatlichem Recht entscheidet.[797] Das innerstaatliche Fachgericht kann vorrangig festlegen, auf welchem Wege es die Verletzung des Beschleunigungsgebots wiedergutmacht.[798] In der jüngeren Rechtsprechung des EGMR wurde diese Ansicht konzediert. Der EGMR äußerte, dass sich die

---

795 BGHSt 24, 239, 240. Dieses Argument wurde von der Rechtsprechung nachher angenommen, wie bei BGH NStZ 1982, S. 292; NStZ 1983, S. 135.

796 Meyer-Ladwig, EMRK, Art. 41 Rn. 3 f.

797 Meyer-Ladwig, EMRK, Art. 41 Rn. 4.

798 LR-Esser, EMRK Art. 6, Rn. 343.

staatlichen Behörden und Gerichte zur Anwendung und Durchsetzung der in der Konvention gewährleisteten Rechte und Freiheiten verpflichten. Die Beschwerde an den EGMR ist also im Vergleich zum Rechtsbehelf an staatliche Institutionen zur Garantie für die Menschenrechte subsidiär.[799] Die folgende Rechtsprechung des EGMR hat die Auffassung erweitert, dass der EGMR nicht darüber zu entscheiden braucht, welche Abhilfemaßnahmen zur Realisierung der Verantwortung des beklagten Staats aus Art. 46 EMRK angemessenen sind. Vorbehaltlich der Überwachung durch das Ministerkomitee hat der Staat den Freiraum, die Maßnahme auszuwählen, mit der er seine rechtlichen Verantwortungen aus Art. 46 EMRK wahrnehmen will.[800]

Die Grundlage des Beschleunigungsgebots kann aus dem Rechtsstaatsprinzip i.V.m. Art. 1 Abs. 1 GG Art. 2 Abs. 1 GG oder Art. 2 Abs. 2 GG hergeleitet.[801] Die innerstaatliche Behörde und Gerichte sind verpflichtet, das Verfahren in angemessene Frist durchzuführen, und soll dazu eigene Einrichtungen aufstellen. Diese Einrichtungen entscheiden auch, auf welchem Wege die Verletzung des Beschleunigungsgebots wiedergutgemacht wird.[802] Damit spielt das Fehlen einer gesetzlichen Rechtsfolgenregelung in Art. 6 EMRK bei der Aufstellung der innerstaatlichen Kompensationsmaßnahme keine Rolle.

b) Verfahrenshindernis auf Tatsachenbasis

Der BGH begründete die Ablehnung der Anwendung des Verfahrenshindernisses im Rahmen der Verletzung des Beschleunigungsgebots mit der Rechtsnatur des Verfahrenshindernisses. Ein Verfahrenshindernis hängt von einer bestimmten, für das Verfahren im Ganzen uneingeschränkt rechtserheblichen Tatsache ab. Die Verletzung des Beschleunigungsgebots ist dahingegen ein Werturteil. Bei der Feststellung seiner Verletzung muss das Gericht vielfältige Umstände berücksichtigen.[803]

Diese Auffassung sieht das Verfahrenshindernis von Verfassungs wegen und die anderen Verfahrenshindernisse als dasselbe an. Die Annahme, dass ein Verfahrenshindernis nicht mit dem Werturteil verbunden werden kann, ist eine *petitio principii.*[804] Hillenkamp äußerte zudem, dass das Verfahrenshindernis von

799 EGMR, NJW 2006, S. 239, Ziff. 97.

800 EGMR, NJW 2010, S. 3355, Ziff. 71.

801 Siehe 1. Abschnitt III.B.1.

802 Die Beispiele der Kompensationsweise, die von Innerstaat eingerichtet wurde, stellen dar. Vgl. Trurnit/Schroth, StraFo2005, S. 361 f.

803 BGHSt 24, 239, 240.

804 Weiler, GA 1994, S. 579.

Verfassungs wegen nur durch eine Abwägung aller Umstände im Lichte der konkretisierten Zielbestimmung bestätigt werden können.[805]

c) Interessen des Angeklagten

Der Anerkennung eines Verfahrenshindernisses wegen der Verletzung des Beschleunigungsgebots betrifft auch die Interessen des Angeklagten, weil dem Unschuldigen die Möglichkeit der Rehabilitierung durch einen Freispruch nicht mehr gegeben wird.

Diese Kritik ist nicht nachvollziehbar. Obwohl dieser Einwand „moralisches Gewicht“ und eine theoretische Grundlage hat, ist die Relevanz gering. Hier ist der Wunsch nach gerichtlicher Rehabilitierung stets geringer als der Wunsch nach einer Verfahrenseinstellung.[806] Um diese Kritik zu begegnen, wurden noch einige einleuchtende Einwände vorgebracht. Das Verfahrenshindernis, das sowohl als das Fehlen einer Prozessvoraussetzung als auch das Vorliegen eines Prozesshindernisses verstanden wird, exkludiert eine notwendige Voraussetzung der Sachentscheidung, damit ein rechtliches unzulässiges Verfahren nicht durchführbar oder fortsetzbar ist.[807] Daneben hat die StPO keine Rehabilitierungsfunktion, da die Strafverfolgungsorgane in der Pflicht stehen, einen vorliegenden Verdacht bis dahin aufzuklären, dass die Unschuld des Beschuldigten erwiesen ist.[808] Es soll hier keineswegs in Abrede gestellt werden, dass die Durchführung des Strafverfahrens dazu führt, dass ein Beschuldigter eine gesellschaftliche Diskriminierung erleidet, obwohl die Strafverfolgungsorgane den Grundsatz der Unschuldsvermutung befolgen. Die Unschuldsvermutung schützt nicht davor, dass die Öffentlichkeit den Beschuldigten als schuldig wahrnimmt. Sie garantiert nur die schuldneutrale gerichtliche Vollziehung des Strafverfahrens.

Diese Rufbeeinträchtigung wird nicht von Staats wegen, sondern erst durch die Stigmatisierung der Öffentlichkeit, die nicht an die Unschuldsvermutung gebunden ist, herbeigeführt.[809] Der Staat verantwortet ein mit seinem Verhalten verbundenes, noch dazu freiverantwortlich durchgeführtes Verhalten Dritter nicht unbegrenzt.[810] Zum Schluss ist die rechtsstaatliche Durchführung eines

805 Hillenkamp, NJW 1989, S. 2849.

806 Hillenkamp, JR 1975, S. 140; Ulsenheimer, wistra 1983, S. 14; Waßmer, ZStW 118 (2006), S. 190.

807 Hassemer, NJW 1983, S. 2355; Kühne, StPO, Rn. 664; Volk, NStZ 1995, S. 371.

808 BGHSt 16, 374, 378 ff.; Gropp, JZ 1991, S. 807; SK-Frisch, vor § 296 Rn. 158.

809 Strenberg-Lieben, ZStW 108 (1996), S. 734.

810 Stern/Sachs, Staatsrecht III/2, S. 195.

Strafverfahrens nur dann erlaubt, wenn seine prozessuale Grundlage unzweifelhaft vorliegt. Über diese staatlich gesetzten, selbstbindenden Voraussetzungen des Verfahrens kann der Angeklagte nicht disponieren. Er kann auch die Eröffnung oder Fortsetzung eines Strafverfahrens, von dem er die Wirkung der Rehabilitierung durch Freispruch erhofft, nicht verlangen, wenn eine Prozessvoraussetzung fehlt.[811] Hier kann man sich nicht davon erwarten, dass eine Rehabilitierung mittels eines rechtsstaatlichen Strafverfahrens durchgeführt wird. Dadurch ist die Überzeugungskraft dieser Auffassung, zum Einwand der Annahme des Verfahrenshindernisses zweifelhaft.[812]

d) Betrachtung des Maßes der Schuld

Bei der Feststellung des Vorliegens eines Verfahrenshindernisses wird der Umfang der Schuld berücksichtigt. Die Bestätigung der Schuld ohne abschließende Hauptverhandlung entspricht nicht der Unschuldsvermutung.[813] Diese Überprüfung der Schuld ist nur eine „hypothetische Schuldbewertung". Diese Schuldbeurteilung stellt weder eine Schuldfestlegung noch einen Schuldnachweis dar und steht somit dem Grundsatz der Unschuldsvermutung nicht entgegen.[814]

b. Feststellung des Extremfalls

In der Rechtsprechung und im Schrifttum erfolgt durch das Verfahrenshindernis von Verfassungs wegen im Extremfall eine Einstellung, wenn ein besonders großer Umfang der Verzögerung und der damit verursachten Belastung des Beschuldigten vorliegen und somit ein Strafverfolgungsinteresse wegen dieser rechtsstaatswidrigen Verfahrensverzögerung entfällt und eine Weiterführung des Strafverfahrens rechtsstaatlich nicht mehr hinnehmbar ist.[815] Das

---

811 Strenberg-Lieben, ZStW 108 (1996), S. 737.

812 A.A. Strenberg-Lieben, ZStW 108 (1996), S. 721 ff.; eine Fortsetzung des Verfahrens wird einschränkt angenommen, wenn der Verfahrensfortführung im Interesse des Beschuldigten der Vorzug gegeben werden kann und ein Freispruch naheliegt oder die notwendige Sachaufklärung ohne wesentliche Verzögerung erreicht werden kann. Vgl. Hillenkamp, JR 1975; S. 140; Pfeiffer, FS-Baumann, S. 346; Schroth, NJW 1990, S. 31; Weiler, GA 1994, S. 586.

813 BGHSt, 24, 239, 240 f.

814 Ambos, NStZ 2002, S. 631; Kempf, StV 2001, S. 135f; Waßmer ZStW 118(2006), S. 191; für Näheres siehe 1. Abschnitt II.C.3.

815 BVerfG NStZ 1984, S. 128; BVerfG NJW 2003, S. 2897; BGHSt 46, 159, 171 f; Beulke, StPO, Rn. 21;Hillenkamp, NJW 1989, S. 2841 ff.; Krehl/Eidam, NStZ 2006, S. 10;

Verfahrenshindernis von Verfassungs wegen reagiert nur in Ausnahmefällen. Im Folgenden wird dargestellt, wie der Extremfall bestätigt wird.[816]

i. Wertende Gesamtprüfung

Im Schrifttum besteht der Extremfall in einer schweren Verfahrensverzögerung.[817] Eine gravierende Verfahrensverzögerung liegt vor, wenn die durch die Verzögerung verursachte unnötig zugenommene Belastung des Beschuldigten außer Verhältnis zur (hypothetischen) Schwere der Schuld, die dem Strafverfahren zugrunde liegt, steht.[818] Diese Überprüfung kann nur von Fall zu Fall durch eine Gesamtbetrachtung entschieden werden.[819]

Die wertende Gesamtprüfung unterliegt Kritik. Die Gesamtprüfung aller von der Rechtsprechung erwähnten Umständen wie Gesamtverfahrensdauer, Verfahrensverzögerung, Schwere des Tatvorwurfs und der Schuld, Umfang und Schwierigkeit der Ermittlungen sowie der Belastung des Beschuldigten führt zur Verletzung des Rechtssicherheitsgebots und zur Unbestimmtheit der Feststellung. Das Ergebnis dieser Prüfung ist nicht vorhersehbar. Es könnte sein, dass ein ähnlicher Fall ganz anders behandelt würde.[820]

ii. Objektive Kriterien

Angesichts der Kritik wurde die Beurteilung mittels objektiver Kriterien angeregt. Imme Roxin bejaht das Verfahrenshindernis von Verfassungs wegen bei überlanger Verfahrensdauer, wenn die Verfahrensverzögerung den Regelstrafrahmen des vorgeworfenen Delikts ausschöpft.[821] Schroth folgte diese Auffassung. Denn eine Fortsetzung des Verfahrens führe zu einer zusätzlichen Belastung des Beschuldigten und der Rechtsfriede sei nur durch die Einstellung des Verfahrens wiederherzustellen.[822]

Schuska, die Rechtsfolgen, S. 128; Ulsenheimer, wistra 1983, S. 14; Waßmer ZStW 118(2006), S. 191f.

816 Siehe 3. Abschnitt II.D.3.a.ii.

817 Ambos, NStZ 2002, S. 632; Hillenkamp, JR 1975, S. 140; ders., NJW 1989, S. 2849; Ulsenheimer, wistra 1983, S. 14.

818 Ambos, NStZ 2002, S. 632; Baumanns, Beschleunigungsgrundsatz, S. 320; Waßmer ZStW 118(2006), S. 191.

819 Ambos, NStZ 2002, S. 632.

820 I. Roxin, StraFo 2001, S. 53 f.

821 I. Roxin, Rechtsfolgen, S. 255; dies., StV 2001, S. 492; dies., StraFo 2001, S. 54.

822 Schroth, NJW 1990, S. 31.

Einige Autoren haben die Feststellung der gravieren Verfahrensverzögerung anhand des Regelstrafrahmens abgelehnt. Imme Roxin ist der Verfassung, dass eine rechtsstaatswidrige Verzögerung, die eine strafähnliche Wirkung hat, im Verhältnis 1:1 auf die verhängte Freiheitsstrafe angerechnet wird. Diese Gleichsetzung der rechtsstaatswidrigen Verzögerung und Freiheitsstrafe wird für fraglich gehalten.[823]

Waßmer hat zudem vorgeschlagen, dass ein Verfahrenshindernis angenommen wird, wenn der rechtsstaatswidrigen Verfahrensverzögerung über die Frist der Verfolgungsverjährung hinausgeht.[824] Laut Waßmer bietet diese Lösung den entscheidenden Vorteil, dass die Feststellung der schweren Verfahrensverzögerung aus dogmatischer Sicht deutlich wird.[825] Daneben dient das Verfahrenshindernis von Verfassungs wegen vor allem dem öffentlichen Interesse, die Rechtsfrieden wegen des Zeitablaufs wiederherzustellen. In diesem Fall rückt die strafähnliche Wirkung aufgrund der rechtsstaatswidrigen Verzögerung für den Beschuldigten in den Hintergrund.[826]

iii. Stellungnahme

Die Kritik ist unbestritten, dass eine Gesamtprüfung der allen Umständen zur Feststellung, ob die Verzögerung verursacht unnötig zugenommene Belastung des Beschuldigten außer Verhältnis zur (hypothetischen) Schwere der Schuld, die dem Strafverfahren zugrunde liegt, stehet, die Gefahr für das Rechtsicherheitsgebot und Bestimmtheitsgebot besteht. Ob eine Verfahrensverzögerung gravierende ist, ist eine bewertende Sache. Die Beurteilung muss von Fall zu Fall durchführen. Während der festen Frist, nach der das Verfahrenshindernis vorliegt, kann eine Verfahrensverzögerung außer Verhältnis durch die Gesamtprüfung früher festgestellt werden. Damit kann das Beschleunigungsgebot effektiv gewährleistet werden. Es könnte sein, dass die Strafverfolgungsorgane ihre Aufgabe zu Entscheidung, ob eine gravierende Verfahrensverzögerung vorliegt, unterlassen. In diesem Fall braucht es eine feste Frist, nach der eine Verfahrensverzögerung für gravierend befunden wird, um diese Lücke zu schließen.

Der feste Zeitpunkt, der von Imme Roxin vorgeschlagen wurde, ist geeignet. Die Einstellung durch das Verfahrenshindernis von Verfassungs wegen richtet

823 Schuska, die Rechtsfolgen, S. 128; Waßmer ZStW 118(2006), S. 192 f; Wohlers, JR 1994, S. 141.

824 Waßmer ZStW 118(2006), S. 193.

825 Waßmer ZStW 118(2006), S. 193.

826 Waßmer ZStW 118(2006), S. 193.

sich auf einen Extremfall, in dem eine Kompensation durch die Strafvollstreckungslösung nicht mehr ausüben kann. Die Unmöglichkeit der Kompensation durch die Strafvollstreckung ist spätestens erreicht, wenn die Verfahrensverzögerung den Regelstrafrahmen des vorgeworfenen Delikts ausschöpft, da die zu kompensierende Belastung die höchste Strafe, die das Gericht aussprechen kann, überschreitet. Die Frist nach § 78 StGB dauert in der Regel länger als die Frist der Regelstrafrahmen des vorgeworfenen Delikts, sodass die Frist nach § 78 nicht hinreichende Schutzwirkung anbieten kann. Die Frist nach § 78 Abs. 3 S. 1 StGB bejaht den Extremfall, wenn ein Delikt außer dem Mord mit lebenslanger Freiheitsstrafe bedroht ist, da bei der Berücksichtigung der Regelstrafrahmen das Verfahren bis dem Tod des Beschuldigten fortsetzen kann, dahingegen die First der Verjährung dieses Delikts dreißig Jahre ist.

Die Annahme der auf den Regelstrafrahmen abgestellten Frist erfuhr die Kritik, dass die Verzögerung mit der Freiheitsstrafe gleichgesetzt wird. Zur Umgehung dieser Kritik soll die Feststellung der Verfahrensverzögerung in zwei Stufen vollzogen werden. Vor allem wird die Dauer der rechtsstaatswidrigen Verfahrensverzögerung durch den von Baumanns vorgeschlagenen Maßstab, nach dem die Frist der Verzögerung von einem Viertel bis zu einem Drittel als die vollstreckte Strafe umgesetzt wird,[827] in die vollstreckte Strafe umgewandelt. Dann wird festgestellt, ob die ungesetzte Strafe über die den Regelstrafrahmen überschreitet.

III. Entschädigung gem. dem Rechtsschutz bei überlangen Gerichtsverfahren und strafrechtlichen Ermittlungsverfahren

A. Anlass einer gesetzlichen Regelung

Im Jahr 2000 hat die deutsche Justiz eine Kodifizierung des Rechtsschutzes bei überlangen Gerichtsverfahren und strafrechtlichen Ermittlungsverfahren im nationalen Recht erstmals in Betracht gezogen. Damals hat der EGMR im Fall Kudla gegen Polen geäußert, dass der Art. 13 EMRK einen innerstaatlichen wirksamen Rechtsbehelf verlangt, wenn die Rechte oder die Freiheit verletzt, die die EMRK anerkennt. Der wirksame Rechtsbehelf ist entweder die Verhinderung der behaupteten Verletzung oder ihrer Fortdauer oder die Aufstellung einer angemessenen Abhilfe für schon geschehene Verletzungen.[828] Im Fall

827 Baumanns, Beschleunigungsgrundsatz, S. 292.

828 EGMR NJW 2001, S. 2700, Ziff. 157 f.

Kudla hat der EGMR entschieden, dass angesichts der häufigen Verletzung des Anspruchs auf eine angemessene Verfahrensdauer ein Rechtsbehelf bei überlangen Gerichtsverfahren im nationalen Recht notwendig ist.[829] Daraufhin gab es Anlass zu prüfen, ob das deutsche Prozessrecht der Anforderung des EGMR ausreichend entspricht. Die Prüfung zeitigte die folgenden Ergebnisse[830]:

Die Prozessordnung der ordentlichen Gerichtsbarkeit und der Fachgerichtsbarkeit schreibt einen ausdrücklichen Rechtsbehelf vor, um eine überlange Verfahrensdauer zu rügen.

Das deutsche Strafprozessrecht trifft aber Vorkehrungen, die zur Gewährleistung eines zügigen Verfahrensablaufs beitragen. Daneben sind vermeidbare Verfahrensverzögerungen mit allgemeinen Rechtsmitteln anfechtbar; u.U. kann auch die Einstellung oder der Abbruch des Verfahrens in Rechnung stellen.[831]

Laut der zivilrechtlichen Rechtsprechung sind unter strengen Voraussetzungen nicht einheitliche außerordentliche Beschwerden oder Erinnerungen zur Rüge einer zögerlichen und überlangen Verfahrensdauer zulässig.

Entsprechendes kann für das Verfahren der freiwilligen Gerichtsbarkeit und für das Verfahren vor den Verwaltungs-, Sozial- und Finanzgerichten angewandt werden.

Das Bundesjustizministerium regte 2005 den Einsatz einer Untätigkeitsbeschwerde an. Der Beteiligte kann eine Untätigkeitsbeschwerde vor dem Gericht erheben, bei dem sein Verfahren anhängig ist. Das Gericht muss die Untätigkeitsbeschwerde behandeln und entweder Abhilfe leisten oder sie dem nächsthöheren Gericht vorlegen. Durch die Untätigkeitsbeschwerde können die Beteiligten unmittelbar auf das Verfahren einwirken, weil das Gericht verpflichtet ist, über die Untätigkeitsbeschwerde zu entscheiden.[832] Obwohl dieser Entwurf des EGMR[833] und der BRAK[834] begrüßt wurde, kam dieser Entwurf

---

829 EGMR NJW 2001, S. 2699, Ziff. 148.

830 Steinbeiß-Winkelmann/Ott, Rechtsschutz, Einführung, Rn. 67.

831 DieseS Ergebnis versah die Kompensationslücke, wenn der Beschuldigte freigesprochen wird. Vgl. Beulke, StPO, Rn. 26a; siehe dazu auch 3. Abschnitt, I.C.2. Die Einstellung des Verfahrens dient nicht zur Kompensation der überlangen Verfahrensdauer, sondern nur zur Vermeidung der Fortsetzung des überlangen Verfahrens.

832 Lummel, AL 2012, S. 224; der Entwurf eines Gesetzes zur Einführung einer Untätigkeitsbeschwerde in gerichtlichen Verfahren, unter http://www.gesmat.bundesgerichtshof.de/gesetzesmaterialien/15_wp/untaetigkeitsbeschwerde/ungesetz.pdf.

833 EGMR NJW 2006, S. 2389, Ziff. 138 f.

834 BRAK-Stellungnahme-Nr. 28/2005, unter http://www.brak.de/zur-rechtspolitik/stellungnahmen-pdf/stellungnahmen-deutschland/2005/september/stellungnahme-der-brak-2005-28.pdf.

nicht zur Kabinettsreife.[835] Gegen den Entwurf wurden damals die nachstehenden Beanstandungen vorgebracht.

Die richterliche Unabhängigkeit gem. Art. 97 GG ist durch die Eingriffe des Beschwerdegerichts in das Ausgangsverfahren verletzt.[836] Das Beschwerdegericht wirkt durch das Einmischen zum Zeitpunkt der Zeugenvernehmung, zum Zeitpunkt der Einholung des Gutachtens oder der Terminbestimmung auf das Ausgangsverfahren ein.[837]

Die Verfahrensdauer kann sich wegen der Untätigkeitsbeschwerde weiter verlängern, da sich das Beschwerdegericht mit der Sache in der Beschwerdeinstanz neu befassen muss.[838] Die mit der Entscheidung über die Beschwerde verbundene gesamte Arbeitslast nimmt zu und wird vom Entwurf der Untätigkeitsbeschwerde voll auf die Justiz verlagert.[839] Hierauf ist der Justizhaushalt gestiegen.[840]

Die durch die deutsche StPO aufgestellten Rechtsschutzmöglichkeiten bei ungenügender Verfahrensförderung und die hierzu von der Judikatur der Obergerichte darüber hinausgehend gestalteten Vorgaben und Leitlinien können die Anforderungen des EGMR erfüllen.[841]

Dieser Referentenentwurf wurde nicht von der Bundesregierung als Gesetzesentwurf vorgeschlagen, weil unterschiedliche Verbände und Institution den

835 BT-Drucks. 16/7655.

836 Stellungnahme des DRB im November 2003, Nr. 21/03 http://www.drb.de/stellungnahmen/2003/stellungnahme-des-deutschen-richterbundes-zum-entwurf-eines-gesetzes-zur-einfuehrung-einer-untaetigkeitsbeschwerde-in-gerichtlichen-verfahren.html; Althammer, JZ 2011, S. 448; Gimbel, ZRP 2004, S. 37; Matusche-Beckmann/Kumpf, ZZP 2011, S. 183; Schubert, Vorgabe, S. 116; Steinbeiß-Winkelmann ZRP 2007, S. 180; Steinbeiß-Winkelmann/Ott, Rechtsschutz, Einführung, Rn. 134; dagegen Steinbeiß-Winkelmann ZRP 2007, S. 180; Tiwisina, Rechtsfragen, S. 149.

837 Matusche-Beckmann/Kumpf, ZZP 2011, S. 183, Fn. 88.

838 Stellungnahme des DRB im November 2003, Nr. 21/03 http://www.drb.de/stellungnahmen/2003/stellungnahme-des-deutschen-richterbundes-zum-entwurf-eines-gesetzes-zur-einfuehrung-einer-untaetigkeitsbeschwerde-in-gerichtlichen-verfahren.html; Breuer, in EMRK Kommentar von Karpenstein/Mayer, Art. 13, Rn. 56; Schubert, Vorgabe, S. 116.

839 Vorwerk, JZ 2004, S. 556.

840 Gimbel, ZRP 2004, S, 37.

841 Gimbel, ZRP 2004, S, 36 f; diese Ansicht verkennt die Realität. Der EGMR hat nach dem Fall (Sürmeli gegen Deutschland) in weit über 100 Fällen zu Entschädigungszahlung verurteilt, weil Deutschland die Garantie des Beschleunigungsgebots nicht gewährte. Vgl. Meyer-Goßner/Schmitt, StPO, vor § 198 GVG, Rn. 1.

Referentenentwurf scharf kritisierten. Eine solche Kritik wurde von den damaligen Regierungsfraktionen im Bundestag erfahren. Dies führte dazu, dass die parlamentarische Mehrheit für den Referentenentwurf nicht erwartet werden konnte.[842] Zur Vereinheitlichung der Anschauung der Justiz, der Anwaltschaft sowie der Lehre führte das Bundesjustizministerium im Jahr 2007 ein Symposium durch, in dem ein Entwurf für eine Entschädigungsregelung sowie eine Präventivregelung erarbeitet werden sollte.[843] Der EGMR hat 2010 in dem Rumpf Fall Deutschland angefordert, dass ein Rechtsbehelf ohne Verzögerung und spätestens innerhalb eines Jahres nach der endgültigen Entscheidung des EGMR aufgestellt werden muss.[844] Zur Einhaltung dieser Anforderung hat der Gesetzgeber im Rahmen des Strafverfahrens das Gesetz über den Rechtsschutz bei über langen Gerichtsverfahren und strafrechtlichen Ermittlungsverfahren (§§ 198 ff. GVG) erlassen.

B. Die gesetzliche Garantie nach §§ 198 und 199 GVG

1. Anwendungsbereich

a. Personeller Anwendungsbereich

Der Beteiligte des Gerichtsverfahrens kann eine Entschädigung für die überlange Verfahrensdauer fordern. Laut dem § 198 Abs. 6 Nr. 2 sind die Beteiligte jede Partei und jeder Beteiligten eines Gerichtsverfahrens mit Ausnahme der Verfassungsorgane, der Träger der öffentlichen Verwaltung und sonstiger öffentlicher Stellen, soweit diese nicht in Wahrnehmung eines Selbstverwaltungsrechts an einem Verfahren beteiligt sind. Die Verfahrensbeteiligte im Sinne des Strafverfahrens sind der Beschuldigte, der Adhäsionskläger, der Einziehungsbeteiligte sowie der Nebenkläger.[845] Privatkläger, Zeugen und Sachverständige werden vom Begriff des Beschuldigten ausgeschlossen. Bei Verfahrensbeteiligten handelt es sich nicht um staatliche Stellen wie den StA und die Jugendgerichtshilfe.[846]

b. Sachlicher Anwendungsbereich

Der Beteiligte kann eine Entschädigung verlangen, wenn eine unangemessene Dauer des Gerichtsverfahrens vorliegt. Im Folgenden sollen die Begriffe des

842 Steinbeiß-Winkelmann/Ott. Rechtsschutz, Einführung, Rn. 188.
843 Steinbeiß-Winkelmann/Ott. Rechtsschutz, Einführung, Rn. 210.
844 EGMR, NJW 2010, 3358.
845 Meyer-Goßner/Schmitt, StPO, § 198 GVG Rn. 1.
846 BT-Drucks. 17/3802, S. 23.

Gerichtsverfahrens und der unangemessenen Verfahrensdauer näher dargestellt werden.

Nach des § 198 Abs. 6 Nr. 1 GVG meint ein Gerichtsverfahren alle Verfahren vor einem ordentlichen oder fachlichen Gericht. Das Verfahren vor dem obersten Gericht gem. Art. 95 GG wie der Bundesgerichtshof, das Bundesverwaltungsgericht, der Bundesfinanzhof, das Bundesarbeitsgericht und das Bundessozialgericht wird auch im Sinne des Gerichtsverfahrens verstanden.[847] Nach dem § 199 Abs. 2 erstreckt sich der Anwendungsbereich des § 198 auf die Vorbereitung einer öffentlichen Klage, die durch die Staatsanwaltschaft durchgeführt wird und auf das Ermittlungsverfahren des Sachverhalts einer Steuerstraftat gem. § 386 AO.

Die Feststellung des unbestimmten Rechtsbegriffs der unangemessenen Verfahrensdauer ist die zentrale Voraussetzung für die Erfüllung des Entschädigungsanspruchs.[848] Das Gesetz beruft sich auf die vom BVerfG und EGMR entwickelten Maßstäbe.[849] Es kommt auf die Umstände des Einzelfalles an, insbesondere auf die Schwierigkeit und Bedeutung des Verfahrens und auf das Verhalten der Verfahrensbeteiligten und Dritter (§ 198 Abs. 1 Satz 2 GVG).[850] Die gesetzliche Regel des § 198 GVG hat das Verhalten der Dritten[851] als Maßstab zur Entscheidung über die Angemessenheit der Verfahrensdauer vorgeschrieben, welches in den vom BVerfG und EGMR entwickelten Maßstäbe nicht erfasst wird. Ein Verhalten der Dritten wird bei der Überprüfung der Angemessenheit

847 BT-Drucks. 17/3802, S. 22.

848 KK-Barthe, § 198 GVG, Rn. 2.

849 BT-Drucks. 17/3802, S. 18.

850 Für eine nähere Darstellung der Umstände siehe 2. Abschnitt II.

851 Mit Dritten sind besondere staatliche Stellen gemeint, die als Parteien oder Beteiligte auftreten oder die bestimmte prozessuale Funktionen wahrnehmen, sie sind nicht als Verfahrensbeteiligte anzusehen. Steinbeiß-Winkelmann/Ott. Rechtsschutz, § 198 GVG, Rn. 113. Diese Differenzierung zwischen Verfahrensbeteiligten und Dritten geht davon aus, dass der enge Sinn des Verfahrensbeteiligten in § 198 Abs. 6 Nr. 2 aufgestellt wird. Nach den vom BVerfG und EGMR entwickelten Maßstäben wird ein Verhalten eines Dritten im Sinn des Verhaltens des Staats oder einer Behörde erfasst. Beispielsweise wird die Verzögerung des Sachverständigen nach den Maßstäben des § 198 Abs. 1 Satz 2 als Verhalten eines Dritten eingeordnet. Vgl. Steinbeiß-Winkelmann/Ott. Rechtsschutz, § 198 GVG, Rn. 120. Nach den vom BVerfG und EGMR entwickelten Maßstäben wird ein Verhalten des Sachverständigen im Rahmen des Verhaltens des Staats berücksichtigt. Siehe 2. Abschnitt II.E.3.

berücksichtigt, wenn das Gericht mögliche Abhilfemaßnahmen unterlassen hat, um ein durch ein Verhalten Dritter ausgelösten Verzögerung zu begegnen.[852]

2. Nachteil aufgrund unangemessener Verfahrensdauer

Die Entschädigung gem. § 198 GVG bedarf Nachteilen, die entweder materieller oder immaterieller Art sein können.[853] Ein materieller Nachteil durch eine Verfahrensverzögerung ist in der Regel keine Rechtsgutsverletzung im Sinne des Deliktrechts (Leben, Gesundheit, Freiheit, Eigentum), sondern meint allein einen Vermögensnachteil.[854] Der Entschädigungsspruch enthält nicht nur die Kompensation des durch die überlange Verfahrensdauer verursachten unmittelbaren Vermögensverlustes, sondern auch die weiteren Vermögensnachteile, die der Betroffene infolge der langen Dauer mittelbar erleiden muss.[855] Ein materieller Nachteil kann beispielsweise die durch die Verzögerung hervorgerufene Zunahme der Kosten im Ausgangsverfahren oder der für die vorprozessuale Verfolgung notwendigen Rechtanwaltskosten des Entschädigungsanspruchs sein.[856] Der immaterielle Nachteil liegt in den wegen der Ungewissheit über das Ergebnis des Verfahrens bestehenden seelischen Belastungen in Straf- und Ermittlungsverfahren.[857]

Hier taucht die sinnvolle Beweisfrage auf, wie der materielle und immaterielle Nachteil vor dem Gericht nachzuweisen ist.[858] Der Kläger muss einen ihn erlittenen Vermögensnachteil vortragen und beweisen. Hingegen wurde eine widerlegliche Vermutung für die Existenz eines Nichtvermögensnachteils in § 198 Abs. 2 Satz 1 GVG vorgeschrieben. Diese gesetzliche Vermutung ist eine Tatsachenvermutung und folgt hinsichtlich des Vorliegens eines Nichtvermögensnachteils aus einer Beweislastumkehr.[859] Das beklagte Land oder der Bund muss die gesetzliche Vermutung für das Vorliegen eines Nichtvermögensnachteils darstellen und beweisen, wenn der Nichtvermögensnachteil in der Tat fehlt.[860]

---

852 Steinbeiß-Winkelmann/Ott, Rechtsschutz, § 198 GVG, Rn. 120.
853 KK-Barthe, § 198 GVG, Rn. 2.
854 Steinbeiß-Winkelmann/Ott, Rechtsschutz, § 198 GVG, Rn. 144.
855 Steinbeiß-Winkelmann/Ott, Rechtsschutz, § 198 GVG, Rn. 145.
856 Althammer/Schäuble, NJW 2012 S. 3.
857 KK-Barthe, § 198 GVG, Rn. 2.
858 Steinbeiß-Winkelmann/Ott, Rechtsschutz, § 198 GVG, Rn. 151.
859 Steinbeiß-Winkelmann/Ott, Rechtsschutz, § 198 GVG, Rn. 152.
860 Steinbeiß-Winkelmann/Ott, Rechtsschutz, § 198 GVG, Rn. 154.

3. *Haftungsausfüllende Kausalität*

Der Nachteil muss durch die Verfahrensdauer bei Gerichten des Rechtsträgers, der von seinem Entschädigungsanspruch Gebrauch macht, verursacht werden. Die Prüfung des kausalen Zusammenhangs zwischen dem Nachteil und der überlangen Verfahrensdauer führt durch, die Verfahrensdauer nicht nur unter besonders eigenartigen, unwahrscheinlichen und nach dem ungewöhnlichen Verlauf der Dinge in Betracht zu kommenden Umständen als geeignet zu halten, sondern unter den in allgemeinen Umständen als geeignet zu halten, um einen Nachteil herbeizuführen.[861]

Bei materiellen Nachteilen muss der Kläger die haftungsausfüllende Kausalität in der Regel vortragen und nachweisen. Nach den Regeln des Anscheinsbeweises kann eine Beweiserleichterung darin bestehen, dass bei typischen Geschehensabläufen der ursächliche Zusammenhang durch Erfahrungssätze nachgewiesen wird. Es ist nicht erforderlich, die exakten Tatsachen vorzutragen und nachzuweisen.[862]

Bei immateriellen Nachteilen hat § 198 Abs. 2 Satz 1 nicht nur eine Vermutung für das Vorliegen eines Nichtvermögensnachteils, sondern auch eine Beweislastumkehr bei der haftungsausfüllenden Kausalität aufgestellt.[863]

4. *Keine Wiedergutmachung auf andere Weise (nur immaterielle Nachteile)*

Ein Entschädigungsanspruch auf den Nichtvermögensnachteil liegt nur dann vor, wenn der durch die unangemessene Verfahrensdauer herbeigeführte Nachteil nicht bereits auf andere Weise kompensiert wurde. In Strafrechtssachen meint eine genügende Kompensation auf andere Weise, dass die StA oder das Strafgericht die unangemessene Dauer des Verfahrens zugunsten des Beschuldigten berücksichtigt haben (§ 199 Abs. 3 S. 1 GVG). Dabei wird eine Verzögerung vor allem durch die Vollstreckungslösung kompensiert. Bei dem hinreichenden Ausgleich der Verzögerung durch die Vollstreckungslösung ist ein Entschädigungsanspruch für immaterielle Nachteile ausgeschlossen.[864]

Diese Anforderung folgt aus einem eng begrenzten Anwendungsbereich der Entschädigungsvorschrift gem. 198, 199 GVG im Strafrecht. Der

---

861 Manfred, MDR 2012, S. 130.
862 Steinbeiß-Winkelmann/Ott, Rechtsschutz, § 198 GVG, Rn. 157.
863 Steinbeiß-Winkelmann/Ott, Rechtsschutz, § 198 GVG, Rn. 158.
864 Plankenmann, Überlange Verfahrensdauer, S. 194.

Entschädigungsanspruch auf immaterielle Nachteile entsteht, wenn die Belastung des Beschuldigten durch die Strafvollstreckungslösung nicht ausreichend ausgeglichen wird, der Beschuldigte freigesprochen wird oder das Verfahren aus anderen Gründen eingestellt wird.[865] Die Einführung der Entschädigungsregelung trägt zum Schließen einer Kompensationslücke bei.

5. *Verzögerungsrüge*

Nach § 198 Abs. 3 Satz 1 GVG kann der Betroffene eine Entschädigung erhalten, wenn er die Verfahrensdauer gerügt hat. Diese Verzögerungsrüge ist somit grundsätzlich eine zwingende Voraussetzung für einen Entschädigungsspruch, ohne dass eine Verzögerungsrüge grundsätzlich Entschädigungsansprüche ausschließt.[866] Nach der Begründung zum RegE wird die Verzögerungsrüge als eine Obliegenheit des Betroffenen charakterisiert.[867] Die Stelle als reine Obliegenheit führt zu einigen Besonderheiten der Verzögerungsrüge. Zum einen braucht der Rügeführer die Verfahrensvorgänge, die eine Verzögerung verursachen, nicht umfassend darzustellen. Er muss nur äußern, dass er danach verlangt, ein Verfahren zu beschleunigen.[868] Zum anderen ist eine förmliche Entscheidung über die Rüge nicht erforderlich und der Rügeführer hat bei Nichtabhilfe keine Möglichkeit zur Erhebung einer Beschwerde.[869]

a. *Funktion der Verzögerungsrüge*

Nach der Begründung zum RegE verfolgt eine Rügeobliegenheit als Voraussetzung für einen Entschädigungsanspruch eine doppelte Funktion.

Zum einen lässt die Verzögerungsrüge dem Richter oder der Staatsanwaltschaft eine Vorwarnung darüber zukommen, dass der Betroffene mit der Verfahrensdauer nicht einverstanden ist, und die Möglichkeit einer beschleunigten Verfahrensförderung verlangt.[870] Die Rügeobliegenheit soll vermeiden, dass Ansprüche auf Entschädigung überraschend gestellt werden können. Ist eine Verfahrensrüge berechtigt, so muss das Gericht die Abhilfe schaffen und das

---

865 BT-Drucks. 17/3802, S. 36; Sommer, StV 2012, S. 108.
866 KK- Barthe, § 198 GVG, Rn. 4; Schubert, Vorgabe, S. 122; Steinbeiß-Winkelmann/Ott, Rechtsschutz, § 198 GVG, Rn. 170.
867 BT-Drucks. 17/3802, S. 20.
868 BT-Drucks. 17/3802, S. 21.
869 BT-Drucks. 17/3802, S. 23 f.
870 Steinbeiß-Winkelmann/Ott, Rechtsschutz, § 198 GVG, Rn. 173.

Verfahren fördern (Warnfunktion).[871] Zum anderen soll die Rügepflicht die Praxis des „Duldens und Liquidieren“ ausschließen und damit einem Missbrauch des Entschädigungsanspruchs begegnen.[872]

b. Rügezeitpunkt

i. Berechtigter Rügezeitpunkt

Nach § 198 Abs. 3 Satz 2 kann die Verzögerungsrüge erhoben werden, wenn Anlass zur Besorgnis besteht, dass das Verfahren nicht in einer angemessenen Zeit abgeschlossen wird. Diese Regel über den Zeitpunkt der Erhebung der Verzögerungsrüge schützt davor, dass die Rüge bereits vorsorglich zu Beginn eines Verfahrens beantragt wird. Wann ein Anlass zur Besorgnis besteht, dass das Verfahren nicht in angemessener Zeit beendigt werden kann, ist unklar. Nach der Gesetzesbegründung wird die Besorgnis dadurch festgestellt, dass die konkrete Möglichkeit einer Verzögerung vorliegt.[873] Einige Teile des Schrifttums orientieren die Maßnahme zur Feststellung der Besorgnis an den Grundsätzen, die zur Entscheidung über die Besorgnis bei der Richterablehnung wegen Befangenheit aufgestellt wurden.[874] Danach hängt die Feststellung der Besorgnis der unangemessenen Verfahrensdauer davon ab, ob die Befürchtung einer überlangen Verfahrensdauer vom Blickwinkel des Rügeführers anhand objektiver Kriterien und aus bei vernünftiger Betrachtung genährt werden kann.[875] Laut dieser Auffassung müssen bestimmte Umstände vorliegen, die eine Verfahrensverzögerung nahelegen, beispielsweise ein Richterwechsel bei komplexen Fällen, eine längere Vertretungszeit oder Überlastungsanzeichen des Gerichts.[876] Eine niedrige Anforderung, die an die Bewertung des Verfahrenszustandes durch den Verfahrensbeteiligten gestellt wird, ist zutreffend. Aus dem Wortlaut des § 198 Abs. 3 Satz 2 Hs. 1 GVG kann keine hohe Anforderung an die Einschätzung der Verfahrenslage durch den Verfahrensbeteiligten aufgestellt werden. Wenn der Verfahrensbeteiligte einer Forderung nachkommen soll, die er nicht der gesetzlichen Vorschrift entnehmen kann, wäre dies nicht mit dem Gebot der Rechtsbehelfsklarheit vereinbar. Zur verfassungskonformen Auslegung der gesetzlichen

---

871 Steinbeiß-Winkelmann, ZRP 2010, S. 206.

872 BT-Drucks. 17/3802, S. 30.

873 BT-Drucks. 17/3802, S. 20.

874 Guckelberger, DÖV 2012, S. 293; Söhngen, NZS 2012, S. 496.

875 Schubert, Vorgabe, S. 128 f; Söhngen, NZS 2012, S. 497; Steinbeiß-Winkelmann/Ott, Rechtsschutz, § 198 GVG, Rn. 188.

876 Schubert, Vorgabe, S. 129.

Regelung in § 198 Abs. 3 Satz 2 Hs. 1 GVG dürfte der Verfahrensbeteiligte nicht hohe angefordert werden, die Bewertung der Verfahrenslage nachzuweisen. Das Ausgangsgericht kann dafürhalten, dass eine Verzögerungsrüge bereits erhoben ist, wenn der Verfahrensbeteiligte anhand sachlich nachvollziehbarer Anhaltspunkte eine unangemessene Verfahrensdauer befürchtet.[877]

ii. Folgen verfrühter oder verspäteter Rüge

Wenn eine Verzögerungsrüge zu früh erhoben wird, soll nach der Gesetzesbegründung nicht der Pflicht für den Entschädigungsanspruch nachgekommen werden, weil eine verfrühte Rüge keine Warnfunktion gegenüber dem Ausgangsgericht ausüben kann.[878] Eine zu früh erhobene Verzögerungsrüge besteht darin, dass keine konkreten Anhaltpunkte für eine unangemessene Verfahrensdauer vorliegen. Selbst wenn im späteren Verfahrensstudium die unangemessene Verfahrensdauer in der Tat eintritt, wird die Verzögerung nicht als wirksam betrachtet.[879] Der Entschädigungsanspruch kommt ohne wirksame Verzögerungsrüge nicht in Betracht. Das Entschädigungsgericht kann die Entschädigung gem. § 198 Abs. 4 Satz 3 Hs. 2 leisten.[880]

Zur Folge der verspäteten Erhebung der Verfahrensrüge besteht keine einheitliche Auffassung. Laut der Begründung zum RegE werde die Geduld eines Verfahrensbeteiligten nicht bestraft.[881] Im Referentenentwurf des § 198 Abs. 3 Satz 1 GVG hat die Formulierung der Vorschrift darauf verzichtet, dass ein Verfahrensbeteiligter einen Entschädigungsanspruch bekommt, „*soweit er bei dem mit der Sache befassten Gericht die Dauer des Verfahrens gerügt hat*", sondern dieser setzt stattdessen ein, „*wenn er bei dem mit der Sache befassten Gericht die Dauer des Verfahrens gerügt hat.*"[882] Dadurch wird der Umfang der Verfahrensverzögerung ab dem Zeitpunkt in Erwägung gezogen, ab dem die Verzögerung vorlag, und nicht ab der Erhebung der Verzögerungsrüge.[883]

---

877 Schubert, Vorgabe, S. 129.

878 BT-Drucks. 17/3802, S. 20; Althammer/Schäuble, NJW 2012 S. 3; Schubert, Vorgabe, S. 130; Steinbeiß-Winkelmann/Ott, Rechtsschutz, § 198 GVG, Rn. 193.

879 Steinbeiß-Winkelmann/Ott, Rechtsschutz, § 198 GVG, Rn. 193.

880 Schubert, Vorgabe, S. 130 f.

881 BT-Drucks. 17/3802, S. 21; Althammer/Schäuble, NJW 2012, S. 3; Böcker DStR 2011, S. 2176; Guckelberger DÖV 2012, S. 294; Schenke, NVwZ 2012, S. 262; Steinbeiß-Winkelmann ZRP 2010, S. 207.

882 Steinbeiß-Winkelmann/Ott, Rechtsschutz, Einführung, Rn. 316.

883 Schubert, Vorgabe, S. 133; Steinbeiß-Winkelmann/Ott, Rechtsschutz, Einführung, Rn. 316.

Im Gegensatz zum Privileg einer zurückhaltenden Erhebung der Verzögerungsrüge stellt der Gesetzgeber klar, dass eine verspätete Erhebung der Verzögerungsrüge zu einem verringerten Entschädigungsanspruch führen kann, wenn dem Verfahrensbeteiligten nach der Würdigung der Gesamtumstände ein „Dulden und Liquideren" vorwerfbar ist.[884] Die Auffassung, die eine verspätete Erhebung der Verzögerungsrüge zu einem verringerten Entschädigungsanspruch führen kann, ist zutreffend. Die Verzögerungsrüge nach der Begründung zum RegE dient der Vermeidung des „Duldens und Liquidierens". Bei der verspäteten Erhebung der Verzögerungsrüge gehe diese Funktion ins Leere. Es kann nicht allein auf den Wortlaut der Vorschrift ankommen.

c. *Inhalt der Rüge*

Außer dem Zeitpunkt der Erhebung der Verzögerungsrüge soll weiter dargestellt werden, was der Verfahrensbeteiligte mit der Verzögerungsrüge ausdrücken muss. Nach der Vorschrift des § 198 Abs. 3 Satz 1 GVG kann dem Rügeinhalt entnommen werden, dass der Verfahrensbeteiligte „die Dauer des Verfahrens gerügt" haben soll. Die Begründung zum RegE verlangt, dass der Verfahrensbeteiligte mit seiner Rüge äußert, dass er mit der Verfahrensdauer nicht einverstanden ist.[885]

Eine Ausnahme von den geringen inhaltlichen Anforderungen an die Rüge des Verfahrensbeteiligten wird in § 198 Abs. 3 Satz 3 vorgeschrieben. Der Verfahrensbeteiligte muss in seiner Verzögerungsrüge den Umständen zum Ausdruck bringen, die für die Verfahrensförderung einen Vorteil schaffen, aber noch nicht in das Verfahren eingeführt wurden.

6. *Rechtsfolge des Anspruchs der §§ 198 und 199 GVG*

Wenn die oben dargestellten Voraussetzungen erfüllt sind, kann der Verfahrensbeteiligte seinen Entschädigungsanspruch für Nachteile im Rahmen einer Entschädigungsklage ausüben.

Gem. § 198 Abs. 5 GVG kann die Entschädigungsklage frühestens sechs Monate nach Erhebung der Verzögerungsrüge und spätestens sechs Monate nach Eintritt der Rechtskraft der Entscheidung im Ausgangsverfahren anhängig gemacht werden. Die Entschädigungsklage gegen ein Land wird vor dem

---

884 BT-Drucks. 17/3802, S. 21; Althammer/Schäuble, NJW 2012, S. 3; Schenke, NVwZ 2012, S. 262; Schubert, Vorgabe, S. 133; Steinbeiß-Winkelmann/Ott, Rechtsschutz, § 198 GVG, Rn. 195.

885 BT-Drucks. 17/3802, S. 21.

Oberlandesgericht erhoben. Die Entschädigungsklage gegen den Bund wird vom BGH behandelt (§ 201 Abs. 1 GVG).

Nach § 198 Abs. 2 Satz 3 GVG erfolgt die Entschädigung gem. Satz 2 durch die Summe von 1200 Euro für jedes Jahr der Verzögerung. Das Gericht hat entsprechend den Umständen des Einzelfalles einen Spielraum zur Entscheidung über die Summe der Kompensation (§ 198 Abs. 2 Satz 4 GVG).

C. Besondere Fragen hinsichtlich der Verzögerungsrüge

1. Verzögerungsrüge als Voraussetzung für die Anwendung der Vollstreckungslösung

Bei der Einsetzung des Gesetzes über den Rechtsschutz bei überlangen Gerichtsverfahren und strafrechtlichen Ermittlungsverfahren bestand eine Unklarheit darüber, ob die Verzögerungsrüge allein als Voraussetzung für den Entscheidungsanspruch gilt, oder ob sie auch bei einer Kompensation durch die Strafvollstreckungslösung vorgegriffen werden muss. Auf diese Frage ist der Gesetzgeber nicht eingegangen und hat sie auch nicht aufgeklärt. Sommer hat die Verzögerungsrüge als Voraussetzung der Kompensation durch die Strafvollstreckungslösung bejaht und begründet. Die Kompensation durch die Vollstreckungslösung wird im Sinne der „Wiedergutmachung auf andere Weise" in § 198 Abs. 2 Satz 2 verstanden und die Anwendbarkeit der Verzögerungsrüge erstreckt sich auf die Kompensation durch Vollstreckungslösung.[886]

Die herrschende Meinung im Schrifttum hat die Notwendigkeit der Erhebung einer Verzögerungsrüge bei der Anwendung der Vollstreckungslösung abgelehnt.[887] Diese Auffassung wird wie folgt begründet. Vor allem werden weder dem Gesetzestext noch der Gesetzesbegründung Anhaltspunkte entnommen, dass die Kompensation durch die Strafvollstreckungslösung nicht in Betracht kommt. Das neue Entschädigungsrecht will mittels der Berücksichtigung der Vollstreckungslösung feststellen, ob die Verzögerung durch die Vollstreckungslösung ausreichend ausgeglichen wird oder nicht. Dass eine umgekehrte Maßgeblichkeit der Verzögerungsrüge die Durchführung der Vollstreckungslösung voraussetzt, wurde vom Gesetztext nicht fixiert.[888] Dies entzieht der Auffassung von Sommer den Boden.

---

886 Sommer, StV 2012, S. 110.

887 Vgl. Gercke/Heinisch, NStZ 2012, S. 304.; Graf, NZWiSt 2012, S. 127; Lummel, AL 2012, S. 225; Plankenmann, Überlange Verfahrensdauer, S. 197 ff.

888 Gercke/Heinisch, NStZ 2012, S. 304.

Bei der Einführung der Verzögerungsrüge als Voraussetzung der Vollstreckungslösung kommt es zu einer klaren Verschlechterung der Position des Beschuldigten und Angeklagten, wenn das gegen sie durchgeführte Verfahren sich verzögert. Der Betroffene soll bei der Kompensation der Verletzung des Beschleunigungsgebots zunächst nachweisen, dass er eine Verfahrensrüge rechtzeitig erhebt. Der Gesetzgeber hat bei der Aufstellung des neuen Entschädigungsrechts nicht den Zweck verfolgt, die Stelle des Beschuldigten und Angeklagten zu verschlechtern.[889]

Nach der Rechtsprechung des BVerfG und des BGH wird die Feststellung und Kompensation der Verletzung durch das Gericht von Amts wegen berücksichtigt.[890] Es ist entbehrlich, dass der Betroffene einen Beitrag dazu leistet und die Verzögerungszüge vorherig zu erheben.

Zum Schluss wird die Ablehnung der Erforderlichkeit des Vorgriffs der Verzögerungsrüge im Rahmen der Vollstreckungslösung mit den konzeptionellen Unterschieden zwischen der Vollstreckungslösung und dem neuen Entschädigungsrecht begründet. Bei der Ausübung der Vollstreckung zur Kompensation der Verletzung des Beschleunigungsgebots berücksichtigt das Gericht den Umfang der staatlich verantworteten Verzögerung, das Maß des Fehlverhaltens der Strafverfolgungsorgane und die verursachte Belastung des Angeklagten. Dagegen entfaltet der neue Entschädigungsanspruch außer der Entschädigung auch eine präventive Funktion, die Warnfunktion sowie die Vermeidung des „Duldens und Liquidierens“. Damit wird bei der Prüfung der Vollstreckungslösung das Vorliegen der Verzögerungsrüge nicht berücksichtigt.[891]

2. *Präventive Wirkung der Verzögerungsrüge*

Nach der Anforderung der Rechtsprechung des EGMR soll der Konventionsstaat einen wirksamen Rechtbehelf gegen eine überlange Verfahrensdauer ermöglichen. Ein wirksamer Rechtbehelf könnte eine präventive beschleunigende Maßnahme sein, die die behauptete Verletzung oder ihre Fortsetzung vermeidet, oder eine Entschädigung für eine bereits eingetretene Verzögerung.[892] Der EGMR hat auch hervorgehoben, dass die präventive beschleunigende Maßnahme die beste Lösung ist. Denn diese Lösung bietet einen Rechtsbehelf zur

889 Graf, NZWiSt 2012, S. 127.

890 Vgl. BVerfG NJW 2003, S. 2225; BGHSt, 46, 159, 171 ff.

891 Gercke/Heinisch, NStZ 2012, S. 304.

892 EGMR, NJW 2001, S. 2700 Ziff. 159.

Beschleunigung des Verfahrens und dadurch wird die nachfolgende Verletzung im selben Verfahren vermieden.[893]

Die Begründung zum RegE hat behauptet, dass das Entschädigungsrecht mit der Verzögerungsrüge sowohl einer Wiedergutmachung der Nachteile, die von der überlangen Verfahrensdauer herbeigeführt werden, als auch eine präventive Wirkung schaffen kann. Einige Autoren haben diese präventive Wirkung, die durch die Verzögerungsrüge beigebracht wird, jedoch in Zweifel gezogen. Es wird skeptisch betrachtet, ob die Rüge tatsächlich eine Abhilfe durch das Ausgangsgericht hervorrufen kann[894] oder die Rüge ohne Bescheidungspflicht des Ausgangsgerichts nur als einseitige Mitteilung an das Gericht angesehen und eine präventive Wirkung nicht in allen Fällen entfalten kann.[895] Zur Feststellung des Vorliegens der präventiven Wirkung ist es notwendig, die Abhilfe durch das Ausgangsgericht, die durch die Verzögerungsrüge hervorgerufen wird, und die Erforderlichkeit der Bescheidung der Rüge näher darzustellen.

a. Die Abhilfe durch das Ausgangsgericht

Laut der Begründung zum RegE soll das Ausgangsgericht eine ordnungsgemäße Verzögerungsrüge in der Regel überprüfen und eine Abhilfemöglichkeit gegen die Verzögerung geben.[896] Zwar ist der gesetzgeberische Wille klar, dass das Ausgangsgericht durch die Verzögerungsrüge gering belastet wird.[897] Andererseits kann die Beschleunigungswirkung einer Verzögerungsrüge im Ausgangsverfahren darauf beruhen, dass das Ausgangsgericht auf die Verzögerungsrüge reagiert. In der Regel kann die Verzögerungsrüge mindestens einen Austausch zwischen dem Ausgangsgericht und dem Verfahrensbeteiligten über das Vorliegen und die Ursachen der Verzögerung auslösen.[898] In einigen Teilen der Literatur wurde diese Auffassung kritisiert. Der Austausch der Informationen über den Sachstand und die Verfahrensdauer zwischen dem Gericht und der Verfahrensbeteiligten findet ohne Verzögerungsrüge bereits statt.[899] Die Verzögerungsrüge könnte wie eine begründete Bitte zur Beschleunigung des Verfahrens unwirksam sein.

893 EGMR, NJW 2006, S. 2390 Ziff. 100.
894 Ossenbühl, DVBl. 2012, S. 860; Sommer, StV 2012, S. 112.
895 Althammer/Schäuble, NJW 2012 S. 7.
896 BT-Drucks. 17/3802, S. 16.
897 BT-Drucks. 17/3802, S. 16.
898 Schubert, Vorgabe, S. 140.
899 Magnus, ZZP 125 (2012), S. 88 f; Pickenpack, Rechtschutz, S. 239; Wolff, VR 2012, S. 291.

Der Befürworter, der die präventive Wirkung der Verzögerungsrüge bestätigt hat, argumentierte, dass die Verzögerungsrüge einen zusätzlichen Anreiz für das Ausgangsgericht darstellt, die Beschleunigungsmöglichkeit des Verfahrens zu prüfen.[900] Die Verzögerungsrüge könnte die verfassungsrechtliche Forderung an eine Entfaltung der präventiven Wirkung realisieren, wenn die Prüfung und der Verfahrensbeschleunigung durch Verzögerungsrüge ermöglichen kann. Um das Bestehen einer solchen Möglichkeit nachzuweisen, wurden die gerichtlichen Statistiken des Sozialgerichts in Schleswig-Holstein herangezogen. Von Dezember 2011 bis Ende des Jahres 2013 wurden vor diesem Gericht 209 Verzögerungsrügen erhoben, aber nur 18 Entschädigungsklagen. Laut den Statistiken scheint die Verzögerungsrüge zur Beschleunigung des Verfahrens des Ausgangsgerichts beizutragen, weil durch die Verzögerungsrüge die Erhebung der Entschädigungsklage ausgeschlossen wurde.[901] Dieses Ergebnis fehlt eine völlige Überzeugungskraft. Die Nichterhebung der Entschädigungsklage hat auch andere Gründe, z.B. dass die Verzögerungsrüge verspätet oder verfrüht erhoben wird. Die Entschädigungsklage bleibt nicht allein mit der Abhilfe der Verzögerungsrüge außer Betracht.

Die Richterschaft begründet ihren Einwand gegen die präventive Wirkung der Verzögerungsrüge damit, dass das Gericht das Verfahren zu beschleunigen versucht, bevor eine Verzögerungsrüge erhoben wird. Diese Auffassung ist vereinbar mit der Vorgabe der verfassungsrechtlichen Justizgewährpflicht, dass das Gericht alle Maßnahmen einleiten muss, um das Verfahren in einer angemessenen Dauer zu beenden. Damit ist ein Richter, der das Verfahren langsam behandelt, im Sinne der verfassungsrechtlichen Idealvorstellung eine Ausnahme der durch die Verzögerungsrüge abgeholfen wird.[902] Daneben hat der Gesetzgeber auch schon behauptet, dass die Verzögerungsrüge keinen neuen Rechtsbehelf bietet, sondern allein als Obliegenheit des Beschuldigten aufgestellt wird.[903] Somit kann die Verzögerungsrüge eine präventive Wirkung nicht entfalten.

b. Die Bescheidung der Verzögerungsrüge

Nach der Begründung des Gesetzgebers hat das Ausgangsgericht keine Verpflichtung, die Verzögerungsrüge zu bescheiden, um dadurch hinzukommenden Verzögerungen zu vermeiden.[904] Diese Auffassung wurde insofern kritisiert,

---

900 Bosch/Schmidt/Vondung, Einführung, Rn. 1676.
901 Schubert, Vorgabe, S. 141.
902 Schubert, Vorgabe, S. 141.
903 Vgl. BT-Drucks. 17/3802, S. 16; 21.
904 BT-Drucks. 17/3802, S. 16.

dass eine Bescheidung durch das Ausgangsgericht eine Reaktion auf die Verzögerungszüge des Ausgangsgerichts schützen könnte und die Verzögerungsrüge nicht alleine eine einseitige Mitteilung an das Gericht.[905]

Es ist überzeugend, dass bei einer Verzögerungsrüge eine tatsächliche Beschleunigung des Verfahrens durch das Ausgangsgericht wichtiger ist, als eine Bescheidung einer Abhilfemöglichkeit des Ausgangsgerichts.[906] Insoweit räumt die Absage einer Bescheidungspflicht dem Verfahrensbeteiligten den Vorzug ein, weil das Interesse an einem zügigen Verfahren höher sein wird als an dem Rügebescheid.[907] Im Kontrast dazu könnte der Beteiligte wiederum ein höheres Interesse an der Bescheidung der Verzögerungsrüge bekommen, wenn das Ausgangsgericht keine Abhilfemöglichkeit für die Verfahrensverzögerung bietet. Durch die Bescheidung des Ausgangsgerichts, warum keine Abhilfe der Verfahrensverzögerung durchführbar ist, erhält der Verfahrensbeteiligte Informationen, durch die er abwägen kann, ob er eine Verzögerungsrüge wiederholt erhebt.[908] Somit wird ein Missbrauch der Verzögerungsrüge vermieden, weil der Verfahrensbeteiligte wegen des mangelhaften Austauschs der Informationen über das Bestehen und die Ursachen der Verzögerung mit dem Ausgangsgericht die Verzögerungsrüge wiederholt erhebt.

Um eine zusätzliche Belastung des Ausgangsgerichts und eine weitere Verzögerung durch die Pflicht des Bescheids zu umgehen, sollte das Ausgangsgericht nur eine kurze Rückmeldung geben, ob die Besorgnis einer Verfahrensverzögerung begründet ist und aus welchen Gründen keine Möglichkeit zur Abhilfe der Verzögerung besteht.[909]

c. *Stellungnahme*

Nach § 198 Abs. 3 GVG kann ein Verfahrensbeteiligter eine Entschädigung erhalten, wenn er bei dem mit der Sache befassen Gericht die Dauer des Verfahrens gerügt hat. Diese Voraussetzung beschränkt sich auf die Ausübung des Entschädigungsanspruchs des Beschuldigten. Nach der Rechtsprechung des EGMR verlangt der wirksame Rechtsschutz bei überlangen Gerichtsverfahren und strafrechtlichen Ermittlungsverfahren mindestens, dass die Verletzung des Beschleunigungsgebots, die schon vorliegt, durch eine Entschädigung ausgeglichen wird.

---

905 Althammer/Schäuble, NJW 2012 S. 7.
906 Marx/Roderfeld, Rechtsschutz, § 198 GVG, Rn. 145.
907 Vgl. BT-Drucks. 17/3802, S. 20.
908 Schubert, Vorgabe, S. 144.
909 Schubert, Vorgabe, S. 144.

§ 198 Abs. 3 Satz 1 hat eine zusätzliche Beschränkung auf die Ausübung des Entschädigungsanspruchs des Beschuldigten aufgestellt.

Laut der Rechtsprechung des EGMR erzeugt der wirksame Rechtsschutz, „*entweder die behauptete Verletzung oder ihre Fortdauer zu verhindern, oder angemessene Abhilfe für schon geschehene Verletzung zu geben.*“[910] Das Gesetz über den Rechtsschutz bei überlangen Gerichtsverfahren und strafrechtlichen Ermittlungsverfahren lässt sich mit der Anforderung des EGMR vereinbaren, wenn das Gesetz eine angemessene Kompensation aufstellt. Das Gesetz muss keine völlig präventive Wirkung durch die Verzögerungsrüge schaffen. Das Gesetz über den Rechtsschutz bei überlangen Gerichtsverfahren und strafrechtlichen Ermittlungsverfahren schreibt den Entschädigungsanspruch wegen der Verfahrensverzögerung erlittenen Nachteilen des Beschuldigten vor, wenn sein Nachteil nicht auf andere Weise kompensiert wird. In Anbetracht der zusätzlichen Beschränkung auf die Ausübung des Entschädigungsanspruchs des Beschuldigten kann sich der Staat von der Kompensation drücken und damit die Anforderung des EGMR unvollkommen erfüllen. Daher soll die Regelung der Obliegenheit des Beschuldigten des Gesetzes über den Rechtsschutz bei überlangen Gerichtsverfahren und strafrechtlichen Ermittlungsverfahren wegfallen.

910 EGMR, NJW 2001, S. 2700, Ziff. 158

Vierter Abschnitt: Die Einwirkung des Beschleunigungsgebots im deutschen Recht

Der EGMR hat in seine Rechtsprechung bei länger bestehenden Rückständen des innerstaatlichen Gerichts verlangt, dass die Konventionsstaaten ihr Gerichtssystem anpassen, um der Anforderung von Art. 6 EMRK zu entsprechen.[911] Seit langer Zeit wurde eine Teil- oder Gesamtreform des deutschen Strafrechts abgehandelt, um das Verfahren in angemessene Zeit zu Ende zu bringen.[912] Im folgenden Teil wird der Einfluss des Beschleunigungsgebots auf das einfache Gesetz dargestellt, nämlich die Maßnahme in der StPO, welche das Verfahren beschleunigen kann.

I. Einschränkung des Unmittelbarkeitsprinzips

A. Potential der Beschleunigung

Die Einschränkung des Unmittelbarkeitsprinzips könnte der Beschleunigung des Verfahrens dienen, da der Aufwand wegen der mehrfachen Vernehmung der Zeuge oder Sachverständiger, der wiederholt vorzunehmenden Ladung DER Zeugen und Sachverständiger, des zeitlichen Aufwandes in Abwartung der Ankunft der Zeugen oder Sachverständiger durch die Anwendung des Beweissurrogats, durch die Durchführung der Vernehmung mit dem beauftragten oder ersuchten Richter oder durch Videovernehmung erspart wird.[913]

B. Zweck und Begriff des Unmittelbarkeitsprinzips

Das Strafverfahren zielt vor allem die Wahrheitsfindung ab. Das Unmittelbarkeitsprinzip dient dazu, dem erkennenden Gericht im Interesse der Wahrheitsfindung durch unmittelbare Beweise eine bessere und zuverlässige Urteilsgrundlage zu verschaffen.[914]

---

911 EGMR, NJW 1999, S. 3548, Ziff. 74; NJW 2001, S. 212, Ziff. 75; NJW 2002, S. 2857, Ziff. 42.

912 Rieß, FS-Schäfer, S. 173; Roxin, FS-Jauch, S. 185; Wassermann, FS-Pallin, S. 468; Gössel, Empfehlen, S. 37 ff.

913 Vgl. Großkopf, Beweissurrogate, S. 46.

914 Vgl. Geppert, Unmittelbarkeit, S. 122; Radtke, GA 2012, S. 200.

Das Unmittelbarkeitsprinzip hat sowohl eine formelle als auch eine materielle Bedeutung. Das formelle Unmittelbarkeitsprinzip besagt, dass das die Entscheidung fällende Gericht die Beweisaufnahme selbst wahrnehmen muss. Es darf grundsätzlich die Beweisaufnahme nicht anderen Personen, etwa einem beauftragten oder ersuchten Richter, anvertrauen.[915] Die normative Grundlage des formellen Unmittelbarkeitsprinzips prägt sich in §§ 226 und 261 StPO aus. § 261 schreibt vor, dass über das Ergebnis der Beweisaufnahme das Gericht frei und nach der in der Verhandlung geschöpften Überzeugung entscheidet. Nach dieser Regel muss das Beweisgerüst, das die Überführung der Tat stützt, in der Hauptverhandlung vor dem erkennenden Gericht vollständig aufgebaut werden. § 226 fordert an, dass das Gericht, das ständige anwesend und ordnungsgemäß besetzt ist, in der Hauptverhandlung die Beweise selbst wahrnehmen muss.[916]

Bei der Rekonstruktion des Sachverhalts vor dem erkennenden Gericht soll möglichst das tatnächste Beweismittel verwendet werden.[917] Dazu kommt dem materiellen Unmittelbarkeitsprinzip die Bedeutung zu, dass das Gericht alle Tatsachen durch das unmittelbare und originäre Beweismittel rekonstruiert diese und nicht durch Beweissurrogate ersetzt.[918] Die Anforderung der Beweisnähe wird im § 250 Satz 2 StPO konkretisiert. Demnach darf die Beweisaufnahme nicht durch Verlesung des über eine frühere Vernehmung aufgenommenen Protokolls oder einer schriftlichen Erklärung ersetzt werden.[919]

C. Grundlage der Einschränkung

Das BVerfG hat dem Unmittelbarkeitsprinzip kein eigenes verfassungsrechtliches Gewicht verliehen.[920] Die Einschränkung des Unmittelbarkeitsprinzips betrifft nicht den rechtsstaatlichen Charakter des Strafverfahrens, sondern allein die Grenzen des § 244 Abs. 2 StPO. Deswegen kann der Gesetzgeber auch über diesen Grundsatz disponieren.[921] In der StPO liegt die Regelung des Grundsatzes

---

915 H. Lesch, JA 1995, S. 69; Roxin/Schünemann, Strafverfahren, § 46, Rn. 3.

916 Großkopf, Beweissurrogate, S. 29.

917 Beulke, StPO, Rn. 24.

918 Vgl. LR-Kühne, Einl. I, Rn. 63.

919 Die Gefährdung der Anwendung des Beweissurrogats wird in meiner Arbeit nicht weiter verfasst. Für eine nähere Erörterung vgl. Großkopf, Beweissurrogate, S. 34 ff.

920 BVerfGE 1, 418, 429.

921 Großkopf, Beweissurrogate, S. 62; Lagodny, Herausforderung, S. 176 f; Weigend behauptet auch, dass dieser Grundsatz zu lockern ist. Vgl. Weigend ZStW 113 (2001), S. 282 f.

der Unmittelbarkeit in den §§ 226, 250, 261 StPO vor. Daneben hat der Gesetzgeber nach dem bestehenden Regel-Ausnahme-Verhältnis die Ausnahme des Unmittelbarkeitsprinzips geschaffen. Der Gesetzgeber hat die Aufklärungspflicht aus § 244 Abs. 2 StPO in Erwägung gezogen und die Ausnahmeregelung aufgestellt.[922] Die Aufklärungspflicht verlangt in der Regel die Verwendung des besten und sachnächsten Beweismittels.[923] Durch die Natur des Prinzips des bestmöglichen Beweises als Optimierungsgebot wäre eine abgewogene Ausnahme vom Unmittelbarkeitsprinzip möglich, wenn übergeordnete Interessen oder Gründe bestünden, die im Wege der praktischen Konkordanz dazu führen, dass im konkreten Fall das „Bestmögliche" nicht durch den unmittelbaren Beweis, sondern durch die mittelbare Maßnahme, die dem formellen und materiellen Unmittelbarkeitsprinzip entgegensteht, erfüllt ist.

D. Verfahrensbeschleunigung als Rechtfertigung der Einschränkung

Während das Unmittelbarkeitsprinzip im 19. Jahrhundert als eine Errungenschaft der Strafverfahrensreformen in den meisten europäischen Strafverfahrenssystemen gepriesen wurde, wird es im 21. Jahrhundert massiv angegriffen.[924] Zuerst entspricht es der Verfahrensökonomie nicht, da die Beweismittel zweimal erhoben werden müssen, nämlich das erste Mal im Ermittlungsverfahren und danach in der Hauptverhandlung. Daneben verlangt es, dass jedes Beweismittel am Termin der Hauptverhandlung in „originaler" Form präsentiert wird. Diese Anforderung führt dazu, dass die Beweise in der Hauptverhandlung nicht durchgeführt werden und so die Tatsachengrundlage verkürzt wird, sodass das Gericht bei seiner Entscheidung die Tatsachen nicht genügend aufklärt und die Entscheidung nicht fällen kann.[925]

Der Gesetzgeber hat bei der Aufstellung einiger Ausnahme des Unmittelbarkeitsprinzips das Interesse der Beschleunigung des Verfahrens in Betracht gezogen, nämlich

922 Großkopf, Beweissurrogate, S. 62.

923 BVerfGE 57, 250, 277; BGHSt 32, 115, 123; 46, 73, 79; Eisenberg, StPO, Rn. 13; KK-Krehl, § 244, Rn. 36; SK-Frister, § 244, Rn. 13.

924 Weigend, FS-Eisenberg, S. 657.

925 Weigend, FS-Eisenberg, S. 658.

- die Vernehmungen durch beauftragte oder ersuchte Richter (§ 233 Abs. 1 StPO),[926]
- die Verlesung von Protokollen und Urkunden wegen der Abwesenheit der Zeuge, Sachverständiger und Mitbeschuldigten (§§ 251 Abs. 1 Nr. 3, Abs. 2 Nr. 1 StPO),[927]
- die Vorführung einer aufgezeichneten Zeugenvernehmung (§ 255 a i.V.m. §§ 251 Abs. 1 Nr. 1, Abs. 2 Nr. 3 oder §§ 251 Abs. 1 Nr. 3, Abs. 2 Nr. 1 StPO),[928]
- die Verlesung von Protokollen und Urkunden mit Einverständnis der Prozessbeteiligten (§§ 251 Abs. 1 Nr. 1, Abs. 2 Nr. 3 StPO).[929]

Die oben dargestellten Vorschriften, die sich auf die Beschleunigung des Verfahrens richten, befeinden sich mit dem Unmittelbarkeitsprinzip. Angesichts des Unmittelbarkeitsprinzips, das kein eigenes verfassungsrechtliches Gewicht enthält, kann der Gesetzgeber das Unmittelbarkeitsprinzip durchbrechen, wenn übergeordnete Interessen oder Gründe bestehen und die bestmögliche Sachaufklärung durch die mittelbare Beweisaufnahme gelingt.

In den ersten drei Fällen sind die Zeugen, der Sachverständige oder Mitbeschuldigten (nicht in § 223 Abs. 1 StPO) für längere Zeit von der Hauptverhandlung abwesend. In den Fällen könnte auf die Beweismittel verzichtet werden oder könnten die Zeugen, der Sachverständige oder der Mitbeschuldigte abgewartet werden, wenn das Unmittelbarkeitsprinzip streng eingehalten wird. Der Verzicht auf die Beweismittel beeinträchtigt die Wahrheitsfindung und steht der Natur des Unmittelbarkeitsprinzips, der Wahrheit zu dienen, entgegen. Wartet das Gericht die Beweispersonen ab, könnte das Verfahren sich verzögern und dem Beschleunigungsgebot widersprechen.[930] In Hinblick auf die besondere Lage wird die Einschränkung des Unmittelbarkeitsprinzips berücksichtigt. Wegen der längeren und ungewissen Zeit der Abwesenheit der Beweisperson und der Gefahr der Verletzung des Beschleunigungsgebots ist das Interesse der Beschleunigung des Verfahrens übergeordnet. Die Erinnerung der Beweisperson nimmt mit dem zeitlichen Ablauf allmählich ab, wird verdrängt oder sogar verfälscht.[931] Im Übrigen wird das Gebot der bestmöglichen Sachaufklärung nicht im Sinne der starren Anforderung der Anwendung des unmittelbaren

---

926 LR-Jäger, § 223, Rn. 16.
927 Meyer-Goßner/Schmitt, StPO, § 251, Rn. 10.
928 KK-Diemer, § 255a, Rn. 2; LR-Mosbacher, § 255a, Rn. 1.
929 BT-Drucks. 15/1508, S. 2.
930 Weigend, FS-Eisenberg, S. 666.
931 Pfeiffer, FS-Baumann, S. 332 f; Waßmer, ZStW 118(2006), S. 161.

Beweismittels verstanden, sondern das Gebot der bestmöglichen Sachaufklärung ist verletzt, wenn das Gericht seine Entscheidung nicht mit der rational begründeten und tatsachengestützten Beweisführung fällt.[932] Daraufhin haben diese gesetzlichen Einschränkungen des Unmittelbarkeitsprinzips auch nicht das Gebot der bestmöglichen Sachaufklärung überschritten. Die Einschränkungen entsprechen der oben dargestellten Grundlage. Angesichts des Erfordernisses der Beschleunigung des Verfahrens ist die Einschränkung gerechtfertigt.

E. Beschleunigungsinteresse als Rechtfertigung einer pauschalen Einschränkung des Unmittelbarkeitsprinzips

Das Unmittelbarkeitsprinzip zwingt eine wiederholte Beweisaufhebung im Ermittlungsverfahren einerseits und in der Hauptverhandlung andererseits. Damit wird das Ergebnis der Zeugenvernehmung durch die Beweissurrogate (Vernehmungsprotokoll oder schriftliche Erklärung) in der Hauptverhandlung eingeführt, um das Verfahren zu beschleunigen.[933] Die oben genannte Ausnahme vom Unmittelbarkeitsprinzip bedeutet nicht, die Verwendung des unmittelbaren Beweismittels in der Hauptverhandlung für die bestmögliche Wahrheitsfindung zu ändern.[934] Eine solche Wahrheitsfindung kann weder der Beschleunigung noch der Vereinfachung des Verfahrens wegen geopfert werden.[935] Wegen der Gefahr der Wahrheitsermittlung ist dieser Reformvorschlag unhaltbar.

Die Reformbefürworter haben zur Umgehung des Vorwurfs wegen der Abminderung der Verringerung der Wahrheitsermittlung behauptet, dass die Transfermöglichkeit zulässig ist, weil durch eine erweiterte Verfahrensgarantie im Vorverfahren die Fehlerquellen, die das Schöpfen aus zweiter Hand birgt, sinken und die Wahrheitsfindung nicht beeinträchtigt wird.[936] Eine Hauptthese lautet:

---

932 BVerfGK 1, 145, 152; BGH NStZ 2009, S. 402; vgl. Jahn, GA 2014, S. 600; Weigend, FS-Eisenberg, S. 669.

933 Duttge, ZStW 115 (2003), S. 566; Großkopf, Beweissurrogate, S. 69; Weigend, FS-Eisenberg, S. 669; a.M. „Daran ist nicht die fehlende Effizienz derartigen Prozedierens als solche kritikwürdig.“. Vgl. Radtke, GA 2012, S. 200 f.

934 Vgl. Vogel, JZ 2004, S. 829

935 Weigend, ZStW 113 (2001), S. 282 f.

936 Landau, ZRP 2004, S. 148; Schünemann, ZStW 114 (2002), S. 42; Rieß, FS- Schäfer, S. 189.

> *„Je stärker die Verteidigung in die Ermittlungshandlungen eingebunden war, je intensiver ihre eigenen Beweisanträge aufgegriffen und ihr Gelegenheit zur aktiven Teilnahme an Vernehmungen und Augenscheinseinnahmen sowie an der Auswahl von Sachverständigen geboten wurde, desto eher kann das erkennende Gericht auf die Dokumentation der so erlangten Beweise zurückgreifen und auf eine Wiederholung der Beweisaufnahme verzichten.“*[937]

Die erste Fehlerquelle bei einem Transfer eines Protokolls geht davon aus, dass im Ermittlungsverfahren und in der Hauptverhandlung unterschiedliche Ziele gesetzt werden. Im Ermittlungsverfahren bringt die StA nach dem Stand der Ermittlung ein Vorliegen einer hinreichenden Verurteilungsmöglichkeit zum Ausdruck (§ 203 StPO). Die Vernehmung des Zeugen vor Gericht soll die Belastung der Schuld des Täters oder Entlastung der Schuld des Täters ohne vernünftigen Zweifel erweisen. Die StA wegen der zugewiesenen „sozial-psychologischen Rolle“ verstärkt beachtet und weist nach, ob die Tat begangen wurde. Die Vernehmung im Ermittlungsverfahren wird nur in der Richtung auf den Nachweis des Vorliegens der Tat durchgeführt. Das Geschehen, das die Zeugen beobachteten, wird in den sehr knappen und in der Regel die Beschuldigten belastenden Teilen wiedergegeben.[938] Daneben wird im Protokoll das Geschehen nur zusammenfassende dargestellt.[939] Der gesamte Wortlaut der Aussage von Zeugen taucht nicht im Protokoll auf, sondern nur die Aussage, die der Vernehmungsführer für wesentlich hält. Dadurch könnten die Vernehmungsführer (StA oder Polizei) ohne Mitwirkung des Beschuldigten oder des Gerichts auf das Ergebnis der Vernehmung Einfluss nehmen, sogar das Ergebnis produzieren. Hierauf wird die Beweisqualität und Glaubwürdigkeit des Vernehmungsprotokolls im Ermittlungsverfahren mit der Vernehmung in der Hauptverhandlung nicht gleichgesetzt. Solche Fehlerquellen könnten nach der Auffassung der Befürworter des Reformvorschlags durch die Mitwirkung des Beschuldigten ausgeschlossen werden.[940] In dieser Arbeit wird die Frage näher untersucht, ob die Fehlerquellen

---

937 Weigend, FS-Eisenberg, S. 670; auch Beulke, FS-Rieß, S. 2; Duttge, ZStW 115 (2003). S. 565 ff; Schlüchter, GA 1994, S. 423; Schünemann, ZStW 114 (2002), S. 44. Lagondy hat die Einführung des Ergebnisses allein durch Videoaufzeichnung angenommen. Vgl. Lagodny, Herausforderung, S. 174 ff. Satzger behauptet, dass die Transfermöglichkeit sowohl die Teilnahme des Beschuldigten und Verteidigers auch das Einverständnis aller Prozessbeteiligten voraussetzt. Vgl. Satzger, Chancen, S. 44 ff. Ablehnung der Einführung durch die Beweissurrogate. Vgl. Salditt, StV 2001, S. 311 ff.

938 Vgl. Schünemann, ZStW 114 (2002), S. 21

939 Vgl. Park, Wahrheitsfindung, S. 94; Banscherus, Vernehmung, S. 215 ff.

940 Duttge, ZStW 115 (2003), S. 566; Schünemann, ZStW 114 (2002), S. 43 ff.

durch die Mitwirkung des Beschuldigten tatsächlich beseitigt werden könnten, es wird im folgenden Teil nähergebracht, ob diese Vorgangsweise die Beschleunigung des Verfahrens ermöglichen könnte.

Die Befürworter des Reformvorschlags haben anerkannt, dass zur Gewährleistung der wirksamen Ausübung der kontradiktorischen Vernehmung unentbehrlich vorausgesetzt wird, dass der Beschuldigte die ihm zur Last gelegten Umstände vollständig kennen muss,[941] da ohne Aktenkenntnis das Kreuzverhör allein zur lückenhaften Durchführung der kontradiktorischen Vernehmung führt.[942] Beispielsweise hat die Beschuldigten keine Möglichkeit der vollständig Ausübung der kontradiktorischen Vernehmung, wenn die StA Kenntnis davon hat, dass ein anderer Zeuge eine abweichende Aussage über die Tatsache vorgebracht hat, der Beschuldigte aber nicht. Zur Sicherstellung der umfassend Mitwirkung des Vorverfahrens und die Ausschließung der Fehlerquelle ist es notwendig, dass der Beschuldigte im Vorverfahren das Akteneinsichtsrecht hat.[943] Im Übrigen erhält der Beschuldigte bei seiner erweiterten Mitwirkung im Ermittlungsverfahren einhergehende Informationen über das Verfahren. Damit könnte das Ermittlungsverfahren gefährdet werden, indem die verdeckte Ermittlung, die aufgrund der vom Zeugen erhaltenen Informationen eingesetzt werden könnte, oder die überraschende Durchsuchung wenig Aussicht auf Erfolge hätte, wenn der Beschuldigte die Informationen über das Ermittlungsverfahren vollständig und frühzeitig bekommen würde.[944] Zur Eliminierung dieser Gefährdung des Ermittlungsverfahrens wurde die Trennung des Ermittlungsverfahrens in zwei Phasen als Lösungsmöglichkeit vorgeschlagen. In der ersten Phase kann die StA die Ermittlung allein durchführen und die Grenzen abstecken, wann die Gefährdung der Effektivität des Strafverfahrens nicht mehr besteht und die Mitwirkung des Beschuldigten zulässig ist.[945] Die Trennung des Ermittlungsverfahrens zwecks der Ermöglichung des Beweistransfers und der Beseitigung der Gefährdung des Ermittlungsverfahrens vermittelt den Eindruck, dass sich die Vernehmung des Zeugen oder Sachverständigen, die in der Hauptverhandlung stattfinden soll, durch diesen Reformvorschlag ins Ermittlungsverfahren

---

941 BGHSt 29, 99, 102; Beulke, FS-Rieß, S. 18 f; KK-Laufhütte/Willnow, § 147, Rn. 1; LR-Lüderssen/Jahn, § 147, Rn. 1; Schünemann, ZStW 114 (2002), S. 42; SK-Wohlers, § 147, Rn. 1.

942 Schünemann, ZStW 114 (2002), S. 42.

943 Walther, JZ 2004, S. 1110; Weigend, ZStW 104 (1992), S. 508.

944 Großkopf, Beweissurrogate, S. 122.

945 Großkopf, Beweissurrogate, S. 122 f; Bittmann, ZRP 2001, S. 443.

vorverlagert. Dieser Reformvorschlag bietet einen geringen Beschleunigungseffekt, weil die Zeit durch sowohl die Akteneinsicht auch die Einladung des Beschuldigten zur Teilnahme des Ermittlungsverfahrens ebenso vergeht.

Dieser Reformvorschlag, der sowohl wegen der Beweisqualität als auch des geringen Effekts auf die Beschleunigung des Verfahrens kritisiert wird, ist fehlerhaft.

II. Ausdehnung des Selbstleseverfahrens

A. Potential der Beschleunigung

Nach § 249 Abs. 2 StPO kann der Vorsitzende das Selbstleseverfahren anordnen, wenn die Urkunde im Rahmen der §§ 253 und 254 StPO nicht erfasst, dass die Richter und Schöffen vom Wortlaut der Urkunde Kenntnis genommen haben und die übrigen Beteiligten hierzu Gelegenheit hatten. Das Selbstleseverfahren bezweckt, die Hauptverhandlung zu straffen und zu entlasten.[946] Dieser Beschleunigungseffekt verleiht insbesondere, dass ein erheblicher Zeitaufwand und eine Ermüdung der Aufmerksamkeit bei der Verlesung von umfangreichen Schriftstücken, Vertragswerken, Bilanzen und Buchhaltungsdokumenten vermieden werden können.[947] Daneben nehmen viele Menschen den genauen Inhalt der Urkunde durch das Selbstlesen besser und schneller zur Kenntnis als durch Zuhören bei einer länger dauernden Verlesung im Gerichtssaal.[948]

B. Vereinbarkeit mit anderen strafprozessualen Grundsätzen

Das Selbstleseverfahren schränkt die Mündlichkeit des Verfahrens ein. Die Mündlichkeit begegnet dem schriftlichen und geheimen Inquisitionsverfahren[949] und verlangt, dass alle Tatsachen und Beweismittel vor dem erkennenden Gericht auf rechtsmäßige Weise mündlich in die Verhandlung eingebracht werden.[950] Der Gesetzgeber behauptet, dass das Mündlichkeitsprinzip im Kern unberührt ist, weil die Prozessbeteiligten sich nach der Mitteilung der

946 Brause, NJW 1992, S. 2869; Eisenberg, StPO, Rn. 2033, 2055; Kindhäuser, StPO, § 21, Rn. 103; KK- Diemer, § 249, Rn. 32; Knierim/Rettenmaier, StV 2006, S. 155; LR-Mosbacher, § 249, Rn. 53; SK- Frister, § 249 Rn. 54.

947 KK-Diemer, § 249, Rn. 32; Knierim/Rettenmaier, StV 2006, S. 155; LR-Mosbacher, § 249, Rn. 53.

948 LR-Mosbacher, § 249, Rn. 53.

949 Kühne, StPO, Rn. 708.

950 KK-Fischer, Einl., Rn. 17; LR-Kühne, Einl. I, Rn. 58.

Verwertungsabsicht durch das Gericht und in ihren Schlussvorträgen zu dem Inhalt dieser Urkunden erklären könnten.[951] Im Gegensatz dazu befürwortet das Schrifttum teilweise wegen des Selbstleseverfahrens eine Verletzung oder einen partiellen Verzicht auf das Mündlichkeitsprinzip.[952] Das Mündlichkeitsprinzip ist ein nicht absolut geltendes Verfahrensprinzip. Der Gesetzgeber könnte wegen eines rechtsstaatlich erträglichen Kompromisses das Mündlichkeitsprinzip disponieren.[953] Die Einschränkung des Mündlichkeitsprinzips ist noch annehmbar, wenn die Möglichkeit vorliegt, den Inhalt, der gelesen wird, strittig in der Hauptverhandlung zu kommentieren und zu diskutieren.[954] Daneben soll man das Mündlichkeitsprinzip nicht zu eng interpretieren, sodass die Verhandlung nicht allein durch die akustische Kommunikation zulässig ist, sondern alle Sinneswahrnehmungen umfasst.[955]

Es ist strittig, ob durch das Selbstleseverfahren das rechtliche Gehör verletzt wird. Bei der Durchführung des Selbstleseverfahrens wird allen Verfahrensbeteiligten, vor allem aber dem Angeklagten, das Recht und die Möglichkeit gegeben, den Inhalt der Urkunden zu Kenntnis zu nehmen. Dadurch ist das Recht auf Gehör nicht verletzt. Er kann sich in der Hauptverhandlung zum Inhalt des Gelesenen äußern und die für erforderlich gehalten Anträge stellen. [956] In der Tat könnte allerdings die Gefahr bestehen, dass die Verteidigung dadurch verunsichert wird, da der Angeklagte nicht zweifelfrei feststellt, was auf Urteilsgrundlage bildet, wenn das Selbstleseverfahren auf umfangreiche Schriftstücke in Gebrauch nimmt.[957] Diese Gefahr könnte bei der Anordnung des Vorsitzenden dadurch verringert werden, dass der Vorsitzende bei umfangreichen Konvoluten die nach § 249 Abs. 2 StPO zu behandelnden Urkunden zusammenfassend benennt und in seiner Anordnung eine Auflistung erstellt, was der Angeklagte und sein Verteidiger lesen sollen.[958]

---

951 BT-Drucks. 10/1313, S. 28.

952 Eisenberg, StPO, Rn. 2034; LR-Mosbacher, § 249, Rn. 56; SK-Frister, § 249, Rn. 55.

953 LR-Mosbacher, § 249, Rn. 56.

954 Kühne, StPO, Rn. 709; LR-Mosbacher, § 249, Rn. 56.

955 Kühne, StPO, Rn. 709.

956 LR-Mosbacher, § 249, Rn. 57.

957 Vgl. Eisenberg, StPO, Rn. 2036; Kempf, StV 1987, S. 221.

958 Vgl. LR-Mosbacher, § 249, Rn. 64.

C. Erweiterung der Möglichkeit des Selbstleseverfahrens

Das Selbstleseverfahren wurde durch Art. 1 Nr. 21 StVÄG 1979 vom 05.10.1978 aufgestellt. Seit der Verabschiedung des § 249 Abs. 2 StPO ist die gesetzliche Voraussetzung allmählich zu erweitern. § 249 a.F. StPO, der im StVÄG 1979 beschlossen wurde, lautet:

> *„Von der Verlesung einer Urkunde oder eines anderen als Beweismittel dienenden Schriftstücks kann abgesehen werden, wenn die Staatsanwaltschaft, der Verteidiger und der Angeklagte hierauf verzichten. Der wesentliche Inhalt soll mitgeteilt werden. Die Richter müssen vom Wortlaut Kenntnis genommen haben; Schöffen ist hierzu jedoch erst nach Verlesung des Anklagesatzes Gelegenheit zu geben. Die Beteiligten müssen Gelegenheit gehabt haben, vom Wortlaut Kenntnis zu nehmen. Die Feststellung hierüber und der Verzicht auf die Verlesung sind in das Protokoll aufzunehmen. Auf Verlesung nach den §§ 251, 253, 254 und 256 findet Satz 1 keine Anwendung.“*[959]

Daraus können die Voraussetzungen des Selbstleseverfahrens herauskristallisiert werden:

- Einverständnis der StA, des Angeklagten und seines Verteidigers
- Mitteilung des wesentlichen Inhalts der Urkunde durch den Vorsitzenden in der Hauptverhandlung
- die Richter und Schöffen müssen vom Wortlaut der Urkunde Kenntnis genommen haben,
- der Beteiligte hat Gelegenheit, vom Wortlaut Kenntnis zu nehmen,
- die Verlesung wird nicht nach §§ 251, 253, 254 und 256 durchgeführt.

Die Gesetzänderung im Jahr 1987 verzichtete auf die Beschränkung des Einverständnisses der StA, des Angeklagten und seines Verteidigers sowie der Mitteilung des wesentlichen Inhalts der Urkunde. Statt dieses Einverständnisses hat der Gesetzgeber die Möglichkeit des Widerspruchs eingefügt.[960] Das Verbrechensbekämpfungsgesetz vom 28.10.1994 hat die §§ 251, 256 StPO vom Ausnahmekatalog des Abs. 2 Satz 1 ausgeschlossen.[961] Der Anwendungsbereich dehnte sich auf die Protokolle nach § 251 und die Behörden- und Ärzteerklärung nach § 256 StPO aus.[962] Die Gesetzesänderung der StPO vom 05.07.2017[963] hat den Begriff der Urkunde weiter verbreitet. Elektronische Dokumente wurden

959 BGBl. I, S. 1648.
960 BGBl. I, S. 476.
961 BGBl. I, S. 3191.
962 BT-Drucks. 12/6853, S. 33 f.
963 BGBl. I, S. 2212.

im Sinne der Urkunde gem. § 249 StPO angenommen. Das Selbstleseverfahren kann auch auf elektronische Dokumente anwendbar sein. Sowohl die Aufstellung des Selbstleseverfahrens, als auch dessen folgenden Erweiterungen enthielten mehr oder weniger die Zielsetzung der Beschleunigung des Verfahrens.[964] Angesichts der schrittweisen Ausdehnung der Anwendung des Selbstleseverfahrens kann gefragt werden, ob der Anwendungsbereich des Selbstleseverfahrens noch erweitert werden könnte.

Zunächst geht diese Ausdehnung von dem Verzicht auf den Ausnahmekatalog aus. Zu diesem Reformvorschlag kann die Kritik an der Aufhebung der Einschränkung des Selbstleseverfahrens im Jahr 1994 nicht übersehen werden. Die Erstreckung der Möglichkeit des Selbstlesens auf §§ 251 und 256 StPO tangiert den Mündlichkeitsgrundsatz und das Öffentlichkeitsprinzip.[965] Nach der oben geschilderten Auffassung ist die Verletzung des Mündlichkeitsprinzips noch ertragbar, wenn die Möglichkeit vorliegt, den Inhalt, der gelesen wird, strittig in der Hauptverhandlung zu kommentieren und zu diskutieren.[966] Die Erweiterung des Selbstleseverfahrens zur Beschleunigung des Verfahrens und zugleich die Einschränkung des Mündlichkeitsgrundsatzes schaffen einen rechtsstaatlich erträglichen Kompromiss, weil das Beschleunigungsgebot seit der Aufstellung des Selbstleseverfahrens höher geschätzt wird und die Äußerungsmöglichkeit über den Inhalt der Urkunde bei der Erweiterung der Anwendbarkeit des Selbstleseverfahrens nicht berührt.

---

964 Die Aufstellung des Selbstleseverfahrens im Jahr 1979 sollte das Strafverfahren straffen, den Verfahrensablauf konzentrieren und von Ballast befreien. Vgl. BT-Drucks. 8/976, S. 1; die Änderung von 1987 sollte die von der Praxis geforderte Einsparung erreichen und in Zukunft eine sachgemäße Bewältigung der Strafverfahren gewährleisten. Vgl. BT-Drucks. 10/1313, S. 1; die Gesetzgebung im Jahr 1994 hat das Ziel der Beschleunigung des Verfahrens deutlich geäußert. Es besteht darin, „Strafverfahren zu koordinieren, zu vereinfachen und zu beschleunigen." Vgl. BT-Drucks. 12/6853, S. 1; die Gesetzesänderung im Jahr 2017 führte die elektronischen Akte in Strafsachen ein. Sie sollte durch die, einhergehende automatisierte Verarbeitung personenbezogener Daten im Vergleich zur papierbasierten Aktenführung eine wesentlich einfachere und schnellere Durchsuchung, Filterung oder Verknüpfung von Daten ermöglichen. Vgl. BT-Drucks. 18/9416, S. 2. Von dieser Gesetzgebung war das Selbstleseverfahren nicht unmittelbar betroffen. Mit der Erweiterung des Begriffs der Urkunde kann der Anwendungsbereich ausgedehnt und könnte damit die Strafverfahren beschleunigt werden.

965 Dahs, NJW 1995, S. 555f; Scheffler, NJW 1994, S. 2194.

966 Siehe 4. Abschnitt II.B.

Im Übrigen wird mit dem Verzicht auf den Ausnahmekatalog nur die zusätzliche Möglichkeit des Selbstlesens eröffnet. Die Zulässigkeit des Selbstlesens wird von dem Vorsitzenden angeordnet. Bei der Einschätzung, ob das Selbstlesen angeordnet werden kann, werden die zu erwartende Entlastung der Hauptverhandlung, die Komplexität des Textes sowie die Auswirkungen, die auf die Begleitung des Prozesses für die Zuhörer zu befürchten sind, berücksichtigt.[967] Bei der Anordnung des Selbstlesens könnte der Vorsitzende zudem die Verletzung des Mündlichkeitsprinzips in Betracht ziehen.

Schließlich ist die Begründung des Ausnahmekatalogs unzutreffend. Das Selbstleseverfahren wird nicht auf die Beweismittel gem. §§ 253 und 254 StPO angewendet, weil der Urkundenbeweis, der im Rahmen der Zulässigkeit der Durchbrechung des Unmittelbarkeitsgrundsatzes des § 250 erfasst wird, nur in Form des § 249 Abs. 1 StPO durch das Verlesen erhoben werden darf.[968] Diese Begründung hat die Vorschriften der §§ 251 und 256 StPO, die das Unmittelbarkeitsprinzip eingeschränkt haben und durch das Selbstlesen als Beweis aufgenommen werden, außer Acht gelassen. Im Vergleich des § 251 StPO haben §§ 253 und 254 StPO auch die Protokoll Verlesung vorschrieben. Um die Einheit der Rechtsordnung zu gewährleisten, sollen die §§ 253 und 254 StPO nicht different behandelt werden.

Nach der oben dargestellten Meinung ist die Erweiterung des Selbstleseverfahrens auf die §§ 253 und 254 StPO noch ertragbar.

III. Erledigung des Strafverfahrens durch Absprache

A. Beschleunigungspotenzial und die Risiken der Absprache

Die Absprache hat tatsächlich eine beschleunigende Wirkung.[969] Das Beschleunigungspotenzial besteht darin, dass die Verfahrensbeteiligten nach einer Absprache auf Aktivitäten mehr oder weniger weitergehend verzichten, da der Zeitaufwand wegen der Aktivitäten der Verfahrensbeteiligten zunimmt.[970] Eine erhebliche Zeitersparnis liegt vor, indem das Gericht von aufwendiger Beweisaufnahme durch eine einverständliche Erledigung entbunden wird.[971] Dieser

967 Eisenberg, StPO, Rn. 2037; LR-Mosbacher, § 249, Rn. 55.

968 LR-Mosbacher, § 249, Rn. 60.

969 Deiters, GA 2014 S. 702; John/Müller, NJW 2009, S. 2631; Kudlich, Beschleunigungsgebot, S. 30; Niemöller/Schlothauer/Wieder, Verständigung, S. 21; Schlothauer/Wieder, StV 2009, S. 600; Trüg, StV 2010, S. 531; Weßlau, FS-Müller, S. 782.

970 Kudlich, Beschleunigungsgebot, S. 30.

971 Deiters, GA 2014, S. 702; Weßlau, StraFo 2007, S. 4.

Beschleunigungseffekt hat nicht nur eine verfahrensökonomische Dimension durch die Entlastung der Strafverfolgungsbehörde, sondern auch eine beschuldigtenschützende Dimension, da die Belastung des Beschuldigten aufgrund des durch die Absprache verkürzten Strafverfahrens sinkt.[972]

Diese beschleunigende Institution durch die Absprache könnte mit dem zentralen Strukturprinzip des Strafverfahrens unvereinbar sein. Die schärfere Kritik geht von der Amtsaufklärungspflicht aus.[973] Das Strafverfahren dient vor allem der Ausübung des materiellen Rechts.[974] Damit muss das Strafverfahren den zutreffenden Sachverhalt feststellen und das materielle Recht fehlerfrei anwenden. Die Absprache besteht allein darin, eine an sich nötige Ermittlung des Sachverhalts zu unterlassen. Dies ist mit der Zielsetzung der gesetzlichen Vorschrift nicht vereinbar.[975] Wenn die verfassungsrechtliche Anforderung der Ermittlung des wahren Sachverhalts erfüllt wird, können sowohl das Gericht als auch die Verfahrensbeteiligten über den Gegenstand des Verfahrens nicht disponieren und diese Anforderung nicht zu einem Gebot bloß ungefährer Richtigkeit degradieren. Es ist unmöglich, dass man sich über den Fortgang und das Ergebnis eines Strafverfahrens verständigt und zugleich diese Verständigung nicht mit der Amtsaufklärungspflicht, die das Gericht zu umfassender Sachaufklärung verpflichtet, kollidiert.[976]

Die Entbindung von der aufwendigen Beweisaufnahme durch die Absprache kann das Strafverfahren einerseits abkürzen und den Zeitaufwand des Strafverfahrens reduzieren und andererseits zur Verletzung der Aufklärungspflicht führen. Bei der Bewertung, ob die Absprache als geeignete und legitime Maßnahme zur Beschleunigung des Verfahrens gilt, soll nun das Verhältnis zwischen der Absprache und dem Ermittlungsgrundsatz fokussiert werden.

B. Gegenwärtige Vorschrift in StPO und die Interpretation des BVerfG

§ 257 c Abs. 1 Satz 2 regelt „§ 244 Absatz 2 bleibt unberührt.". Laut dieser Vorschrift ergibt sich über die gesetzliche Verständigung der erste Eindruck, dass die Verständigung nach § 257 c StPO nur dann möglich ist, wenn ein Geständnis

972 Kudlich, Beschleunigungsgebot, S. 30 f.

973 Deiters, GA 2014, S. 702; Fezer, NStZ 2010, S. 180; Kudlich, Beschleunigungsgebot, S. 33; Landau, NStZ 2014, S. 426; Wohlers, NJW 2010, S. 2474.

974 Beulke, StPO, Rn. 3; Kindhäuser, StPO, § 1, Rn. 9; Kühne, StPO, Rn. 1.

975 LR-Stuckenberg, § 257c Rn. 23.

976 Deiters, GA 2014, S. 702.

abgelegt wird, mit dem das Gericht in Verbindung mit dem anderen Beweismaterial, das in der Hauptverhandlung im Wege des Strengbeweises erhoben wird, nicht nur seine Überzeugung nach § 261 StPO stützen darf, sondern damit auch seine Ermittlungspflicht nach § 244 Abs. 2 erfüllt.

Die Rechtsprechung des BVerfG, in der es um die Verfassungsmäßigkeit der gesetzlichen Regelung zur Verständigung im Strafprozess geht, hat über das Verhältnis zwischen dem Ermittlungsgrundsatz und der Absprache weiter aufgeklärt. Erstens hat das BVerfG den Willen des Gesetzgebers erläutert, dass der Gesetzgeber kein neues „konsensuales" Verfahrensmodell durch § 257c StPO aufstellte. Er will die von ihm bejahte Verständigung mit dem Ziel in das geltende Strafprozessrechtssystem integrieren, weiterhin ein Strafverfahren sicherzustellen, das der Ermittlung der materiellen Wahrheit und der Findung einer gerechten, schuldangemessenen Strafe dient.[977] Das zentrale Ziel des Gesetzgebers ist, die Verständigung in einer Weise in das geltende Strafverfahren zu integrieren, die den verfassungsrechtlichen Vorgaben gerecht wird, und zugleich die den Strafprozess beherrschenden Grundsätze der richterlichen Sachverhaltsaufklärung und Überzeugungsbildung unberührt bleiben.[978]

Der Gesetzgeber hat die Besonderheit des wegen einer Verständigung abgelegten Geständnisses berücksichtigt. In Anbetracht der erhöhten Fehleranfälligkeit infolge der Anreiz- und Verlockungssituation der Verständigung könnten der Angeklagte und seine Verteidiger ein Falschgeständnis abgeben. Nach § 257c Abs. 1 Satz 2 StPO kann eine Verständigung keinesfalls als die Grundsage eines Urteils dienen, sondern die Grundlage eines Urteils hängt von der Überzeugung des Gerichts ab, die es durch die von ihm festgestellten Sachverhalte gewinnt.[979] Angesichts dieses verlangten Schutzes des Aufklärungsgrundsatzes hat das BVerfG den Wortlaut von § 257 c StPO interpretiert, dass das aufgrund einer Verständigung ein abgegebenes Geständnis zwingend auf seine Richtigkeit überprüft werden muss. Diese Überprüfung muss durch Beweisaufhebung in der Hauptverhandlung ausgeübt werden. Die Vorschrift verlangt nicht, dass die Überprüfung eines verständigungsbasierten Geständnisses höheren Anforderungen unterliegt, als sie an eine Beweisaufnahme im normalen Strafverfahren nach Abgabe eines Geständnisses gestellt werden müssten.[980]

977 BVerfGE 133, 168, 204, Rn. 65.
978 BVerfGE 133, 168, 206, Rn. 67.
979 BVerfGE 133, 168, 207, Rn. 68.
980 BVerfGE 133, 168, 209, Rn. 71.

C. Auffassung im Schrifttum

Eine Kombination der konsensualen Vereinbarung von Sachverhalten und der amtlichen Aufklärungspflicht, die in der Vorschrift des § 257c Abs. 1 Satz 2 niedergeschrieben und von der Rechtsprechung des BVerfG interpretiert wurde, wird aber wenig mehr Bedeutung als einem Lippenbekenntnis zugeschrieben.[981] Diese Regelung einer Kombination würde sich bloß auf Postulate und Formulierungen stützen.[982] Die Begründung kann lauten, dass Verständigung auf der einen Seite und Aufklärungspflicht und Schuldprinzip auf der anderen Seite inkompatibel sind.[983] Sinn und Zweck der Absprache ist in der Regel die Abkürzung des Verfahrens durch die Abmilderung der Amtsaufklärungspflicht.[984] Wenn ein Gericht die Amtsaufklärungspflicht ernsthaft erfüllt, sollte es keine Motivation haben, das Verständigungsverfahren zu beginnen. Es hätte die Pflicht, zur Ermittlung der Wahrheit die Beweisaufnahme von Amts wegen auf alle Tatsachen und Beweise zu beziehen, die für die Entscheidung von Bedeutung sind.[985] Andererseits würde das Gericht keinen Grund mehr haben, eine Absprache mit dem Angeklagten zu treffen, wenn es weitere Beweisanträge ohnehin leicht abweisen könnte und laut § 244 Abs. 2 StPO keine weitere Ermittlung durchführen sollte.[986] Diese Kombination ignoriert auch die Bereitschaft des Angeklagten,[987] weil das Gericht nach der Abgabe des Geständnisses des Angeklagten die Sachverhalte und Richtigkeit des Geständnisses in der Hauptverhandlung weiter erforschen muss und nach § 257c Abs. 4 die Bindung der Verständigung wegfallen kann. Damit kann der Angeklagte nach der Absprache das Ergebnis des Verfahrens kaum kalkulieren und das Verfahren ist noch suspensiv. Erkennt der Angeklagte die oben geschilderte unsichere Konstellation, wird dessen Bereitschaft zur Absprache mit dem Gericht abgemindert.

---

981 Altenhain/Haimerl, JZ 2010, S. 329; Fischer, StraFo 2009, S. 184; Hamm, FS-Dencker, S. 153; John/Müller, NJW 2009 S. 2631; Knauer, NStZ 2013, S. 433; ders., NStZ 2012, S. 367; Landau, NStZ 2014, S. 428; Meyer, StV 2015, S. 790; Meyer-Goßner/Schmitt, StPO, § 257c Rn. 3; Murmann, ZIS 2009, S. 526; Theile, NStZ 2012, S. 669; Trüg, StV 2010, S. 533; Weigend, FS-Maiwald, S. 833.

982 Fischer, StraFo 2009, S. 184.

983 Murmann, ZIS 2009, S. 532.

984 John/Müller, NJW 2009 S. 2631; Murmann, ZIS 2009, S. 533.

985 Hamm, FS-Dencker, S. 153 f.

986 Altenhain/Haimerl, JZ 2010, S. 329.

987 Vgl. Murmann, ZIS 2009, S. 532.

Die enorme Kluft zwischen dem Geburtsfehler und der Mogelpackung der Vorgabe des § 257c Abs. 1 Satz 2 StPO[988] sowie ihrer Interpretation vom BVerfG und der Verfahrenswirklichkeit führt dazu, dass § 257c Abs. 1 Satz 2 für den Totengräber der Verständigung gehalten wird.[989] Diese Vorschrift beschränkt sich auf den praktischen Anwendungsbereich der Verständigung im System des geltenden Strafprozessrechts.[990]

Diese beschränkte Anwendbarkeit der Vorschrift wurde vom BVerfG erfahren. In seiner Rechtsprechung hat das BVerfG das Ergebnis der Studie von Altenhain dargestellt, dass mehr als die Hälfte der befragten Richter in NRW bereits in mehr als der Hälfte aller Verfahren mit Absprachen die gesetzliche Verständigungsvorschrift missachtet haben.[991] Zur Begründung der Missachtung der gesetzlichen Schutzmechanismen und der Umgehung des Gesetzes wurde in der Praxis argumentiert, dass die gesetzliche Vorgabe praxisuntauglich ist. Das BVerfG hat dieser Auffassung entgegengehalten, dass sie den Rechtsstaatsgrundsatz verkennt, dem zufolge das Recht die Praxis bestimmt und nicht die Praxis das Recht.[992] Das BVerfG sah das Vollzugsdefizit dafür, dass die gesetzliche Regelung nicht zum Vollzugsdefizit führt. Die Praxis ist an die seitenlange Zeit entwickelte informelle Absprache gewöhnt. Dagegen gilt die gesetzliche Regelung, die die strikt umgrenzte und stark formalisierte Verständigungsform vorschreibt, noch nicht lang und wurde daher von der Praxis noch nicht vollständig verinnerlicht, sodass das Vollzugsdefizit daraus resultiert.[993] Aber diese Argumentation des BVerfG lässt die in der Literatur mehrfach erörterte Inkompatibilität zwischen der Aufklärungspflicht und der Absprache außer Acht.

Im Übrige muss das Gericht nach § 257c Abs. 1 Satz 2 StPO zur Erforschung der Wahrheit alle Tatsachen und Beweismittel ermitteln, obwohl der Beschuldigten ein verständigungsbasiertes Geständnis ablegt. Damit wird der Zweck, die Beschleunigung des Verfahrens durch die Einschränkung der Aufklärungspflicht zu schaffen, nicht erreicht.[994] Demzufolge dient die Verständigung nach § 257c StPO nicht der Beschleunigung des Verfahrens.

---

988 Knauer, NStZ 2013, S. 433.
989 Meyer, StV 2015, S. 790.
990 Knauer, NStZ 2013, S. 435.
991 BVerfGE 133, 168, 194, Rn. 49.
992 BVerfGE 133, 168, 234, Rn. 119.
993 BVerfGE 133, 168, 234, Rn. 119.
994 Vgl. Hamm, FS- Dencker, S. 154.

D. Absprache mit Konsens

1. Reformentwürfe

Im Gegensatz zur aktuellen Vorschrift über die Absprache in der StPO (§ 257 c StPO), in der die Unstimmigkeit zwischen der Absprache und dem Amtsklärungsgrundsatz nicht beseitigt wurde, wurde während der Gesetzgebung einige Entwürfe vorgelegt, in denen der Widerspruch zwischen der Absprache und dem Amtsklärungsgrundsatz weitgehend erkannt und eine mögliche Lösung aufgestellt wurde.

Der BRAK-Strafrechtsauschuss hat eine große Lösung[995] gegeben, welche vor allem echte Verfahrensarten erwägt, die als Ersatz des Hauptverfahrens dienen, gegeben. In diesem Entwurf wurde die Regelung über die Absprache im § 243a StPO-E und die Zulässigkeit des Rechtsmittelverzichts des Richters im § 301 Abs. 1 StPO-E vorgeschrieben.[996] Die BRAK hat die Konsensmaxime als Grundlage einer Normierung der Absprachen in der Hauptverhandlung eindeutig anerkannt. In der Entwurfsbegründung hat die BRAK dargestellt:

> *„Der auf freiwilliger Kommunikation und freiwilligem Entschluss basierende Konsens der Verfahrensbeteiligten beinhaltet eine spezifische Richtigkeitsgewähr des im Abspracheverfahren erzielte Verfahrensergebnisses."*[997]

Anschließend haben auch die Generalstaatsanwältin und die Generalstaatsanwälte der Auffassung des Strafrechtsausschusses der BRAK weitgehend zugestimmt. Die Begründung des Eckpunktepapiers lautete:

> *„Wesentlicher Bestandteil des Abspracheverfahrens ist das Konsensprinzip. Dieses rechtfertigt eine faktische Relativierung des Aufklärungsgrundsatzes nach einer Verständigung in den von der Verfassung vorgegebenen Grenzen und dem vom Gesetz zu konkretisierenden Umfang "*[998]

Außerdem ist im BMJ-Referentenentwurf zur Regelung der Verständigung im Strafverfahren eine mittlere Lösung enthalten.[999] Der Mittelpunkt der neuen Vorschrift im BMJ-Referentenentwurf ist § 257c StPO-RE, der dem Gericht erlaubt, sich mit den Verfahrensbeteiligten über Rechtsfolgen, den Inhalt des Urteils,

---

995 Vgl. Jahn, ZStW 118 (2006), S. 431; Meyer, StV 2015, S. 792.

996 BRAK, ZRP 2005, S. 237.

997 BRAK, ZRP 2005, S. 236.

998 Vgl. Jahn ZStW 118 (2006), S. 433.

999 BMJ-Entwurf Absprache, https://rsw.beck.de/docs/librariesprovider5/rsw-dokumente/Referentenentwurf-BMJ

den dazugehörigen Bewährungsbeschluss, verfahrensbezogene Maßnahmen im zugrunde liegenden Erkenntnisverfahren sowie das Prozessverhalten der Beteiligten verständigen zu können (§ 257c StPO-RE). Zur Gewährleistung von Transparenz des Geschehens der Absprache wurden im Entwurf die Mitteilungs- und Protokollierungspflicht festgeschrieben (§ 273 Abs. 1 Satz 2, Abs. 1a StPO-RE). In der Konzeption des BMJ wird eine eingeschränkte Möglichkeit der Erhebung einer Revision nach der Absprache vorgesehen. In einem auf einer Verständigung basierenden Urteil kann nur eine Revision eingelegt werden (§ 337 Abs. 3 StPO-RE).[1000] Im Unterschied zu den großen Lösungen hat dieser Vorschlag in seiner Begründung die Annahme der neuen Konsensmaxime nicht bejaht. Laut dieser Begründung hat dieser Entwurf keine neuen Formen einer konsensualen Verfahrenserledigung geschaffen, die die Verpflichtung des Gerichts auf die Ermittlung der materiellen Wahrheit zurückdrängen würde. Das BMJ hat nur anerkannt, dass der Umfang der gerichtlichen Aufklärung durch Verständigung der Verfahrensbeteiligten verwirkt werden kann.[1001]

Sowohl die große Lösung als auch die mittlere Lösung haben ein Begründungsdefizit in der Legitimation einer Beschränkung durch den Konsens. Es wurde nämlich in den Begründungen des Entwurfs zur Absprache nicht konkret dargestellt, ob diese Dispositionsbefugnis dem Angeklagten und der Staatsanwaltschaft im Rahmen des § 244 Abs. 2 StPO in der Tat vorliegt. Die in den Entwürfen geäußerten Auffassungen stehen dem gegenwärtig vorherrschenden Verständnis entgegen. Dies soll im folgenden Abschnitt weiter klargestellt werden.[1002]

2. *Auffassung von Jahn*

Gem. § 244 Abs. 2 StPO verpflichtet die Strafverfolgungsorgane, den Sachverhalt von Amts wegen zu erforschen und aufzuklären.[1003] Im Strafverfahren soll das Gericht das wirkliche Geschehen ans Lichte bringen, also die materielle Wahrheit aufklären.[1004] Das alles beherrschende Prinzip des Strafverfahrens verbindet sich derzeit mit dem Ermittlungsgrundsatz. Der Grundsatz wird als

1000 BMJ-Entwurf Absprache S. 5 ff., https://rsw.beck.de/docs/librariesprovider5/rsw-dokumente/Referentenentwurf-BMJ

1001 Vgl. BMJ-Entwurf Absprache S. 27, https://rsw.beck.de/docs/librariesprovider5/rsw-dokumente/Referentenentwurf-BMJ; auch Bittmann, NStZ 2015, S. 547.

1002 Jahn, ZStW 118 (2006), S. 436.

1003 Beulke, StPO, Rn. 21.

1004 Weigend, FS-Rissing-van Saan, S. 749.

der tragende Eckpfeiler des Beweisrechts betrachtet. Angesichts der Wichtigkeit des Ermittlungsgrundsatzes im Strafverfahren sorgt sich die absprachekritische oder -skeptische Auffassung in der Wissenschaft[1005] darum, dass ein zentraler Prozessgrundsatz durch strafprozessuale Vereinbarungen beschädigt oder immerhin konkret gefährdet wird. Damit sei den Verfahrensbeteiligten keine Disponibilität über den Prozessgegenstand gewährt. Wenn die Verfügungsbefugnis des Angeklagten über den Prozessgegenstand eingeräumt ist, zerstöre dies „das Fundament des liberal-rechtstaatlichen Verfahrens".[1006]

Zur Auflösung des Widerspruchs zwischen dem Ermittlungsgrundsatz und der Absprache hat Jahn vor allem die Erforschung der materiellen Wahrheit vorgeworfen. Obwohl § 244 Abs. 2 die Ermittlung der materiellen Wahrheit gewährleistet, wird dieser höchsten Grad der Bestätigung – die objektive Wahrheit – in der Tat ausgeschlossen, da dem Tatgericht das Instrumentarium einer solchen Feststellung in der Regel nicht zur Hand ist. Die Feststellung des Geschehens im Strafverfahren verlangt nur die Feststellung der Wahrscheinlichkeit, bleibt also innerhalb eines auf Feststellung gerichteten Konzepts.[1007] Diese Auflockerung des Ermittlungsgrundsatzes legt das Fundament für die Lösung des Einwandes gegen die heutige Absprachepraxis. Der Gegenstand des Ermittlungsgrundsatzes beschränkt sich auf die Naivität der korrespondenztheoretischen Wahrheitsvorstellung und die abgeschwächte Alternative der Wahrheit.[1008] Diese Auffassung ist deutschen Strafprozessualisten noch fremd, wie die folgende abgeneigte Auffassung darstellt[1009]:

> *„Absprachen machen nichts wahr. Wer erklärt, er wolle sich nicht (länger) streiten, hat damit nichts darüber gesagt, was denn war und was wahr ist."*

Dieser Einwand scheint zunächst überzeugend. Er enthält folgende Mängel. Die konsensuale Zustimmung, sich nicht weiter streiten zu wollen, geht nicht von einem, sondern von wenigsten zwei Beteiligten aus. Sie können durch ihre entgegengesetzte Verfahrensrolle die Richtigkeit des konsensualen Gegenstandes des Strafverfahrens überprüfen. Im Regelfall können Dritte durch die Anklageschrift und die Einlassung das Geschehen der Absprache nachvollziehen.[1010]

1005 Eser. ZStW 104 (1992), S. 375; Fahl, ZStW 117 (2005), S. 605; Theile, StraFo 2005, S. 409; Weßlau, ZStW 116 (2004), S. 166.

1006 Hassemer, StV, 2006, S. 327.

1007 Jahn, ZStW 118 (2006), S. 454.

1008 Jahn, ZStW 118 (2006), S. 454.

1009 Volk, FS-Salger, 1995, S. 419.

1010 Jahn, ZStW 118(2006), S. 454 f.

Zur Begründung der Disponibilität über den Prozessgegenstand hat sich Jahn noch auf die Diskurstheorie berufen. Der juristische Diskurs wird nach der Diskurslehre auch im Strafverfahren allein als ein Sonderfall des allgemeinen praktischen Diskurses angesehen, bei dem Kompetenzen wie geschickte Argumentation, Kenntnis der relevanten Problemvorstellung im Rahmen des materiellen Rechts, der Beweiswürdigung und der Strafzumessung, die Antizipation von Gegenargumenten im Prozess der Vereinbarung einer Absprache und die Wahrung von Kohärenz integriert werden müssen und können.[1011]

Die Diskurstheorie verlangt im Strafverfahren, dass der nicht fernliegende Gegeneinwand, dass gerade die verbindliche Interaktion im Strafverfahren von Zweckrationalität ausgeübt sei, soll dazu veranlassen, für jene Aushandlungsprozesse, die als Grundlage der verfahrensabkürzenden oder -beendenden Absprachen dienen, die Kommunikationsbeiträge der Beteiligten jeweils in Beziehung zu ihrer Verfahrensrolle zu setzen.[1012]

Laut diese Auffassung könnte zuerst die StA die Beurteilung der Bedeutung einer Beweisaufnahme nach § 244 Abs. 2 StPO überlassen, weil er nach dem § 160 Abs. 2 nicht nur die zu Belastung, sondern auch die zur Entlastung dienenden Umstände zu ermitteln hat (Verpflichtung zur Objektivität).[1013] Diese Konkretisierung im Strafverfahren ist idealistisch. Um die Verpflichtung zur Objektivität der StA zu erfüllen, soll die StA mit einem Verteidiger kooperieren, der der Wahrheit und Gerechtigkeit verpflichtet ist, oder einem Angeklagten, der die Wahrheitspflicht hat. Damit wird eine dialektische Konzeption des Begriffes der „Bedeutung" geschaffen.[1014] Ohne die Teilnahme des Verteidigers oder des Angeklagten ist die Verpflichtung der StA überfordert und steht allein auf dem Papier.[1015] Somit soll der StA wie dem Angeklagten und seinem Verteidiger, denen bereits de lege lata die parteiliche Rolle im Strafverfahren zugewiesen wurde, auch eine Parteilichkeit der Rolle, die mehr am Überführungs- und Belastungsinteresse orientiert ist und funktioniert, anerkannt werden. In der Konsequenz dieser Auffassung wird das Strafverfahren so ausgestaltet, dass die StA und der Angeklagten sowie sein Verteidiger antagonistische Rollen spielen und eine Beweisfrage entscheidet, ob die Fortsetzung der Beweisaufnahme noch

1011 Jahn, ZStW 118(2006), S. 455.

1012 Jahn, ZStW 118(2006), S. 455 f.

1013 Beulke, StPO, Rn. 79.

1014 Jahn, ZStW 118(2006), S. 456.

1015 Ostendorf, NJW 1978, S. 1348; vgl. auch Heghmanns, GA 2003, S. 445; Kühne, StV 1996, S. 687; Marx, GA 1978, S. 368.

Bedeutung hat. Diese konsensuale Beweisaufnahme auf Grundlage des prozessualen Wahrheitsbegriffs erlangt mindestens auch die gleiche Richtigkeitsgewähr, wie die Beweisaufnahme durch das monologisch-richterzentrierte Modell durchgeführt wird.[1016] Diesem Argument könnte die Legitimität der Disposition des Gegenstandes der Beweisaufnahme von der StA und dem Angeklagten zugrunde liegen.

3. *Kritik an der Auffassung von Jahn*

Die Kritik an dieser Auffassung ging vor allem von der Degradierung der Anforderung an die materielle Wahrheit aus. Das Strafverfahren dient zunächst der Durchsetzung des materiellen Strafrechts.[1017] Das materielle Strafrecht hat nur bestimmte Verhaltensweisen mit strafrechtlicher Sanktion vorgeschrieben. Der Umfang der Sanktion muss sich stets nach der Schuld des Täters richten, womit bei der Durchsetzung des materiellen Strafrechts durch das Strafverfahren die schuldhafte Tagbegehung zutreffend festgestellt oder rekonstruiert werden muss und das materielle Strafrecht in Grund und Höhe der Strafe fehlerlos anzuwenden ist. Das Strafverfahren kann nicht von der grundlegenden Zwecksetzung des Strafrechts auseinandergenommen werden.[1018] Zur Realisierung dieser Anforderung werden im Strafverfahren die Ergebnisrichtigkeit und das Anstreben der möglichst völligen Aufklärung des relevanten Sachverhalts als eine unverzichtbare Voraussetzung gesehen, damit der gestörte Rechtsfrieden wiederhergestellt wird. Der Rechtsfriede im Sinne des normativen Verständnisses ist ein von der Gemeinschaft rational erwarteter Zustand, der sie nach der Verletzung des Strafgesetzes wieder beruhigt, sodass die Wahrheit und die Gerechtigkeit nicht als überflüssig oder als irgendein „Nebenzweck" betrachtet werden.[1019] Der Hauptzweck aller materiellen – und formell-strafrechtlichen Vorschriften ist, die fundamentale Rechtsfriedensfunktion der staatlichen Rechtsordnung zu erfüllen.[1020]

Dieses oben dargestellte aufgeklärte „klassische" Verständnis leidet allmählich offensichtlich an einer nicht geringfügigen Vergröberung. Diese Vergröberung besteht darin, dass keine Größen mit den Leitbildern der Ergebnisrichtigkeit und Wahrheit bezeichnet werden, die mit dem beschränkten menschlichen

1016 Jahn, ZStW 118 (2006), S. 456 f.
1017 Vgl. Beulke, StPO, Rn. 8.
1018 Duttge, ZStW 115 (2003), S. 543.
1019 Stern-Lieben, ZStW 108 (1996), S. 727.
1020 Duttge, ZStW 115 (2003), S. 543.

Beurteilungs- und Erkenntnisvermögen restlos verstehbar sind.[1021] Im Strafverfahren wird die Aufklärung des Sachverhalts nach einem „historischen Forschungsvorhaben" durchgeführt, weil das normative Programm, das dem Verfahren eingegeben wird, die Wahrheitssuche von Anfang an auf die relevanten Sachverhaltsausschnitte begrenzt. Im Rahmen dieses Verständnisses der Wahrheit kann diese als eine „justizielle Wahrheit" bezeichnet werden, die nicht als schon vorab „ausgeprägte Münze" vorliegt. Diese Wahrheit ist ein Produkt des Verfahrens.

Die oben dargestellte Auffassung, die durch den beschränkten Wahrheitsbegriff die materielle Wahrheitsfindung verneint und damit die Feststellung des Umfangs der Beweisaufnahme durch die Zustimmung der Verfahrensbeteiligten begründet, vernachlässigt, dass sinnvolles Handeln und Entscheidungen nicht nur eine Postulierung des subjektunabhängigen Bestehens einer Wirklichkeit voraussetzen, sondern auch eine prinzipiell mögliche Annäherung der eigenen Wahrheitsbilder an die objektive Wirklichkeit.[1022]

Wenn man den klassischen Wahrheitsbegriff in Kauf nimmt, entzöge dies die Grundlage der „rationalen Akzeptierbarkeit" des Strafverfahrens. Es ist nicht annehmbar, dass eine willkürliche Behauptung irgendeiner abwegigen Wiedergabe von „Wirklichkeit", die vom Gericht, von der StA sowie vom Beschuldigten bejaht wird, für irgendjemanden vernünftig akzeptierbar sein und als Grundlage der Ankündigung einer strafrechtlichen Sanktion dienen sollte.[1023] Ein Einwand liegt noch vor, wenn man die wichtige Konsequenz der präsumtiven Verbindung des Verfahrens mit dem Regelungsprogramm des materiellen Rechts nicht missachtet, was die Rechtsfriedensfunktion des Strafrechts tatsächlich gewissermaßen zur Schicksalsgefährtin der Strafzwecke macht. So sehr sich nämlich der Sinn einer Bestrafung in einem Einfluss auf den Delinquenten erschöpfte, bliebe doch die Bestrebung einer möglichst mit der Realität zutreffende Rekonstruktion des Geschehens, deren Basis der Verdacht und Sanktion sind, ebenso nicht verzichtbar. Die Straftat bezieht sich auf den elementaren Belang der Allgemeinheit. Nach der Lehre der „Integrationsprävention" soll die allgemeine Stärkung der Rechtstreue durch die dauerhafte Verdeutlichung des Normbruchs aufgestellt werden.[1024]

1021 Duttge, ZStW 115 (2003), S. 544.
1022 Duttge, ZStW 115 (2003), S. 544 f.
1023 Duttge, ZStW 115 (2003), S. 546.
1024 Höffe, interkulturelles Strafrecht, S. 67 ff.

Laut dieser Auffassung bleibt noch die Anforderung von der Aufklärung, sodass die Disposition des Prozessbeteiligten über den Prozessgegenstand verneint werden muss.

Im Übrigen wurde die kritische Auffassung gegen die Begründung der Disposition des Prozessgegenstandes durch die Diskurstheorie und dadurch die Garantie der Richtigkeit der Entscheidung angeführt. Die „ideale Sprechsituation", die durch eine komparative Voraussage erfolgt, lässt nur eine „relative Richtigkeit" erhoffen. Ein Konsens resultiert aus der „idealen Sprechsituation" und gilt nicht als Indiz oder Kriterium für den behaupteten Wahrheits- oder Richtigkeitsanspruch.[1025] Habermas hat erklärt, dass der Vorgriff auf die ideale Sprechsituation darum gewährleistet, „*dass wir mit einem faktisch erzielten Konsensus den Anspruch eines vernünftigen Konsensus verbinden dürfen; zugleich ist er ein kritischer Maßstab, an dem jeder faktisch erzielte Konsensus auch in Frage gestellt und daraufhin überprüft werden kann, ob ein hinreichender Indikator für einen begründeten Konsensus ist.*"[1026]

Wenn es aber immer eines „unter vernünftigen Menschen erzielten Konsenses" bedarf, was bei Verzicht auf jene Maßfigur in Wahrheit nichts anderes meint als einen in der Sache „begründeten Konsens", dann resultiert die Legitimation in Wahrheit nicht einmal aus dem faktischen Durchlaufen einer bestimmten Prozedur, sondern aus „dem eigentümlich zwanglosen Zwang des besseren Arguments.[1027] Das bessere Argument meint die kontrafaktisch aus den von Konsens oder Dissens ganz unabhängigen „guten Gründen", von denen wir akzeptieren, dass ihnen und der Entscheidung, die auf ihrer Grundlage gefällt wird, „jedes zurechnungsfähige Subjekt zustimmen müsste, wenn es seine Meinungen nur lange genug in uneingeschränkter und zwangloser Kommunikation prüfen könnte".[1028] Dann bedeutet diese Wahrheit allein „warranted assertibility".[1029] Habermas hat zudem behauptet, dass die Kluft zwischen der Wahrheit und ihrer Rechtfertigung auch nicht durch eine Idealisierung der Bedingungen für aktuelle Rechtfertigungsprozesse nicht wirklich geschlossen werden kann, da „alle realen, in die Zeit ablaufenden Diskurse gegenüber Lernprozessen in der Zukunft provinziell bleiben", wir also zu keiner Zeit wissen können, „ob sich Aussagen, die uns heute selbst unter annähernd idealen Bedingungen als gerechtfertigt erscheinen, in Zukunft gegen Entkräftungsversuche tatsächliche behaupten" werden.[1030] Dabei wird eine „relative Richtigkeit" durch die

---

1025 Duttge, ZStW 115 (2003), S. 550.
1026 Habermas, FS-Schulz, S. 258
1027 Duttge, ZStW 115 (2003), S. 550 f.
1028 Habermas, in Theorie der Gesellschaft oder Sozialtechnologie?, S. 223.
1029 Habermas, FS-Schulz, S. 240
1030 Habermas, DZPhil 46 (1998), S. 191

Durchführung der idealen Diskursprozedur aufgestellt,[1031] wenn man sich mit einer rationalen Akzeptabilität unter möglichst idealen Bedingungen als einem genügenden Beleg für die Wahrheit zufriedengibt.[1032]

Das Strafverfahren dient der Feststellung und Durchsetzung eines im Einzelfall entstandenen legitimen staatlichen Strafanspruchs.[1033] Das Strafverfahren gewährleistet die Verwirklichung des Gemeinwohls und die Wahrung des Rechtsfriedens.[1034] Das Strafrecht liegt in Interesse der Allgemeinheit. Wenn jenem die Wahrnehmung der Allgemeininteressen anvertraut wird, soll sich er das Siegel ihrer besonderen Beglaubigung gewähren.[1035] Diese Pflicht des Adressanten der Allgemeininteressen, das Siegel ihrer besonderen Beglaubigung herzugeben, verlangt eine umfassende Ermittlung des Sachverhalts und die Herbeiführung einer gerechten Entscheidung. Die ideale Diskursprozedur verschafft mit ihrer Aufklärung wie oben schon dargestellt nur eine relative Richtigkeit. Wenn man die Rechtfertigung der Disposition des Prozessbeteiligten über den Prozessgegenstand mit der Diskurstheorie begründet, erscheint es, dass ein Ergebnis eines Aushandlungsprozesses übernommen wird, das von vornherein strategisch motiviert ist. Das Ergebnis besitzt von Anfang an keine Vertrauenswürdigkeit.[1036] Die Behauptung von Jahn, dass Konsens auch im Rahmen des § 244 Abs. 2 StPO eine Richtigkeit der Entscheidung anbieten kann,[1037] ist unzutreffend. Im schlechtesten Fall kann durch den Konsens des Prozessgegenstands erwartet werden, dass ein Konsens durch Korruption hergestellt wird, was einem Glaubwürdigkeitsverlust der Strafjustiz Vorschub leistet.[1038]

Neumann hat die Diskursprozedur auch bezweifelt. Die Richtigkeit des Ergebnisses eines bestimmten Verfahrens gründet darauf, alle relevanten Sachgesichtspunkte durch das Verfahren zu betrachten, sofern das das richtige Ergebnis gewährleistet.[1039] Das von Konsenstheorie aufgestellte Verfahren schafft allein die unter idealen Verfahrensbedingungen erzielbaren Konsens definitorisch die Wahrheit des Ergebnisses. Diese Wahrheit wird nicht durch die Ermittlung der relevanten Sachgesichtspunkte geliefert, sondern durch den potenziellen Konsens.[1040] Somit ist dieses

---

1031 Alexy, Recht, S. 126.
1032 Habermas, DZPhil 46 (1998), S. 191
1033 BVerfGE 20, 45, 49; BGH NJW 2007, S. 3010; Beulke, StPO, Rn. 3.
1034 Wessels/Beulke/Satzger, Strafrecht AT, Rn. 9.
1035 Duttge, ZStW 115 (2003), S. 552.
1036 Vgl. Duttge, ZStW 115 (2003), S. 554.
1037 Jahn, ZStW 118 (2006), S. 457.
1038 Vgl. Duttge, ZStW 115 (2003), S. 552.
1039 Neumann, Wahrheit, S. 27.
1040 Neumann, Wahrheit, S. 27.

Ergebnis wenig plausibel. Die idealen Verfahrensbedingungen im Rahmen der Diskursprozedur können nur das richtige Ergebnis in einem negativen Sinne schützen. Sie können die Verzerrung vermeiden, die aus der Asymmetrie der Kommunikationssituation, aus einer strukturbedingten Unterdrückung oder Fehlgewichtung von Argumenten resultieren können. Die Diskursprozedur trägt nicht zur Ermittlung der objektiven Wahrheit bei. Sie trägt nur dazu bei, dass sich die Last der Legitimation des erzielten Ergebnisses von dem Gesichtspunkt des potenziellen Konsenses auf das materielle Kriterium der Begründetheit verlagert.[1041]

4. Stellungnahme

Die geltende Vorschrift der Verständigung befolgt das Prinzip der Wahrheitsfindung, sodass das Ergebnis des Verfahrens nicht auf der Grundlage der Verständigung geliefert wird und der Beschleunigungseffekt wegen der weiteren Durchführung des Verfahrens relativiert wird.

Die Begründung der Möglichkeit der Disposition des Ermittlungsgrundsatzes durch die Diskurstheorie hat vor allem den Begriff der Wahrheit zur korrespondenztheoretischen Wahrheit degradiert. Obwohl die Schwierigkeit der Rekonstruierung der Wahrheit und die Unmöglichkeit der Suche einer materiellen Wahrheit anerkannt werden müssen, wird die Bemühung der Annäherung an die materielle Wahrheit nicht aufgegeben, weil eine richtige Entscheidung nicht nur vom subjektunabhängigen Bestehen einer „Wirklichkeit", sondern auch von der prinzipiellen Möglichkeit einer Annäherung an die objektive Wahrheit abhängt.[1042]

Das Verfahren der Konsens- oder Diskursprozedur liefert allein die prozedurale Gerechtigkeit und nicht die materielle Richtigkeit. Daher ist die Schmälerung der materiellen Wahrheit nicht vermeidbar. Die Beschleunigung des Verfahrens durch Absprache und die verminderte Ermittlung der materiellen Wahrheit bilden einen unauflösbaren Widerspruch. Hier ist nicht der Ort, um herauszufinden, ob das deutsche Strafverfahren die Absprache angenommen werden soll.[1043] Laut der oben genannten Erklärung kann festgestellt werden, dass sich die Ermittlung der Wahrheit und die Erledigung des Verfahrens durch den Konsens in einem Dilemma befinden. Wenn die Absprache in der StPO kodifiziert wird, wird die Ermittlung der materiellen Wahrheit, die als die wesentliche Säule des deutschen Strafverfahrens angesehen wird, verabschiedet.

1041 Neumann, Wahrheit, S. 28.

1042 Vgl. Duttge, ZStW 115 (2003), S. 544 f.

1043 Die Vorschrift des § 257c StPO erreicht die Erledigung des Verfahrens durch den Konsens nicht. Siehe 4. Abschnitt II.B.

Überblick über das strafrechtliche Beschleunigungsgesetz von Taiwan und Schlussfolgerung

I. Überblick über das strafrechtliche Beschleunigungsgesetz von Taiwan[1044]

In der Einleitung dieser Arbeit wurde als Motivation dieser Untersuchung erklärt, dass in Anbetracht der extremen überlangen Verfahrensverzögerungen Nichtregierungsorganisationen (NRO), Wissenschaftler und die Anwaltschaft gefordert haben, dass die Strafverfahren zügig durchgeführt werden sollen. Im Jahr 2009 hat das Justizministerium von Taiwan dem gesetzgeberischen Organ den Entwurf eines Beschleunigungsgesetzes vorgebracht. 2010 trat das Beschleunigungsgesetz in Kraft. Am Schluss der Untersuchung ist es sinnvoll, das Beschleunigungsgebot und das Beschleunigungsgesetz zu überblicken.

A. Herleitung des Beschleunigungsgebots in Taiwan

1. Internationalrechtliche Ebene

Der internationale Pakt über bürgerliche und politische Rechte hat vorgeschrieben, dass jeder wegen einer strafbaren Handlung Angeklagte in gleicher Weise im Verfahren Anspruch darauf hat, dass ohne unangemessene Verzögerung ein Urteil gegen ihn ergehen muss (Art. 14 Abs. 3 Lit. c IPbpR). In Taiwan wurde diese Konvention am 14.05.2009 unterzeichnet.[1045] Damit wurde das Beschleunigungsgebot im taiwanischen Strafverfahrensrecht anerkannt. Der Beschuldigte hat also ein Recht, dass seine Strafanklage in angemessener Zeit beurteilt wird.

In dem Einführungsgesetz zum internationalen Pakt über bürgerliches und politisches Recht und internationalen Pakt über wirtschaftliches, soziales und kulturelles Recht wurde geregelt, dass die Gewährleistungen der in den Pakten vorgeschriebenen Menschrechten eine innerstaatsrechtliche Wirkung (§ 2 Einführungsgesetz[1046]) entfalten. Nach dieser Vorschrift wurde die Gewährleistung

1044 Im Folgenden Beschleunigungsgesetz genannt.

1045 Das taiwanische Justizministerium, die Erklärung des Beschleunigungsgesetzes, in Beschleunigungsgesetz Teil 1, S. 15.

1046 Human rights protection provisions in the two Covenants have domestic legal status.

der Menschenrechte in die beiden Pakte als Einfachgesetz gehalten.[1047] Nach dieser Auffassung weist der Art. 14 Abs. 3 Lit. c IPbpR als Grundlage des Beschleunigungsgebots das gleiche Problem auf, das im deutschen Recht vorliegt, dass das Beschleunigungsgebot als eine verfassungsrechtliche Prozessmaxime einer Grundlage auf der verfassungsrechtlichen Ebene bedarf.[1048]

2. *Verfassungsrecht*

Im taiwanischen Verfassungsrecht[1049] liegt keine ausdrückliche Vorgabe des Beschleunigungsgebots vor. Im Verfassungsrecht wird nur vorgeschrieben:

> *„Jeder hat das Recht auf Petition, Beschwerde und Rechtsstreit."(Art. 16 Verfassungsrecht)*

In den Rechtsprechungen des Verfassungsgerichts in Taiwan[1050] wird der Inhalt des Rechtsstreits näher interpretiert. In der Begründung der Rechtsprechung des Verfassungsgerichts Nr. 446 heißt es:

> *„Das Recht des Rechtsstreits ist eine Nutzungsrechts des Bürgers. Das Recht des Rechtsstreits bedeutet nicht nur das Recht auf Erhebung einer Anklage, wenn das Recht des Bürgers verletzt wird, sondern auch, dass die Anklage* ***schnell*** *und fair behandelt wird"*[1051]

In einer anderen Rechtsprechung des Verfassungsgerichts wurde auch so argumentiert:

> *„Man hat das Recht darauf, nach einem gesetzlichen Verfahren die Anklage zu erheben und eine Entscheidung, in der die Rechtssache umfangreich,* ***effektiv*** *und fair behandelt wird, zu bekommen."*[1052]

Nach der Auffassung des Verfassungsgerichts muss das Verfahren effektiv durchgeführt werden. Im Gegensatz zum Gebot des effektiven Rechtsschutzes in Art. 19 Abs. 4 GG, in dem sich der Beschleunigungseffekt gem. Art. 19 Abs. 4

1047 Rechtsprechung des Verfassungsgerichts Nr. 329 (大法官釋字329號); Hwang, in Tagung der Richter des Verfassungsgerichts im Jahr 2015, S. 108; Lee, in Verfassungsrechtliche Interpretation Band 8, S. 220. In Taiwan wurde die Stufe der Konvention auf der Ebene des innerstaatlichen Rechts diskutiert, wenn sie als nationale Rechte umgesetzt wird. Vgl. Hwang, in Tagung der Richter des Verfassungsgerichts im Jahr 2015, S. 110 ff.

1048 Siehe 1. Abschnitt III.A.

1049 In Folgenden Verfassung genannt.

1050 In Folgenden Verfassungsgericht genannt.

1051 Rechtsprechung von Verfassungsgericht Nr. 446 (大法官釋字446號).

1052 Rechtsprechung von Verfassungsgericht Nr. 530 (大法官釋字530號).

GG sich nicht direkt auf das Strafverfahren auswirkt, sondern auf den zusätzlichen Rechtsschutz,[1053] hat das Verfassungsgericht den Inhalt des Rechts des Rechtsstreits in Art. 16 Verfassungsrecht umfangreich aufgestellt. Das Beschleunigungsgebot kann aus dem Art. 16 Verfassungsrecht hergeleitet werden.[1054]

Hier müssen die Wörter „schnell" und „effektiv", die in den Rechtsprechungen des Verfassungsgerichts angewandt wurden, erläutert werden. Wegen der Formulierungen des Verfassungsgerichts könnte der Begriff des Beschleunigungsgebots fehlgehen. Unter dem Beschleunigungsgebot wird die schnelle oder zügige Durchführung des Strafverfahrens verstanden. Jedoch besagt das Beschleunigungsgebot nur, dass das Verfahren in einer angemessenen Zeit behandelt werden muss.[1055]

B. Feststellung des Verstoßes gegen das Beschleunigungsgebot

Der § 7 im Beschleunigungsgesetz ist die Kernvorschrift des Beschleunigungsgesetzes. Diese Vorschrift benennt den Geltungsbereich des Beschleunigungsgesetzes, die Kriterien zur Feststellung der Verletzung des Beschleunigungsgebots sowie die Rechtsfolge seiner Verletzung. Die Vorschrift lautet:

> *„Wenn eine Anklage seit ihrer Erhebung über acht Jahren nicht erledigt werden kann, zieht außer der Ankündigung der Freisprechung das Gericht von Amts wegen oder nach der Beantragung des Beschuldigten die folgenden Umständen in Betracht. Wenn das Gericht die Verletzung des Beschleunigungsgebots für schwerwiegend und eine Kompensation für notwendig ansieht, könnte die Strafe abmildert werden:*
>
> - Das Verhalten des Beschuldigten führt zur Verzögerung des Verfahrens
> - Das Verhältnis zwischen der sachlichen und rechtlichen Komplexität des Falls und die Verzögerung des Strafverfahrens
> - Die anderen Umstände in Betracht zieht, die in Bezug auf die Beschleunigung des Strafverfahrens"

Im folgenden Teil der Arbeit werden einige Anmerkungen über diese Vorschrift angebracht.

1053 Siehe 1. Abschnitt III.B.2.B.

1054 Das taiwanische Justizministerium, die Erklärung der Vorschriften des Beschleunigungsgesetzes, in Beschleunigungsgesetz Teil 1, S. 19.

1055 Siehe 1. Abschnitt I.

3. *Geltungsbereich des Beschleunigungsgesetzes*

Nach § 7 Beschleunigungsgesetz gilt das Beschleunigungsgebot ab der Erhebung der Anklage. Die Belastung, die der Beschuldigte im Ermittlungsverfahren erleidet, wird vernachlässigt. Das Beschleunigungsgebot schützt vor Belastungen, die aus einem verzögerten Strafverfahren resultieren. Diese Belastungen können im Ermittlungsverfahren bestehen. Nach der Rechtsprechung des EGMR gilt das Beschleunigungsgebot ab der offiziellen Mitteilung an einen Einzelnen durch die zuständigen Behörden, wonach er verdächtigt wird, eine Straftat begangen zu haben.[1056] Die Garantie des Beschleunigungsgebots soll sich ebenfalls auf das Ermittlungsverfahren erstrecken.

4. *Absolute Zeitgrenze*

Im Beschleunigungsgesetz hat der Gesetzgeber zur Feststellung der Verletzung des Beschleunigungsgebots eine absolute Zeitgrenze von acht Jahren aufgestellt. Das taiwanische Justizministerium hat in der Ankündigung der Anwendung des Beschleunigungsgesetzes des Gerichts (法院適用刑事妥速審判法應行注意事項) behauptet, dass die Abmilderung der Strafe voraussetzt, dass das Verfahren über acht Jahren dauert.[1057]

Diese Ansicht wird stark kritisiert. Vor allem hat der Gesetzgeber nicht begründet, wie diese Zeitgrenze festgestellt wurde. Die feste Zeitgrenze entspricht nicht dem Begriff der Angemessenheit. Das Beschleunigungsgebot verlangt, dass das Strafverfahren in einer angemessenen Zeit beendet wird. Die Beurteilung der Angemessenheit ist eine objektive Würdigung, ob die Strafverfahrensdauer mit den Verhaltensstandards und den Wertvorstellungen eines durchschnittlich gebildeten Normalbürgers in Einklang steht.[1058] Verhängnisvoller ist jedoch, dass diese Zeitgrenze die Gewährleistung des Beschleunigungsgebots gefährdet. In einigen Fällen könnte die Verfahrensdauer die acht Jahre nicht überschreiten, obwohl das Beschleunigungsgebot schon schwerwiegend verletzt wurde. In einem solchen Fall liegt keine Verzögerung nach dem Beschleunigungsgesetz vor, da die Verletzung des Beschleunigungsgebots nach dem Beschleunigungsgesetz erst möglich ist, wenn das Strafverfahren mehr als

---

1056 Siehe 1. Abschnitt I.B.1.b.

1057 Das taiwanische Justizium, die Ankündigung der Anwendung des Beschleunigungsgesetzes des Gerichts (法院適用刑事妥速審判法應行注意事項), in Beschleunigungsgesetz Teil 1, S. 42.

1058 Siehe 2. Abschnitt I.C.1.

acht Jahren dauert. In der Rechtsprechung der taiwanischen Gerichte[1059] wird der Leitsatz bei der Berücksichtigung des Verstoßes gegen das Beschleunigungsgebot wiederholt akzentuiert:

„Das Strafverfahren hat über acht Jahre gedauert.“

Laut den Vorschriften des Beschleunigungsgesetzes gilt das Beschleunigungsgebot für das über acht Jahre dauernde Verfahren. Die Gewährleistung des Beschleunigungsgebots in Taiwan ist unzureichend. Dass die Feststellung der Verletzung des Beschleunigungsgebots vom zeitlichen Faktor abhängt, entspricht dem Ergebnis der oben dargestellten Untersuchung, dass es bei der Beurteilung der Angemessenheit der Verfahrensdauer auf das Verhalten der Strafverfolgungsorgane ankommt.[1060]

5. *Kriterien zur Feststellung der Verletzung des Beschleunigungsgebots*

Nach dem Beschleunigungsgesetz sind die Kriterien zur Feststellung der Verletzung des Beschleunigungsgebots das Verhalten des Beschuldigten, das Verhältnis zwischen der sachlichen und rechtlichen Komplexität des Falls und die Verzögerung des Strafverfahrens sowie die anderen Umstände, in Bezug auf die Beschleunigung des Strafverfahrens (§ 7 Beschleunigungsgesetz). In der Praxis haben die Gerichte in Taiwan die Fälle in Bezug auf die Verfahrensverzögerung in der Regel darauf begründet, dass ein Strafverfahren über acht Jahren dauert, die Beschuldigten kein Verhalten zeigten, das das Verfahren verzögerte,

---

1059 Der Oberste Gerichtshof in Taiwan, Rechtsprechung Nr. 1008 am 08.05.2018 (最高法院刑事判決107年度台上字第1008號); der Obere Gerichtshof in Taipei Taiwan, Rechtsprechung Nr. 17 am 12.04.2018 (臺灣高等法院刑事判決106年度重上更三字第17號); Der Obere Gerichtshof in Taipei Taiwan, Rechtsprechung Nr. 2465 am 30.03.2018 (臺灣高等法院刑事判決105年度上訴字第2645號); der Obere Gerichtshof in Taichung Taiwan, Rechtsprechung Nr. 2 am 27.07.2017 (臺灣高等法院臺中分院刑事判決105年度重上更(七)字第2號); der Obere Gerichtshof in Tainan Taiwan, Rechtsprechung Nr. 25 am 16.01.2018 (臺灣高等法院臺南分院刑事判決104年度金上重更(一)字第25號); der Obere Gerichtshof in Kaohsiung Taiwan, Rechtsprechung Nr. 1 am 25.12.2017 (臺灣高等法院高雄分院刑事判決106年度金上重更(二)字第1號); der Obere Gerichtshof in Hualien Taiwan, Rechtsprechung Nr. 3 am 28.12.2017 (臺灣高等法院花蓮分院刑事判決105年度重上更(三)字第3號); LG Taipei, Rechtsprechung Nr. 50 am 16.05.2017 (臺灣臺北地方法院刑事判決105年度訴緝字第50號).

1060 Siehe 2. Abschnitt II.A.

und die Verzögerung von acht Jahren im Vergleich zur Komplexität des Falls, die sich durch die Einsicht in vielfältige Unterlage und die Vernehmung vieler Zeugen ergibt, als unverhältnismäßig angesehen wird.[1061] Angesichts dieser Rechtsprechungen bejahen die Gerichte den Verstoß gegen das Beschleunigungsgebot, wenn die Verzögerung nicht durch den Beschuldigten resultiert und die Dauer der Verfahrenszögerung über acht Jahre andauert. Die Komplexität des Falls spielt keine entscheidende Rolle zur Feststellung der Verletzung des Beschleunigungsgebots.[1062] Diese Prüfungskriterien entsprechen der Natur des Beschleunigungsgebots. Laut der oben dargestellten Untersuchung ist das Beschleunigungsgebot ein Verzögerungsverbot. Damit wird deutlich gemacht, dass es nicht um die Beschleunigung als Selbstwert geht, sondern vor allem um die Vermeidung unangemessener Verzögerungen.[1063] Die Angemessenheit der

---

1061 Der Obere Gerichtshof in Taipei Taiwan, Rechtsprechung Nr. 17 am 12.04.2018 (臺灣高等法院刑事判決106年度重上更三字第17號); der Obere Gerichtshof in Taipei Taiwan, Rechtsprechung Nr. 2465 am 30.03.2018 (臺灣高等法院刑事判決105年度上訴字第2645號); der Obere Gerichtshof in Taipei Taiwan, Rechtsprechung Nr. 8 am 28.03.2018 (臺灣高等法院刑事判決105年度金上重更(二)字第8號); der Obere Gerichtshof in Taipei Taiwan, Rechtsprechung Nr. 12 am 23.03.2018 (臺灣高等法院刑事判決105年度金上重更(二)字第12號); der Obere Gerichtshof in Taichung Taiwan, Rechtsprechung Nr. 70 und 71 am 03.08.2017 (臺灣高等法院臺中分院刑事判決101年度金上更(一)字第70號;101年度金上更(一)字第71號); der Obere Gerichtshof in Tainan Taiwan, Rechtsprechung Nr. 25 am 16.01.2018 (臺灣高等法院臺南分院刑事判決104年度金上重更(一)字第25號); der Obere Gerichtshof in Tainan Taiwan, Rechtsprechung Nr. 22 am 15.12.2016(臺灣高等法院臺南分院刑事判決103年度重上更（一）字第22號).

1062 In den oben dargestellten Rechtsprechungen hat das Gericht ständig ausgesagt, obwohl der Fall komplex ist, weil das Gericht zur Aufklärung des Sachverhalts viele Zeugen vernommen hat, viele Unterlage eingesehen wurden sowie drei Beschuldigten im diesen Fall behandelt wurden, ist die Dauer des Strafverfahren, die über acht Jahren gedauert ist, unangemessen. Vgl. den Oberen Gerichtshof in Taipei Taiwan, Rechtsprechung Nr. 17 am 12.04.2018 (臺灣高等法院刑事判決106年度重上更三字第17號); auch der Obere Gerichtshof in Taipei Taiwan, Rechtsprechung Nr. 36 am 08.05.2018 (臺灣高等法院刑事判決103年度重上更(一)字第36號); der Obere Gerichtshof in Taipei Taiwan, Rechtsprechung Nr. 12 am 23.3.2018 (臺灣高等法院刑事判決105年度金上重更(二)字第12號); Der Obere Gerichtshof in Taichung Taiwan, Rechtsprechung Nr. 70 und 71 am 03.08.2017(臺灣高等法院臺中分院刑事判決101年度金上更(一)字第70號;101年度金上更(一)字第71號).

1063 Siehe 1. Abschnitt I.

Verfahrensdauer hängt von der Verhältnismäßigkeit des Verhaltens des Staats ab.[1064] Im Unterschied zu den Rechtsprechungen des EGMR, in denen der EGMR das Verhalten des Strafverfolgungsorgans in Betracht gezogen hat[1065], haben die taiwanischen Gerichte das Verhalten des Strafverfolgungsorgans in der Begründung der Rechtsprechungen nicht gebührend berücksichtigt. In einigen Fällen haben die Gerichte in Taiwan das Verhalten des Strafverfolgungsorgans berücksichtigt und damit die Verletzung des Beschleunigungsgebots

---

1064 Siehe 2. Abschnitt II.A

1065 Im Fall El Khoury hat der EGMR ausgeführt, dass „*das Landgericht Berlin das Verfahren des Beschwerdeführers nicht mit der gebotenen besonderen Zügigkeit geführt hat. Diese Feststellung gilt jedoch nicht für die Gesamtdauer des Strafverfahrens. Der Gerichtshof berücksichtigt, dass die Dauer der Untersuchungshaft des Beschwerdeführers nicht mit der Gesamtdauer des Verfahrens gleichzusetzen ist. Während die Untersuchungshaft rund drei Jahre dauerte, dauerte das Verfahren selbst rund fünf Jahre und fünf Monate in drei Instanzen und der Ermittlungsebene. Der Gerichtshof stellt fest, dass die Rechtsmittelgerichte die Strafsache zügig aburteilten. Das Verfahren vor dem Bundesgerichtshof wurde mit Schriftsatz des Beschwerdeführers vom 15. April 2010 angestrengt und endete mit dem Beschluss des Bundesgerichtshofs vom 17. Januar 2011. Das Verfahren vor dem Bundesverfassungsgericht betreffend die Verfassungsbeschwerde des Beschwerdeführers begann am 13. Januar 2011 und war circa ein Jahr später abgeschlossen.*“ EGMR, El Khoury gegen Deutschland, Urt. vom 09.07.2015, Ziff. 85; im Fall Kaemena und Thonebohn hat der EGMR das Verhalten des BVerfG gewürdigt, „*Was die Verfahrensführung der innerstaatlichen Gerichte angeht, stellt der Gerichtshof fest, dass es im ersten Verfahren vor dem Bundesverfassungsgericht erhebliche Verzögerungen gegeben hat. Insbesondere vergingen zwischen dem Eingang der Verfassungsbeschwerden der Beschwerdeführer und ihrer Übersendung an die innerstaatlichen Behörden zur Stellungnahme mehr als zwei Jahre.*“ EGMR, Kaemena und Thonebohn gegen Deutschland, Urt. vom 22.1.2009, Ziff. 64; im Fall Ommer Nr. 1 wurde die Verzögerung bejaht, weil „*das ziemlich komplexe Verfahren gegen den Beschwerdeführer im Ermittlungsstadium (das siebeneinhalb Jahre dauerte) und von dem Landgericht Köln, das zwischen dem Erlass des Eröffnungsbeschlusses und der Terminierung der Hauptverhandlung etwa vier Jahre verstreichen ließ, unangemessen verzögert worden ist. Diese erheblichen Verfahrensverzögerungen waren nicht dem Beschwerdeführer, auf dessen Geschäftstätigkeit das laufende Verfahren sich nachteilig auswirkte, sondern den Ermittlungsbehörden und dem Landgericht in Köln, die personell unterbesetzt waren, zuzurechnen.*“ EGMR, Ommer gegen Deutschland Nr. 1, Urt. vom 13.11.2008, Ziff. 55. Durch die oben dargestellten Musterbeispiele für die Berücksichtigung des Verhaltens des Strafverfolgungsorgans in der Begründung der Rechtsprechung des EGMR kann nachgewiesen werden, dass das Verhalten des Strafverfolgungsorgans einen wichtigen Umstand zur Bejahung der unangemessenen Verfahrensdauer darstellt.

bejaht, obwohl die Verzögerung dem Strafverfolgungsorgan nicht zugerechnet wurde. In der Rechtsprechung des oberen Gerichtshofs in Taipei hat das Gericht erklärt, dass das Verfahren über acht Jahre gedauert hat. Obwohl das Gericht das Strafverfahren nicht verzögert hat und die Verzögerung nicht aus den Beschuldigten resultiert hat, führte diese Verfahrensverzögerung zum Verstoß gegen § 7 Beschleunigungsgesetz (Verletzung des Beschleunigungsgebots).[1066] Das Gericht von Taiwan hat den Unterschied[1067] zwischen der langen und nicht rechtsstaatswidrigen Gesamtdauer des Verfahrens und der rechtsstaatswidrigen Verzögerung missachtet. Bei der Verletzung des Beschleunigungsgebots geht es allein um die rechtsstaatswidrige Verzögerung.[1068]

Im Übrigen haben die Gerichte die anderen Umstände in Bezug auf die Beschleunigung des Strafverfahrens, nicht in Betracht gezogen[1069], obwohl der Gesetzgeber diese Generalklausel aufgestellt hat, um eine umfangreiche Überprüfung aller Umstände durch die Gerichte zu schaffen. Diese Generalklausel dient der Funktion nicht, die der Gesetzgeber erreichen will, sondern könnte eine Unbestimmtheit der Feststellung des Verstoßes gegen das Beschleunigungsgebot beibringen.

Nach der Rechtsprechung der Gerichte in Taiwan wurde der sachliche Schutzbereich des Beschleunigungsgebots nicht fehlerlos verstanden und dadurch wurden die Kriterien der Feststellung des Beschleunigungsgebots bei der Gesetzgebung nicht richtig aufgestellt. Die Kriterien, die im § 7 Beschleunigungsgesetz aufgelistet wurden, sollen unter Bezugnahme auf die Kriterien, die durch die Rechtsprechungen des EGMR deutlich wurden, reformieren.

6. *Rechtsfolge*

Nach § 7 Beschleunigungsgesetz muss die Strafe als Kompensation die Verletzung des Beschleunigungsgebots mildern. In der Praxis haben die Gerichte in

1066 Der Obere Gerichtshof in Taipei Taiwan, Rechtsprechung Nr. 2645 am 30.03.2018 (臺灣高等法院刑事判決105年度上訴字第2645號); auch der Obere Gerichtshof in Taipei Taiwan, Rechtsprechung Nr. 8 am 28.03.2018 (臺灣高等法院刑事判決105年度金上重更(二)字第8號).

1067 Für Näheres zu diesem Unterschied siehe 2. Abschnitt I.B.2.

1068 BGHR, StGB § 46 Abs. 2, Verzögerung 6, S. 2.

1069 Vgl. den oberen Gerichtshof in Taipei Taiwan, Rechtsprechung Nr. 17 am 12.04.2018 (臺灣高等法院刑事判決106年度重上更三字第17號); der Obere Gerichtshof in Taipei Taiwan, Rechtsprechung Nr. 36 am 08.05.2018 (臺灣高等法院刑事判決103年度重上更(一)字第36號).

Taiwan die Kompensation der Verletzung des Beschleunigungsgebots so behandelt, dass die Gerichte in der Begründung der Entscheidung die Verletzung des Beschleunigungsgesetzes festgestellt und die Anforderung der Kompensation durch Strafmilderung behauptet haben. Aber die Gerichte haben nicht deutlich ausgesagt, welcher Umfang der Strafe wegen Strafverzögerung gemildert wurde.[1070] In den Entscheidungen in Taiwan haben die Gerichte bei der Kompensation des Verstoßes gegen das Beschleunigungsgesetz die aus der Verzögerung resultierende Belastung des Beschuldigten nicht eindeutig festgestellt. In Deutschland hat der BGH gefordert, dass allein die Feststellung der Verzögerung nicht ausreicht, um die Verletzung des Beschleunigungsgebots auszugleichen. So muss das Gericht festlegen, welcher bezifferte Teil der Strafe zum Ausgleich der Verzögerung als vollstreckt gilt.[1071] Damit haben die Gerichte in ihren Entscheidungen[1072] bei der Kompensation der Verletzung des Beschleunigungsgebots den Umfang der Verzögerung festgestellt und dann nach dem Umfang der Verzögerung die Strafe als vollstreckt erklärt. Dagegen haben die Gerichte

1070 Vgl. der Obere Gerichtshof in Taipei Taiwan, Rechtsprechung Nr. 36 am 08.05. 2018 (臺灣高等法院刑事判決103年度重上更(一)字第36號); der Obere Gerichtshof in Taipei Taiwan, Rechtsprechung Nr. 17 am 12.04.2018 (臺灣高等法院刑事判決106年度重上更三字第17號); der Obere Gerichtshof in Taipei Taiwan, Rechtsprechung Nr. 8 am 28.03.2018 (臺灣高等法院刑事判決105年度金上重更(二)字第8號); der Obere Gerichtshof in Taipei Taiwan, Rechtsprechung Nr. 2645 am 30.03.2018 (臺灣高等法院刑事判決105年度上訴字第2645號); Der Obere Gerichtshof in Taichung Taiwan, Rechtsprechung Nr. 70 und 71 am 03.08.2017(臺灣高等法院臺中分院刑事判決101年度金上更(一)字第70號;101年度金上更(一)字第71號); der Obere Gerichtshof in Taichung Taiwan, Rechtsprechung Nr. 2 am 27.07.2017 (臺灣高等法院臺中分院刑事判決105年度重上更(七)字第2號); der Obere Gerichtshof in Tainan Taiwan, Rechtsprechung Nr. 25 am 28.06.2017 (臺灣高等法院臺南分院刑事判決103年度重上更(一)字第25號); der Obere Gerichtshof in Kaohsiung Taiwan, Rechtsprechung Nr. 1 am 25.12.2017 (臺灣高等法院高雄分院刑事判決106年度金上重更(二)字第1號); der Obere Gerichtshof in Kaohsiung Taiwan, Rechtsprechung Nr. 11 am 07.06.2017 (臺灣高等法院高雄分院刑事判決106年度上更(一)字第11號); der Obere Gerichtshof in Hualien Taiwan, Rechtsprechung Nr. 3 am 28.12.2017 (臺灣高等法院花蓮分院刑事判決105年度重上更(三)字第3號); der Obere Gerichtshof in Hualien Taiwan, Rechtsprechung Nr. 6 am 30.06.2017 (臺灣高等法院花蓮分院刑事判決105年度重上更(六)字第6號); LG Taipei, Rechtsprechung Nr. 61 am 23.06.2017 (臺灣臺北地方法院刑事判決105年度訴緝字第61號).

1071 BGHSt, 52, 127, 146.

1072 BGH, Beschluss vom 08.03.2018 – 3 StR 63/15 –, juris; BGH, NStZ-RR 2008, S. 209; BGH, StV 2011, S. 603; BGH, StV 2010, S. 230.

in Taiwan in ihren Entscheidungen keine Abgabe gemacht. Die Gerichte in Taiwan haben die Verletzung des Beschleunigungsgebots nur als einen Strafzumessungsgrund bei der Strafzumessung mit anderen Strafzumessungsgründen zusammen in Betracht gezogen. Es könnte auch sein, dass die Verletzung des Beschleunigungsgebots bei der Strafzumessung nicht kompensiert wird und die Strafe wegen eines anderen Strafzumessungsgrunds gemildert wird.

Angesichts der Gefahr, dass die Gerichte in Taiwan die Verletzung des Beschleunigungsgebots unzureichend ausgleichen oder die Verletzung gar in seine Entscheidung nicht kompensiert, soll sich der Ablauf der Kompensation der Verletzung des Beschleunigungsgesetzes nach der Anforderung des BGH installiert werden, um die oben dargestellte Gefahr abzuwehren.

Nach § 7 Beschleunigungsgesetz wird die Verfahrensverzögerung durch Strafmilderung ausgeglichen. Nach dieser Regelung wird die Verfahrensverzögerung mittels der strafmildernden Berücksichtigung im Rahmen der Strafzumessung (gem. §§ 57 ff tStGB) kompensiert.[1073] Die Kompensationslücken, die im deutschen Recht vorliegen,[1074] bei der Ankündigung der lebenslangen Freiheitsstrafe, dem Freispruch und der Unterschreitung der gesetzlichen Mindeststrafe, könnten auch in Taiwan bestehen.

Ist bei Berücksichtigung der Umstände der Tat die Tat erbarmenswert, könnte die Strafe nach § 59 tStGB unter die gesetzliche Mindeststrafe sinken, wenn die Ankündigung der Mindeststrafe noch für zu schwer gehalten wird. Nach dieser Vorschrift könnte das Gericht die Strafe unter die gesetzliche Mindeststrafe senken. Ob bei der Kompensation der Verfahrensverzögerung diese Vorschrift angewendet werden kann, kommt darauf an, ob die Belastung der Verfahrensverzögerung im Sinn der Umstände der Tat gem. § 59 tStGB verstanden wird. Diese Vorschrift verstößt gegen *nulla poena sine lege*. Zur Vermeidung der Umgehung der gesetzlichen Mindeststrafe und der Zerstörung des *nulla poena sine lege* soll diese Vorschrift beschränkt angewandt werden. Das Gericht in Taiwan hat die Umstände der Tat restriktiv ausgelegt, damit diese Vorschrift anwendbar ist, wenn die Tat wegen eines besonderen Grunds oder in einer besonderen Lage, die in der Tat die Sympathie einer gewöhnlichen Person gewonnen werden kann, begangen wird.[1075] Nach dieser Ansicht müssen die Umstände bei der Begehung

1073 Das taiwanische Justizium, die Ankündigung der Anwendung des Beschleunigungsgesetzes des Gerichts (法院適用刑事妥速審判法應行注意事項), in Beschleunigungsgesetz Teil 1, S. 43.

1074 Siehe 3. Abschnitt IC.

1075 Vgl. den Oberstem Gerichtshof in Taipei Taiwan Rechtsprechung Nr. 186 am 15.01.2014 (最高法院103年度台上字第186號判決); der Obere Gerichtshof in

der Tat vorliegen. Die Verfahrensverzögerung ist nicht im Rahmen der Umstände der Tat gem. § 59 tStGB. Damit kann § 59 nicht die Unterschreitung der gesetzlichen Mindeststrafe wegen der Kompensation des Verstoßes gegen Beschleunigungsgesetz rechtfertigen. Die Anwendungslücke der Strafzumessungslösung bei der Unterschreitung der gesetzlichen Mindeststrafe ist im taiwanischen Recht auch nicht vermeidbar. Die Strafzumessungslösung in Deutschland wurde wegen dieser Anwendungslücken durch die Strafvollstreckungslösung ersetzt. In Taiwan soll der Ausgleich der Rechtsfolge der Verletzung des Beschleunigungsgesetzes durch die Strafvollstreckungslösung angenommen werden.

Im Übrigen ist es unmöglich, dass die Verletzung des Beschleunigungsgebots durch die Strafvollstreckungslösung kompensiert wird, weil mangels eines Rechtsfolgenausspruchs keine Strafe zur Kompensation der rechtsstaatswidrigen Verzögerung als vollstreckt gelten kann. In Deutschland kann diese Anwendungslücke gem. §§ 198, 199 GVG durch eine Geldentschädigung kompensiert werden.[1076]

In der Regelung des § 7 wurde eine zusätzliche Einschränkung bei der Kompensation der Verletzung des Beschleunigungsgebots aufgestellt, da die Verletzung des Beschleunigungsgebots kompensiert werden muss, wenn die Verletzung schwerwiegend ist. Diese Einschränkung entspricht der Forderung des EGMR nicht. Der EGMR verlangt, die Vertragsstaaten die Verletzung des Beschleunigungsgebots ausdrücklich feststellen und durch eine nachprüfbar ausgewiesene Strafmilderung kompensieren sollen.[1077] Der Staat muss in einem wirksam eröffneten Rechtsweg die Feststellung der Verletzung des Beschleunigungsgebots anbieten. Falls eine Verletzung festgestellt wird, muss eine Kompensation erfolgen.[1078] Die Schwere der Verletzung entscheidet über den Umfang der Entschädigung. Sie kann nicht als eine Voraussetzung der Kompensation aufgestellt werden. Mit einem Wort liegt die Pflicht der Kompensation vor, wenn eine Verletzung des Beschleunigungsgebots festgestellt wird.

Taichung Taiwan, Rechtsprechung Nr. 70 und 71 am 03.08.2017 (臺灣高等法院臺中分院刑事判決101年度金上更(一)字第70號;101年度金上更(一)字第71號).

1076 Siehe 3. Abschnitt I.C.2; nähere Verfassung über die Kompensation durch § 198, 199 GVG siehe 3. Abschnitt. III.

1077 Vgl. EGMR EuGRZ 1983, S. 378 f.

1078 Gaede, JR 2007, S. 254; Hoffman-Holland, ZIS 2006, S. 540.

7. Zwischenergebnis

Im Hinblick auf die Kritiken an der Regelung des Beschleunigungsgesetzes soll die Regelung des § 7 Beschleunigungsgesetzes nach folgenden Vorschlägen reformiert werden. Die Gewährleistung des Beschleunigungsgesetzes muss ins Ermittlungsverfahren vorverlegt werden. Die absolute Zeitgrenze muss aus der Regelung gestrichen werden, da die absolute Zeitgrenze gegen den Begriff der Angemessenheit verstößt und zum ungenügenden Schutz des Beschleunigungsgesetzes führt. Die Kriterien, die im § 7 Beschleunigungsgesetz aufgelistet wurden, sollen unter Bezugnahme auf die Kriterien, die sich durch die Rechtsprechungen des EGMR ergaben, reformiert werden. Die Kompensation der Verletzung des Beschleunigungsgesetzes soll die Strafvollstreckungslösung annehmen. Um die Anwendungslücke beim Freispruch zu schließen, muss die Geldentschädigung im § 7 Beschleunigungsgesetz geregelt werden.

Die Vorschriften des § 7 Beschleunigungsgesetzes sollen reformiert werden:

Wenn sich ein Strafverfahren rechtsstaatswidrig verzögert, zieht das Gericht von Amts wegen oder nach der Beantragung des Beschuldigten außer der Ankündigung der Freisprechung die folgenden Umständen in Betracht. Wenn das Gericht die Verletzung des Beschleunigungsgebots feststellt und eine Kompensation für notwendig, gilt ein Teil der Strafe zum Ausgleich der Verzögerung als vollstreckt:

- Bedeutung der Sache für den Beschuldigten,
- Komplexität des Falls,
- Verhalten des Beschuldigten,
- Verhalten der Strafverfolgungsorgane (§ 7 Abs. 1 Beschleunigungsgesetz).

Wenn der Beschuldigte infolge unangemessener Dauer des Strafverfahrens einen Nachteil erleidet, wird er angemessenen entschädigt, wenn der Nachteil auf andere Weise nicht ausgeglichen werden kann (§ 7 Abs. 2 Beschleunigungsgesetz).

Ein immaterieller Nachteil beträgt 43000 NTD für jedes Jahr der Verzögerung. Ist der Betrag gemäß Satz 1 nach den Umständen des Einzelfalles unbillig, kann das Gericht einen höheren oder niedrigeren Betrag festsetzen. (§ 7 Abs. 3 Beschleunigungsgesetz).

II. Schlussfolgerung

A. Der Begriff und die Herleitung des Beschleunigungsgebots sowie dessen ambivalente Wirkung

Die Beschleunigung bedeutet im alltäglichen Sprachgebrauch die „Schnelligkeit“ oder „Steigerung von Geschwindigkeit“. Unter diesem Verständnis der Beschleunigung könnte das Beschleunigungsgebot missverstanden werden, dass eine Rechtssache um jeden Preis so schnell wie möglich erledigt werden muss. Die EMRK verlangt nur, ein Verfahren innerhalb einer angemessenen Frist zu beenden. Das Beschleunigungsgebot wird allein als „Verzögerungsgebot“ betrachtet und fordert ein bei aller Sorgfalt zügiges Strafverfahren.

Die EMRK hat das Beschleunigungsgebot ausdrücklich vorgeschrieben. Aber bei der Vorschrift der EMRK als Herleitung des Beschleunigungsgebots liegt ein Defizit vor. Das Beschleunigungsgebot ist ein verfassungsrechtlicher Prozessgrundsatz. Eine Grundlage auf verfassungsrechtlicher Ebene ist für das Beschleunigungsgebot notwendig. In Deutschland wird die EMRK als einfaches Bundesgesetz anerkannt. Damit soll die Grundlage für das Beschleunigungsgebot im GG gesucht werden. Das Rechtsstaatsprinzip i.V.m. Art. 1 Abs. 1, Art. 2 Abs. 1 oder Art. 2 Abs. 2 GG leitet das Beschleunigungsgebot her. Angesichts der überlangen Verfahrensdauer könnten dem Beschuldigten vielfältige Beeinträchtigungen entstehen und es könnte in verschiedene Grundrechte eingegriffen werden. Das Rechtsstaatsprinzip i.V.m. den oben angeführten Artikeln des GG hat eine eigene Tragfähigkeit.

Das Beschleunigungsgebot wird als ambivalent bezeichnet. Dies meint, dass das Beschleunigungsgebot nicht nur den Beschuldigten schützt, sondern auch die öffentlichen Interessen gewährleistet. In jüngster Zeit hat das den öffentlichen Interessen dienende Beschleunigungsgebot die Einschränkung der Ausübung des Beschuldigtenrechts gerechtfertigt. Die Einschränkung der Beschuldigtenrechte kann durch das Beschleunigungsgebot legitimiert sein, wenn der Eingriff in die Beschuldigtenrechte und das dadurch zu schützende öffentliche Interesse noch verhältnismäßig ist. Die Einschränkung der Durchführung des Verteidigungsrechts kann durch den Gesetzgeber oder Richter ausgeübt werden. Bei der Feststellung der Legitimation der Beschränkung des Beschuldigtenrechts wird vor allem die Grenze des Richterrechts berücksichtigt, wenn die Beschränkung durch den Richter ausgestellt wird. Dann wird überprüft, ob die Maßnahme noch verhältnismäßig ist. Hier sollen der Umfang der durch Beschleunigung des Verfahrens geschützten öffentlichen Interessen einerseits und das dadurch beschränkte Beschuldigtenrecht andererseits abgewogen werden. Zum Schluss der Überprüfung soll festgestellt werden, dass ob Maßnahme nicht die Mindestgarantie für den Beschuldigten verletzt.

B. Gewähr des Beschleunigungsgebots gem. Art. 6 Abs. 1 Satz 2 EMRK

Der persönliche Schutzbereich des Beschleunigungsgebots ist „jede Person", der eine strafrechtliche Anklage vorgeworfen wird. Der sachliche Schutzbereich besteht in der Vermeidung einer überlangen Dauer einer strafrechtlichen Anklage. Die strafrechtliche Anklage geht davon aus, dass jemand gegen das Strafrecht verstoßen hat. Unter der strafrechtlichen Sache im Rahmen der EMRK wird nicht nur der Verstoß gegen das nationale StGB verstanden, sondern auch gegen eine Vorschrift mit strafrechtlichem Charakter. Der EGMR hat im Engel-Fall drei Kriterien aufgestellt: die Zuordnung der Vorschrift im nationalen Recht, die Natur des Vergehens und die Art und Schwere der Sanktion.

Das Beschleunigungsgebot gilt innerhalb der Fortsetzung einer strafrechtlichen Anklage. Die Anklage gem. § 170 StPO wird als eine formelle Anklageerhebung verstanden. Das Beschleunigungsgebot gilt nur ab der Anklageerhebung und, nicht ab dem Anfang der Ermittlung. Diese Formulierung entspricht nicht der Realität. Das Beschleunigungsgebot dient der Vermeidung der Belastung des Beschuldigten im Strafverfahren. Seit dem Anfang der Ermittlung erfährt der Beschuldigte Belastungen, die durch das Strafverfahren verursacht werden. Somit beginnt die Strafrechtliche strafrechtliche Anklage nach der Rechtsprechung des EGMR ab einer offiziellen Mitteilung an einen Einzelnen durch die zuständigen Behörden. Der BGH ist der Auffassung des EGMR gefolgt und hat den Beginn der strafrechtlichen Anklage wie folgt definiert: „*Die angemessene Frist beginnt bereits mit der Bekanntgabe des Schuldvorwurfs an den Betroffenen, jedenfalls aber mit der Verhaftung aufgrund eines Haftbefehls.*" Die Belastung des Beschuldigten endet mit der Erledigung des Strafverfahrens, sodass das Beschleunigungsgebot bis zur Verkündung des Urteils des Gerichts gilt.

Das Beschleunigungsgebot schützt vor einer rechtsstaatswidrigen Verfahrensdauer. Die rechtsstaatswidrige Verzögerung setzt sich daraus zusammen, dass eine Verfahrensverzögerung vorliegt, die Justiz die Schuld an der Verfahrensverzögerung trägt und die Verzögerung unangemessen ist.

C. Kriterien zur Feststellung der unangemessenen Verfahrensdauer

Das Beschleunigungsgebot ist ein Verzögerungsverbot. Die Verzögerung bezeichnet nicht nur den Ablauf der Zeit, sondern auch das Verhalten, durch das ein Vorgang gehemmt wird. Die Berücksichtigung des Zeitablaufes allein beschreibt nicht die wesentliche Natur der Verzögerung, sondern das widrige Verhalten stellt den wesentlichen Charakter der Verzögerung dar.

Nach der internationalen und innerstaatlichen Rechtsprechung wird die unangemessene Verzögerung mit folgenden Kriterien im Einzelfall festgestellt: die gesamte Verfahrensdauer, die Kompliziertheit des Verfahrens, das Verhalten des Beschwerdeführers, das Verhalten der Behörden, die Bedeutung der Angemessenheit, das Ausmaß der durch die Verfahrensverzögerung verursachten Belastungen des Beschuldigten, die Schwere des Tatvorwurfs sowie das Maß der Schuld.

Die Gesamtverfahrensdauer wird allein als ein starkes Indiz für eine unangemessene Verfahrensdauer angesehen. Die lange Verfahrensdauer führt nicht unmittelbar zur Verletzung des Beschleunigungsgebots, es sollen auch die anderen Kriterien weiter überprüft werden. Eine feste absolute Zeitgrenze liegt nicht vor, wenn die Verfahrensdauer über diese Zeitgrenze überschreitet und die unangemessene Verfahrensdauer unmittelbar anerkannt werden könnte. Die feste Zeitgrenze entspricht nicht der Natur der Angemessenheit, die sich durch objektive Würdigung ergibt und sich auf den Verhaltensfaktor richtet. Das Beschleunigungsgebot gilt nicht nur im einzelnen Abschnitt des Verfahrens, sondern das Beschleunigungsgebot bezieht sich auf das gesamte Strafverfahren. Die Verletzung des Beschleunigungsgebots kann nur bejaht werden, wenn die Verzögerung im gesamten Verfahren nicht ausgeglichen wird. Daher kann die Gesamtbetrachtung des Verfahrens nicht darauf verzichten.

Das Maß der Schuld und die Schwere des Tatvorwurfs sind als die Kriterien zur Entscheidung über die Angemessenheit der Verfahrensdauer ungeeignet, da eine schwere Tat nicht unbedingt schwer zu ermitteln ist.

Die Komplexität des Falls kann nicht ohne Weiteres die Entscheidung herbeiführen, ob die Verfahrensdauer noch angemessen ist. Unter der Betrachtung der Komplexität des Verfahrens kann das Verhalten der Strafverfolgungsbehörde begründen, dass ihr Verhalten sich noch auf die Wahrheitsfindung richtet und nicht als unangemessen zu betrachten ist.

Das Strafverfahren kann sich durch das Verhalten des Beschuldigten verlängern. Nach der Rechtsprechung des EGMR und des BVerfG kann das Verhalten des Beschuldigten weder dem Staat oder dem Beschuldigten angelastet werden noch die Feststellung der Verletzung des Beschleunigungsgebots begründen. Wenn das Verfahren durch die Ausübung des prozessualen Rechts verschleppt, und damit die Kompensation erlangt wird, könnte dies den Beschuldigten ermuntern, das Verfahren zu verzögern, was die Natur des Beschleunigungsgebots widerspricht.

Die Bedeutung des Verfahrens für den Beschuldigten ist ebenso bei der Entscheidung über die Angemessenheit der Verfahrensdauer heranzuziehen. Je bedeutender die Auswirkungen und der Ausgang des Strafverfahrens für den Beschuldigten sind, desto früher ist die unangemessene Verfahrensdauer erreicht oder überschritten. Wenn die Behandlung einer Strafsache mehr Bedeutung hat, muss die Sache vorrangig gehandhabt werden.

Die Rekonstruktion der Wahrheit durch die Strafverfolgungsorange braucht Zeit und dadurch dauert das Verfahren länger. Die längere Verfahrensdauer führt nicht unmittelbar zur unangemessenen Verfahrensverzögerung. Die Unangemessenheit liegt vor, wenn sich die Maßnahme der Strafverfolgungsbehörden nicht auf die Wahrheitsfindung und die Wiederherstellung des Rechtsfriedens richten und damit das Verfahren nicht zügig erledigt werden kann.

D. Der Vorgang zur Bestätigung der Unangemessenheit

Über den Zusammenhang der vier Kriterien, die von den Rechtsprechungen des EGMR und der deutschen Gerichte aufgestellt werden, behauptet Paeffgen, dass diese in keinem strengen Verhältnis zueinander stehen. Baumanns schlägt vor, dass zur Feststellung der Unangemessenheit nur das Verhalten des Beschuldigten berücksichtigt werden soll. In meiner Untersuchung der Kriterien spielt das Verhalten der Behörden bei der Entscheidung über die Angemessenheit die Hauptrolle. Die anderen Kriterien können das Vorliegen der Unangemessenheit befestigen oder ausschließen.

Das strafprozessuale Beschleunigungsgebot schützt den Beschuldigten vor Belastungen, die aus einem unangemessenen Verhalten der Justiz resultieren. Zur Feststellung der Verletzung des Beschleunigungsgebots kommt es auf die Angemessenheit des Verhaltens der Justiz an. Das unangemessene Verhalten des Staats ist ein Verhalten, das nicht auf die Wahrheitsfindung oder die Wiederherstellung des Rechtsfriedens abzielt oder eine zur Förderung des Strafverfahrens notwendige Maßnahme nicht zügig betreibt. Zur Entscheidung über das unangemessene Verhalten des Staats ist die Verhältnismäßigkeitsprüfung angezeigt.

Bei der Überprüfung entscheidet sich vor allem, ob die Maßnahme des Staats geeignet ist, um der zuverlässigen Wahrheitsfindung zu dienen. Unter der Prüfung der Erforderlichkeit wird berücksichtigt, ob die Maßnahme der Strafverfolgungsorgane die Grenze ihrer Beurteilungsspielräume durch unzulässige Abwägung überschritten hat und dadurch eine unnötige Verlängerung des Verfahrens hervorgerufen wurde. Mit Blick auf das Beschleunigungsgebot ist die Verhältnismäßigkeit i.e.S. verletzt, wenn der durch die übermäßige zeitliche Verlängerung des Verfahrens herbeigeführte Schaden nicht im Verhältnis zu den verfolgten Verfahrenszielen steht. Durch die Verhältnisprüfung kann eine transparente Konturierung des Abwägungsvorgangs zur Feststellung des unangemessenen Verhaltens des Staats erfolgen. Daneben erfordert dieser Prüfungsvorgang die Begründungspflicht. Dazu kann diese Sachlage vermieden werden, dass das Gericht nur die Prüfungskriterien aufgelistet, aber der Inhalt und die konkrete Konstellation nicht vom Gericht nähergebracht werden.

E. Rechtsfolge der Verletzung des Beschleunigungsgebots

1. Strafzumessungslösung

Vor der Entscheidung des BGH im Jahr 2008 haben der BGH und das BVerfG die Strafzumessung als Kompensation der Verletzung des Beschleunigungsgebots anerkannt. Die rechtsstaatswidrige Verzögerung wird als Strafmilderungsgrund angesehen und die Verzögerung wird mittels der strafmildernden Berücksichtigung im Rahmen der Strafzumessung kompensiert.

Die Grundlage der Strafzumessungslösung beruft sich zuerst darauf, dass die Verfahrensverzögerung ein schuldanhängiger Strafmilderungsgrund ist. Diese Grundlage entspricht der Anforderung nicht, die Tatschuld durch die Schwere der Tat und des Grads der persönlichen Schuld des Täters zu ermitteln. Dann wird die rechtsstaatswidrige Verzögerung als schuldunabhängiger Strafmilderungsgrund angesehen. Diese Auffassung ist im Strafzumessungsrecht fremd, weil die Kompensation der Verletzung des Beschleunigungsgebots aufgrund der Mathematisierung durch Abschläge durchgeführt wird, während die Strafzumessung durch die subjektive Wertung des Tatrichters unter der Betrachtung aller im Einzelfall für und gegen den Täter sprechenden Gesichtspunkten ausgeübt wird. Einige Autoren sind der Ansicht, dass die Verletzung des Beschleunigungsgebots eine strafähnliche Wirkung entfaltet. Diese Ansicht stimmt mit dem Wesen der Strafe nicht überein. Die Belastung der Verzögerung ist nicht eine vom Staat intendierte Folge und dient nicht dem Ausgleich der sozialethischen Missbilligung.

Neben den oben dargestellten Kritikpunkten weist die Strafzumessungslösung noch die folgenden Kompensationslücken auf. Eine Anwendungslücke besteht im Mord, der mit lebenslanger Freiheitsstrafe geahndet wird, da wegen der absoluten Strafdrohung der Richter keine Raume der Strafzumessung hat und dadurch die Verfahrensverzögerung kompensiert wird. Zudem kann die Verfahrensverzögerung nicht durch die Strafzumessung ausgeglichen werden, wenn der Beschuldigten freigesprochen wird, weil mangels eines Rechtsfolgenausspruchs keine Strafe vorliegt, um die Verzögerung zu kompensieren. Die Strafzumessungslösung ist unanwendbar, weil die Strafmilderung dazu führt, dass die gesetzliche Mindeststrafe unterschreitet. Diese Unterschreitung der gesetzlichen Mindeststrafe verstößt gegen Art. 20 Abs. 3 GG.

2. *Strafvollstreckungslösung*

Angesichts der Kritikpunkte und der Kompensationslücken der Strafzumessungslösung wurde im Jahr 2008 die Strafvollstreckungslösung vom BGH angeführt. Die Kompensation der rechtsstaatswidrigen Verzögerung durch die Strafvollstreckungslösung erfolgt in vier Stufen. Zuerst muss der Richter die Art und das Ausmaß der Verzögerung sowie deren Ursache ermitteln und im Urteil konkret feststellen. Dann wird diese Feststellung als Grundlage für die Strafzumessung benutzt. Bei der Strafzumessung wird nicht nur der lange zeitliche Abstand zwischen Tat und Urteil, sondern auch die Belastung wegen einer langen Verfahrensdauer, die nicht rechtsstaatswidrig ist, strafmildernd berücksichtigt. Im Anschluss muss das Tatgericht prüfen, ob die rechtsstaatswidrige Verfahrensverzögerung nur durch die ausdrückliche Feststellung in den Urteilsgründen genügend kompensiert wird. Falls allein die Feststellung der Verzögerung nicht ausreicht, um die Verletzung des Beschleunigungsgebots auszugleichen, so muss das Gericht festlegen, welcher bezifferte Teil der Strafe zum Ausgleich der Verzögerung als vollstreckt gilt.

Im deutschen Recht wird § 51 StGB als eine Grundlage der Strafvollstreckungslösung analog angewandt. Während der Dauer der U-Haft nach § 51 StGB im Verhältnis 1:1 auf die verhängte Freiheitsstrafe angerechnet wird, wird die Dauer der rechtsstaatswidrigen Verzögerung durch die Vollstreckungslösung in einem geringeren Umfang ausgeglichen.

3. *Einstellung des Verfahrens*

In der Strafzumessungslösung kann die Schuld wegen der durch eine rechtsstaatswidrige Verzögerung vorgebrachten Belastung des Beschuldigten gemindert werden. Dies bedeutet, dass eine Schuld der Tat, die zum Tatzeitpunkt als nicht gering bewertet wurde, wegen der rechtsstaatswidrigen Verzögerung relativiert werden kann und somit die Anforderung der geringen Schuld gem. § 153 Abs. 2 StPO erfüllt. In der Strafvollstreckungslösung ist diese Relativierung der Schuld undurchführbar. Die Einstellung des Verfahrens wegen der rechtsstaatswidrigen Verzögerung beschränkt sich auf den Fällen, welche mit der Voraussetzung der §§ 153 und 153 a in Einklang stehen.

Wenn ein Verfahren nicht gem. §§ 153 und 153a eingestellt werden kann, da die Schuld oder das öffentliche Interesse nicht gering ist, kann dieses Verfahren wegen der durch die rechtsstaatswidrige Verzögerung vorgebrachten tiefen

Belastung des Beschuldigten durch das Verfahrenshindernis von Verfassungs wegen eingestellt werden.

4. *Entschädigung nach §§ 198 und 199 GVG*

Der EGMR hat im Jahr 2010 Deutschland aufgefordert, dass ein Rechtsbehelf bei überlangen Gerichtsverfahren und strafrechtlichen Ermittlungsverfahren ohne Verzögerung und spätestens innerhalb eines Jahres nach der endgültigen Entscheidung des EGMR ausgestellt werden muss. Zur Einhaltung dieser Aufforderung hat der Gesetzgeber im Rahmen des Strafverfahrens das Gesetz über den Rechtsschutz bei überlangen Gerichtsverfahren und strafrechtlichen Ermittlungsverfahren (§§ 198 ff. GVG) kodifiziert.

Nach § 198 GVG muss das überlange Gerichtsverfahren kompensiert werden, wenn ein Beteiligter des Gerichtsverfahrens wegen der unangemessenen Dauer des Gerichtsverfahrens materielle oder immaterielle Nachteile erlitten hat und eine Verzögerungsrüge erhoben wurde.

Nach § 198 Abs. 2 Satz 3 GVG erfolgt die Entschädigung gem. Satz 2 in der Summe von 1200 Euro für jedes Jahr der Verzögerung. Das Gericht hat einen Spielraum zur Entscheidung über die Summe der Kompensation entsprechend den Umständen des Einzelfalles (§ 198 Abs. 2 Satz 4 GVG).

F. Die Einwirkung des Beschleunigungsgebots im deutschen Recht

1. *Einschränkung des Unmittelbarkeitsprinzips*

Die Einschränkung des Unmittelbarkeitsprinzips könnte der Beschleunigung des Verfahrens dienen, da der Aufwand wegen der mehrfachen Vernehmung der Zeugen oder Sachverständiger, der wiederholt vorzunehmenden Ladung von Zeugen und Sachverständiger, des zeitlichen Aufwands in Abwartung der Ankunft von Zeugen oder Sachverständiger durch die Anwendung des Beweissurrogats, durch Durchführung der Vernehmung mit dem beauftragten oder ersuchten Richter oder durch Videovernehmung erspart wird.

Das Unmittelbarkeitsprinzip ist kein verfassungsrechtliches Verfahrensprinzip. Somit betrifft die Einschränkung des Unmittelbarkeitsprinzips nicht den rechtsstaatlichen Charakter des Strafverfahrens, sondern nur in die Grenzen des § 244 Abs. 2 StPO. Der Gesetzgeber kann über diesen Grundsatz disponieren.

Wenn das Ergebnis der Vernehmung im Ermittlungsverfahren unmittelbar angewandt wird, wird die Beweisqualität nicht gewährleistet, weil die StA wegen ihrer „sozial-psychologischen Rolle“ die Beweismittel, die den Beschuldigten belasten, mehr beachtet hat. Die Erweiterung der Teilnahme des Beschuldigten und seines Verteidigers zur Gewährleistung der Beweisqualität hat einen geringen Effekt auf die Beschleunigung des Verfahrens. Angesichts dieses Dilemmas ist dieser Reformvorschlag fehlerhaft.

2. *Ausdehnung des Selbstleseverfahrens*

Das Selbstleseverfahren erzielt einen Beschleunigungseffekt, da ein erheblicher Zeitaufwand und eine Ermüdung der Aufmerksamkeit bei der Verlesung von umfangreichen Schriftstücken, Vertragswerken, Bilanzen und Buchhaltungsdokumenten vermieden werden können.

Das Selbstleseverfahren schränkt die Mündlichkeit des Verfahrens ein. Das Mündlichkeitsprinzip ist kein absolut geltendes Verfahrensprinzip. Der Gesetzgeber könnte wegen eines rechtsstaatlich erträglichen Kompromisses das Mündlichkeitsprinzip disponieren. Die Einschränkung des Mündlichkeitsprinzips ist noch annehmbar, wenn die Möglichkeit vorliegt, den Inhalt, der gelesen wird, strittig in der Hauptverhandlung zu kommentieren und zu diskutieren.

Die Erweiterung des Selbstleseverfahrens zur Beschleunigung des Verfahrens und zugleich die Einschränkung des Mündlichkeitsgrundsatzes schaffen einen rechtsstaatlich erträglichen Kompromiss, weil das Beschleunigungsgebot mit der Aufstellung des Selbstleseverfahrens höher geschätzt wird und die Äußerungsmöglichkeit über den Inhalt der Urkunden bei der Erweiterung der Anwendbarkeit des Selbstleseverfahrens nicht berührt wird.

Im Übrigen wird mit dem Verzicht auf den Ausnahmekatalog nur die zusätzliche Möglichkeit des Selbstlesens eröffnet. Die Zulässigkeit des Selbstlesens wird von dem Vorsitzenden angeordnet. Bei der Einschätzung, ob das Selbstlesen angeordnet werden kann, werden die zu erwartende Entlastung der Hauptverhandlung, die Komplexität des Textes sowie die Auswirkungen, die auf die Begleitung des Prozesses für die Zuhörer zu befürchten sind, berücksichtigt. Bei der Anordnung des Selbstlesens könnte der Vorsitzende zudem die Verletzung des Mündlichkeitsprinzips im Betracht ziehen.

3. *Beendigung des Verfahrens durch Konsens*

Die geltende Vorschrift der Verständigung entspricht dem Prinzip der Wahrheitsfindung, sodass das Ergebnis des Verfahrens nicht auf der Grundlage der Verständigung geliefert wird. Die Abkürzung des Strafverfahrens durch die Absprache wird nicht durchgeführt und insofern kein Beschleunigungseffekt erzielt.

Die Beschleunigung des Verfahrens durch Absprache und der Rückgang der Ermittlung der materiellen Wahrheit bilden einen unauflösbaren Widerspruch. Wenn die Absprache in der StPO kodifiziert wird, wird die Ermittlung der materiellen Wahrheit, die als die wesentliche Säule des deutschen Strafverfahrens angesehen wird, auf jeden Fall beseitigt.

Literaturverzeichnis

Albrecht, Hans-Jörg: Ist das Strafverfahren noch zu beschleunigen? NJ 1994, S. 396 ff.

Albrecht, Peter-Alexis: Erosionen des rechtsstaatlichen Strafrechts, KritV 1993, S. 163 ff.

Alexy, Robert: Recht, Vernunft, Diskurs-Studien zur Rechtsphilosophie, Frankfurt am Main, 1995

Altenhain, Karsten/Haimerl, Michael: Die gesetzliche Regelung der Verständigung im Strafverfahren-eine verweigerte Reform, JZ 2010, S. 327 ff.

Althammer, Christoph: Schmerzensgeld wegen überlanger Dauer von Zivilverfahren Bemerkungen zum künftigen deutschen Entschädigungsmodell, JZ 2011, S. 446 ff.

Althammer, Christoph/Schäuble, Daniel: Effektiver Rechtsschutz bei überlanger Ver-fahrensdauer – Das neue Gesetz aus zivilrechtlicher Perspektive, NJW 2012, S. 1 ff.

Ambos, Kai: Europarechtlich Vorgaben für das (deutsche) Strafverfahren – Teil I. ZurRechtsprechung des EGMR von 2000–2002, NStZ 2002, S. 628 ff.

Ambos, Kai: Der Europäische Gerichtshof für Menschenrechte und die Verfahrens-rechte, ZStW 115 (2003), S. 583 ff.

Ambos, Kai: Internationales Strafrecht, 2 Aufl., München, 2008 (zitiert: Ambos, International Strafrecht, 2. Aufl. nach Paragraph und Randnummer).

Ambos, Kai: Internationales Strafrecht, 4 Aufl., München, 2014 (zitiert: Ambos, International Strafrecht nach Paragraph und Randnummer).

Amelung, Knut: Die Entscheidung des BVerfG zur „Gefahr im Verzug" i.S. des Art. 13 II GG, NStZ 2001, S. 337 ff.

Asbrock, Bernd: »Zum Mythos des Richtervorbehalts« als wirksames Kontrollinstrument im Zusammenhang mit besonderen polizeilichen Eingriffsbefugnissen, KritV 1997, S. 255 ff.

Banscherus, Jürgen: Polizeiliche Vernehmung: Formen, Verhalten, Protokollierung, Wiesbaden 1977. (zitiert: Banscherus, Vernehmung)

Barton, Stephan: Eine selbsterfüllende Prophezeiung: Die zunehmende Dauer von Strafverfahren, in Festschrift für Günter Bemmann, hrsg von Joachim Schulz, Baden-Baden 1997, S. 524 ff.

Bartsch, Hans-Jürgen: Dauer der Untersuchungshaft und Europäische Menschenrechtskonvention-Europäischer Gerichtshof für Menschenrechte, Jus 1970, S. 445 ff.

Baumanns, Silke: Der Beschleunigungsgrundsatz im Strafverfahren – Die Verfahrensüberlänge und ihre Rechtsfolgen, Baden-Baden 2011 (zitiert: Baumanns, Beschleunigungsgrundsatz).

Beck, Ulrich: Risikogesellschaft – Auf dem Weg in eine andere Moderne, Frankfurt 1986 (zitiert: Beck, Risikogesellschaft).

Benda, Ernst: Der soziale Rechtsstaat, in HdV, hrsg von Ernst Benda, Berlin 1983.

Bernhardt, Rudolf: Die Europäische Menschenrechtskonvention und die deutsche Rechtsordnung-Eine Einführung-, EuGRZ 1996, S. 339 ff.

Beukelmann, Stephan: Beschleunigungsgebot versus freie Verteidigerwahl, NJW-Spezial 2007, S. 279 f

Beukelmann, Stephan: Erfahrungen mit der Vollstreckungslösung nach BGH 52, 124, StraFo 2011, S. 210 ff.

Beulke, Werner: Strafprozessrecht, 12 Aufl., Heidelberg, 2012. (zitiert: Beulke, StPO)

Biaggini, Giovanni: Verfassung und Richterrecht, Basel/Frankfurt a.M., 1991 (zitiert: Biaggini, Richterrecht).

Bittmann, Folker: Das Eckpunktepapier zur Reform des Strafverfahrens, ZRP 2001, S. 441 ff.

Bittmann, Folker: Missverstandene Verständigung – Mythen, Unfehlbarkeit, Folgsamkeit, Bodenhaft, NStZ 2015, S. 545 ff.

Blanke, Thomas: Zur Aktualität des Risikobegriffs – Über die Konstruktion der Welt und die Wissenschaft von ihr, Leviathan 1990, S. 134 ff.

Bleckmann, Albert: Verfassung der Europäischen Menschenrechtskonvention? EuGRZ 1994, S. 149 ff.

Bosch, Edgar/ Schmidt, Jörg/ Vondung, Rolf R/ Vondung, Ute: Praktische Einführung in das Verwaltungsgerichtliche Verfahren, 9. Aufl., Stuttgart 2012 (zitiert: Bosch/Schmidt/Vondung, Einführung).

Böcker, Thomas: Neuer Rechtsschutz gegen die überlange Dauer finanzgerichtlicher Verfahren, DStR 2011, 2173 ff.

Bohnert, Joachim: Anmerkung zum Urteil des BVerfG, Kammer-Beschluss v. 25. 7. 2003 – 2 BvR 153/03, JZ 2003, S. 1001 ff.

Brause, Hans Peter: Faires Verfahren und Effektivität im Strafprozess, NJW 1992, S. 2865 ff.

Brett, Angela: Verfahrensdauer bei Verfassungsbeschwerdeverfahren im Horizont der Rechtsprechung des Europäischen Gerichtshofs für Menschenrechte zu Art. 6 Abs. 1 S. 1 EMRK, Berlin 2009 (zitiert: Brett, Verfahrensdauer).

Brettel, Hauke/ Schneider, Hendrik: Wirtschaftsstrafrecht, 1. Aufl. Baden-Baden 2014. (zitiert: Brettel/Schneider, Wirtschaftsstrafrecht)

Broß, Siegfried: Verfahrensdauer und Verfassungsrecht, StraFo 2009, S. 10 ff.

D. Jarass, Hans/Pieroth, Bodo: Grundgesetz für die Bundesrepublik Deutschland, 14 Aufl., München 2016 (zitiert: GG von Jarass/Pieroth nach Bearbeiter, Paragraph und Randnummer).

Bruns, Hans-Jürgen: Über die Unterschreitung der Schuldrahmengrenze aus schuldun-abhängigen Strafmilderungsgründen – „Auflockerung" der Spielraumtheorie?, MDR 1987, S. 177 ff.

Burhoff, Detlef: HRRS-Praxishinweis: Die Verfahrensverzögerung in der Praxis, HRRS 2005, S. 52 ff.

Butterwegge, Christoph: Wohlfahrtsstaat im Wandel-Probleme und Perspektiven der Sozialpolitik, 3 Aufl., Opladen 2001 (zitiert: Butterwegge, Wohlfahrtsstaat).

Dahs, Hans: Das Verbrechensbekämpfungsgesetz vom 28.10.1994 – ein Produkt des Superwahljahres, NJW 1995, S. 553 ff.

Degener, Wilhelm: Zwei Anmerkungen zum strafprozessualen Beschleunigungsgebot, in Festschrift für Friedrich Dencker, hrsg von Wilhelm Degener/ Michael Heghmanns, Tübingen 2012, S. 23 ff.

Demko, Daniela: Das Recht auf Verfahrensbeschleunigung gemäß Art. 6 Abs. 1 S. 1 EMRK in Strafverfahren und dessen Verhältnis zum Recht auf wirksame Beschwerde gemäß Art. 13 EMRK in der Rechtsprechung des EGMR – Teil 1, HRRS 2005, S. 283 ff.

Degenhart, Christoph: Staatsrecht I Staatsorganisationsrecht, 31. Aufl., Heidelberg, 2015 (zitiert: Degenhart, Staatsrecht I).

Deiters, Mark: Aufklärungspflicht und Verständigung, GA 2014, S.701 ff.

Dreier, Horst: Grundgesetz Kommentar, Band I, 3. Aufl., Tübingen 2013 (zitiert Grundgesetz von Dreier Band I nach Bearbeiter, Paragraph und Randnummer).

Dreier, Horst: Grundgesetz Kommentar, Band III, Tübingen 2000 (zitiert Grundge setz von Dreier Band III nach Bearbeiter, Paragraph und Randnummer).

Duttge, Gunnar: Möglichkeiten eines Konsensualprozesses nach deutschem Strafpro-zessrecht, ZStW 115 (2003), S. 539 ff.

Eisele, Jörg: Die Berücksichtigung der Beschuldigtenrechte der EMRK im deutschen Strafprozess aus dem Blickwinkel des Revisionsrechts, JR 2004, S. 12 ff.

Eisenberg, Ulrich: Beweisrecht der StPO, 10. Aufl., München 2017 (zitiert Eisen berg, StPO nach Randnummer).

Engel, Erika/ Engel, Norbert Paul: Europäischer Gerichtshof für Menschenrechte – Deutschsprachige Sammlung, Band 1 EGMR-E 1, Kehl am Rhein 2008 (zitiert: EGMR-E 1).

Engel, Erika/ Engel, Norbert Paul: Europäischer Gerichtshof für Menschenrechte – Deutschsprachige Sammlung, Band 2 EGMR-E 2, Kehl am Rhein 2009(zitiert: EGMR-E 2)

Engel, Erika/ Engel, Norbert Paul: Europäischer Gerichtshof für Menschenrechte – Deutschsprachige Sammlung, Band 3 EGMR-E 3, Kehl am Rhein 2009(zitiert: EGMR-E 3)

Erb, Volker/ Esser, Robert/ Franke, Ulrich/ Graalmann-Scheerer, Kirsten/ Hilger, Hans/ Ignor, Alexander: Löwe- Rosenberg Die Strafprozeßordnung und das Gerichtsverfassungsgesetz Großkommtar, 26. Aufl., Erste Band, Berlin, 2006 (zitiert: LR nach Bearbeiter, Paragraph und Randnummer).

Erb, Volker/ Esser, Robert/ Franke, Ulrich/ Graalmann-Scheerer, Kirsten/ Hilger, Hans/ Ignor, Alexander: Löwe- Rosenberg Die Strafprozeßordnung und das Gerichtsverfassungsgesetz Großkommtar, 26. Aufl., Vierter Band, Berlin, 2007 (zitiert: LR nach Bearbeiter, Paragraph und Randnummer).

Erb, Volker/ Esser, Robert/ Franke, Ulrich/ Graalmann-Scheerer, Kirsten/ Hilger, Hans/ Ignor, Alexander: Löwe- Rosenberg Die Strafprozeßordnung und das Gerichtsverfassungsgesetz Großkommtar, 26. Aufl., Elfter Band, Berlin, 2012. (zitiert: LR nach Bearbeiter, Paragraph und Randnummer)

Eser, Albin: Funktionswandel strafrechtlicher Prozeßmaximen: Auf dem Weg zur „Reprivatisierung" des Strafverfahrens, ZStW 104 (1992), S. 361 ff.

Esser, Robert: Europäisches und Internationales Strafrecht, München 2014. (zitiert: Esser, Internationales Strafrecht nach Paragraph und Randnummer)

H. Lesch, Heiko: Die Grundsätze der Mündlichkeit und Unmittelbarkeit im Strafverfahren, JA 1995, S. 691 ff.

Fahl, Christian: Der abgesprochene Rechtsmittelverzicht, ZStW 117 (2005), S. 605 ff.

Fezer, Gerhard: Rechtsschutz gegen erledigte strafprozessuale Zwangsmaßnahmen, Jura 1982, S. 126 ff.

Fezer, Gerhard: Der Beschleunigungsgrundsatz als allgemeine Auslegungsmaxime im Strafverfahrensrechts? in Festschrift für Gunter Widmaier zum 70. Geburtstag, hrsg. von Heinz, Schöch/ Helmut, Satzger/ Gerhard Schäfer/Alexander, Ignor/ Christoph, Knauer, München 2008, S. 177 ff.

Fezer, Gerhard: Inquisitionsprozess ohne Ende? – Zur Struktur des neuen Verständigungsgesetzes –, NStZ 2010, S. 177 ff.

Fischer, Thomas: Absprache-Regelung: Problemlösung oder Problem?, StraFo 2009, S. 177 ff.

Fischer, Thomas: Strafgesetzbuch, 64. Aufl., München 2017 (zitiert: Fischer, StGB nach Paragraph und Randnummer).

Frank, Christoph: Unzureichende Personalausstattung der Justiz belastet die Rechtsuchenden, DRiZ 2007, S. 297 ff.

Franke, Ulrich: Ambivalente Wirkungen des Beschleunigungsgebotes nach Art. 6 Abs. 1 S. 1 EMRK, StV 2010, S. 433 ff.

Frisch, Wolfgang: Wandel der Revision als Ausdruck geistigen und gesellschaftlichen Wandels, in Festschrift für Gerhard Fezer, hrsg von Edda Weßlau/ Wolfgang Wohlers, Berlin 2008

Frister, Helmut: Schuldprinzip, Verbot der Verdachtsstrafe und Unschuldsvermutung als materielle Grundprinzipien des Strafrechts, Berlin 1988 (zitiert: Frister, Schuldprinzip) .

Frister, Helmut: Das Verhältnis von Beweisantragsrecht und gerichtlicher Aufklärungspflicht im Strafprozeß, ZStW 105 (1993), S. 340 ff.

Frister, Helmut: Strafrecht Allgemeiner Teil, 7. Aufl. München 2015 (zitiert: Frister, Strafrecht AT nach Kapital und Randnummer).

Frowein, Jochen Abr.: Das Bundesverfassungsgericht und die Europäischer Menschenrechtskonvention, in Festschrift für Wolfgang Zeidler, hrsg von Walther Fürst/ Roman Herzog/ Dieter C. Umbach, Berlin 1987, S. 1763 ff.

Frowein, Jochen Abr./ Peukert, Wolfgang: Europäische Menschenrechtskonvention EMRK-Kommentar, 3. Aufl., Kehl am Rhein 2009 (zitiert: EMRK von Frowein/Peukert nach Artikel und Randnummer).

Gaede, Karsten: Das Recht auf Verfahrensbeschleunigung gemäß Art. 6 I1 EMRK in Steuer- und Wirtschaftsstrafverfahren, wistra 2004, S. 166 ff.

Gaede, Karsten: Anmerkung zum Beschluss des BVerfG-Kammer v. 21.6.2006 – 2 BvR 750/06; 2 BvR 752/06; BvR 761/06, JR 2007, 254 ff.

Gaede, Karsten: Anmerkung zum Beschluss des Großen Senats des Bundesgerichtshofs für Strafsachen vom 17.01.2008, JZ 2008 S. 422 ff.

Geppert, Klaus: Der Grundsatz der Unmittelbarkeit im deutschen Strafverfahren, Berlin 1979. (zitiert: Geppert, Unmittelbarkeit)

Geppert, Klaus: Kontroll- und Förderungspflicht des Ermittlungsrichters, DRiZ 1992, S. 405 ff.

Gercke, Christian/ Heinisch, Julius: Auswirkungen der Verzögerungsrüge auf das Strafverfahren, NStZ 2012, S. 300 ff.

Gimbel, Hermann: Einführung einer allgemeinen Untätigkeitsbeschwerde im Strafprozess durch Gesetz – Begrüßenswerte Neuerung oder Irrweg?, ZRP 2004, S. 35 ff.

Gollwitzer, Walter: Gerechtigkeit und Prozeßwirtschaftlichkeit – Einige Gedanken zum knappen Gut der Rechtsgewährung, in Festschrift für Theodor Kleinknecht, hrsg. von Gössel, Karl Heinz, München 1985, S. 147 ff.

Gössel, Karl Heinz: Anmerkung zum Beschluss des BGH v. 23.11.2004 – KRB 23/04, JR 2005, S. 391 ff.

Grabenwarter, Christoph/Pabel, Katharina: europäische Menschenrechtskonvention, 6. Aufl. München 2016 (Grabenwarter/Pabel, EMRK nach Paragraph und Randnummer).

Guckelberger, Annette: Der neue staatshaftungsrechtliche Entschädigungsanspruch bei überlangen Gerichtsverfahren, DÖV 2012, S. 289 ff.

Habermas, Jürgen: Der Systemtheoretische Begriff der Wahrheit- und die falsche Einheit von Theorie und Praxis, in Theorie der Gesellschaft oder Sozialtechnologie?, Frankfurt am Main 1971, S. 221 ff.

Habermas, Jürgen: Wahrheitstheorien, in Festschrift für Walter Schulz, hrsg. von Helmut Fahrenbach, Pfulligen 1973, S. 211 ff.

Habermas, Jürgen: Richtigkeit vs. Wahrheit. Zum Sinn der Sollgeltung moralischer Urteile und Normen, DZPhil 46 (1998), S. 179 ff.

Hamm, Rainer: Urteil oder Vergleich? In Festschrift für Friedrich Dencker, hrsg von Wilhelm Degener, Tübingen 2012, S. 147 ff.

Hanack, Ernst-Walter: Prozeßhindernis des überlangen Strafverfahrens? JZ 1971, S. 705 ff.

Hannich, Rolf: Karlsruher Kommentar zur Strafprozessordnung, 7. Aufl., München, 2013. (zitiert: KK nach Bearbeiter, Paragraph und Randnummer)

Hassemer, Winfried: Verhandlungsfähigkeit des Verurteilten im Wiederaufnahmeverfahren, NJW 1983, S. 2353 ff.

Hassemer, Winfried: Kennzeichen und Krisen des modernen Strafrechts, ZRP 1992, S. 378 ff.

Hassemer, Winfried: Sicherheit durch Strafrecht, StV 2006, S. 321 ff.

Heghmanns, Michael: Die prozessuale Rolle der Staatanwaltschaft, GA 2003, S. 433 ff.

Heghmanns, Michael: Urteilsbesprechung zu BGH (Großer Senat), Beschl. v. 17.1.2008 - GSSt 1/07, ZJS 2008, S. 197 ff.

Heinrich, Bernd: Rechtsstaatliche Mindestgarantien im Strafverfahren, Jura 2003, S. 167 ff.

Herdegen, Gerhard: Bemerkung zum Beweisantragsrecht – 1. Teil – Zugleich Besprechung von BGH - GSSt 1/83, NStZ 1984, S. 97 ff.

Herrmann, Joachim, Das Versagen des überlieferten Strafprozessrechts in Monstreverfahren, ZStW 85 (1973), S. 255 ff.

Heusinger, Bruno: Rechtsfindung und Rechtsfortbildung im Spiegel richterlicher Erfahrung, Köln/Berlin/Bonn/München 1975 (zitiert: Heusinger, Rechtsfindung).

Hilger, Hans: Über den „Richtervorbehalt" im Ermittlungsverfahren, JR 1990, S. 485 ff.

Hillenkamp, Thomas: Verwirkung des Strafanspruches durch Verfahrensverzögerung?, JR 1975, S. 133 ff.

Hillenkamp, Thomas: Verfahrenshindernisse von Verfassungs wegen, NJW 1989, S. 2841 ff.

Hirschberg, Lothar: Der Grundsatz der Verhältnismäßigkeit, Göttingen, 1981 (zitiert: Hirschberg, Verhältnismäßigkeit).

Höffe, Otfried: Gibt es ein interkulturelles Strafrecht? Ein philosophischer Versuch, Frankfurt 1999 (zitiert: Höffe, interkulturelles Strafrecht).

Hoffman, Thomas-Michael: Beurteilungsspielräume der Staatsanwaltschaft als prozessuales Prinzip - eine Schranke auch bei der Haftprüfung nach den §§121 ff. StPO?, NStZ 2002, S. 566 ff.

Hoffmann-Holland, Klaus: Anmerkung zum BVerfG, Beschl. v. 21.06.2006 - 2 BvR 750/06, ZIS 2006, S. 539 ff.

Hoffmann-Riem, Wolfgang: Kohärenz der Anwendung europäischer und nationaler Grundrechte, EuGRZ 2002, S. 473 ff.

Holtschneider, Rainer: Normenflut und Rechtsversagen: wie wirksam sind rechtliche Regelungen, Baden-Baden 1991 (zitiert: Holtschneider, Normenflut).

Hufen, Friedhelm: Staatsrecht II, 4. Aufl., München 2014 (zitiert: Hufen, Staatsrecht II nach Paragraph und Randnummer).

Hummrich, Martin: Die zentrale Rolle der Europäischen Menschenrechtskonvention im Recht der Europäischen Union - Europäische Menschenrechtskonvention nimmt mittelbar am Anwendungsvorrang des EU-Rechts teil, DRiZ 2005, S. 72 ff.

Hwang, Jan-Yuan: Menschenrechtskonvention und die Interpretation der Verfassung, in Tagung der Richter des Verfassungsgerichts im Jahr 2015, S. 101 ff.
黃昭元（2015），公民與政治權利國際公約與憲法解釋，司法院大法官一O四年度學術研討會一人權公約與我國憲法-解釋，司法院主辦，2015年12月5日(https://www.judicial.gov.tw/constitutionalcourt/FYDownload.asp?fileguid=000078-V2QDE)

Ipsen, Jörn: Richterrecht und Verfassung, Berlin, 1975. (zitiert: Ipsen, Richterrecht)

Isensee, Josef/ Kirchhof, Paul: Handbuch des Staatsrechts, Band VIII, Heidelberg 2010 (zitiert: Handbuch des Staatsrechts nach Bearbeiter, Paragraph und Randnummer).

Jakobs, Günther: Das Strafrecht zwischen Funktionalismus und „alteuropäischem" Prinzipiendenken, ZStW 107 (1995), S. 843 ff.

Jahn, Matthias: Stürmt Karlsruhe die Bastille? – Das Bundesverfassungsgericht und die überlange Untersuchungshaft, NJW 2006, S. 652 ff.

Jahn, Matthias: Das verfassungsrechtliche Gebot bestmöglicher Sachaufklärung im Strafverfahren, GA 2014, S. 588 ff.

Jahn, Matthias/Müller, Martin: Das Gesetz zur Regelung der Verständigung im Straf-verfahren – Legitimation und Reglementierung der Absprachenpraxis, NJW 2009, S. 2625 ff.

Justizministerium von Taiwan: Beschleunigungsgesetz Teil 1, Taipei 2010. 司法院（2010），刑事妥速審判法（上），臺北：司法院。

Kahl, Wolfgang/Waldhoff, Christian/Walter, Christian: Bonner Kommentar zum Grundgesetz, Ordnung 13, Heidelberg 2005 (zitiert: Bonner Kommentar nach Bearbeiter, Paragraph und Randnummer).

Kahlo, Michael: Der Begriff der Prozesssubjektivität und seine Bedeutung im reformierten Strafverfahren, besonders für die Rechtsstellung des Beschuldigten, Kritv, 1997, S. 183 ff.

Karpenstein, Ulrich/ C. Mayer, Franz: Konvention zum Schutz der Menschenrechte und Grundfreiheiten Kommentar, 2. Aufl., München 2015 (zitiert EMRK Kommentar von Karpenstein/Mayer nach Bearbeiter, Paragraph und Randnummer).

Keller, Christian/ Meyer-Mews: Hans, Anforderungen an das Beschleunigungsgebot in Haftsachen während der Hauptverhandlung und nach dem Urteil, StraFo 2005, S. 353 ff.

Kempf, Eberhard: Opferschutzgesetz und Strafverfahrensänderungsgesetz 1987 Gegenreform durch Teilgesetze, StV 1987, S. 215 ff.

Kempf, Eberhard: Das Verfahrenshindernis der »überlangen Dauer« und seine Konsequenzen – zugleich Besprechung von BGH, Urt. v. 25.10.2000 – 2 StR 232/0 = StV 2001, 89, StV 2001 S. 134 ff.

Kindhäuser, Urs: Strafprozessrecht, 4 Aufl., Baden-Baden 2016 (zitiert: Kindhäuser, StPO nach Paragraph und Randnummer).

Kindhäuser, Urs/Neumann, Ulfrid/Paeffgen, Hans-Ullrich: Nomoskommentar Strafgesetzbuch, Band 2, 4. Aufl., Baden-Baden 2013 (zitiert: NK StGB nach Bearbeiter, Paragraph und Randnummer).

Kirchhof, Paul: Der Auftrag des Grundgesetzes an die rechtsprechende Gewalt, in Festschrift der Juristischen Fakultät zur 600-Jahre-Feier der Ruprecht-Karls-Universität Heidelberg, hrsg. von den Hochschullehrern der Juristischen Fakultät der Universität Heidelberg, Heidelberg, 1986, S. 11 ff.

Kirchhof, Paul: Verfassungsrechtliche Maßstäbe für die Verfahrensdauer und für die Rechtsmittel, in Festschrift für Karl Doehring, hrsg von Kay Hailbronner/ Georg Ress/ Torsten Stein, Berlin 1989, S. 439 ff.

Kloepfer, Michael: Verfahrensdauer und Verfassungsrecht – Verfassungsrechtliche Grenzen der Dauer von Gerichtsverfahren, JZ 1979 S. 209 ff.

Kloepfer, Michael: Umweltrecht, 3. Aufl., München 2004 (zitiert: Kloepfer, Umweltrecht nach Paragraph und Randnummer).

Knauer, Christoph: Die obergerichtliche Rechtsprechung zu Verfahrensabsprachen nach der gesetzlichen Regelung – ein kritischer Überblick, NStZ 2012, S. 366 ff.

Knauer, Christoph: Die Entscheidung des BVerfG zur strafprozessualen Verständigung. (Urteil vom 19.3.2013 – 2 BvR 2628/10 – 2 BvR 2883/10, 2 BvR 2155/11, NStZ 2013, 295) – Paukenschlag oder Papiertiger?, NStZ 2013, S. 433 ff.

Knierim, Thomas C./Rettenmaier, Felix: Das Selbstleseverfahren gemäß § 249 Abs. 2 StPO in Wirtschaftsstrafsachen- Verfahrensbeschleunigung oder unzulässiger Verstoß gegen das Recht auf ein faires Verfahren?, StV 2006, S. 155 ff.

Kohlmann, Günter: Der Anspruch des Beschuldigten auf schnelle Durchführung des Ermittlungsverfahrens, in Festschrift für Reinhart Maurach, hrsg. von Friedrich-Christian Schroder/ Heinz Zipf, Karlsruhe 1972, S. 501 ff.

Kraatz, Erik: Gedanken zur Strafzumessungslösung bei rechtsstaatswidriger Verfahrensverzögerung, JR 2006, S. 403 ff.

Kraatz, Erik: Die neue Vollstreckungslösung und ihre Auswirkungen – zugleich eine Besprechung von BGH GSSt 1/07, JR 2008 S. 189 ff.

Krawczyk, Lucian: Besprechung von EGMR, Urt. v. 22.01.2009 – Nr. 45749/06 und Nr. 51115/06, JR 2009, S. 172 ff.

Krehl, Christoph: Anmerkung zum Beschluss des BVerfG 22.02.2005 – 2 BvR 109/05, StV 2005, S. 561ff.

Krehl, Christoph/ Eidam Lutz: Die überlange Dauer von Strafverfahren, NStZ 2006, S. 1 ff.

Krey, Volker: Gesetzestreue und Strafrecht-Schranken richterlicher Rechtsfortbildung, ZStW 101 (1989), S. 838 ff.

Kuckein, Jürgen: Anmerkung zum Beschluss des BVerfG vom 25.1.2005 – 2 BvR 656/99, 657/99 u. 683/99, NStZ 2005, S. 697 ff.

Kudlich, Hans: Münchener Kommentar zur Strafprozessordnung, Band 1, 1. Aufl. München, 2014 (zitiert: Münchener Kommentar I nach Bearbeiter, Paragraph und Randnummer).

Kudlich, Hans: Erfordert das Beschleunigungsgebot eine Umgestaltung des Strafverfahrens? Gutachten C Zum 68. Deutschen Juristentag Berlin 2010, München, 2010 (zitiert: Kudlich, Beschleunigungsgebot).

Kühl, Kristian: Der Einfluß der Europäischen Menschenrechtskonvention auf das Strafrecht und Strafverfahrensrecht der Bundesrepublik Deutschland (Teil I), ZStW 100 (1988), S. 406 ff.

Kühl, Kristian/Heger, Martin: Strafgesetzbuch Kommentar, 29. Aufl. München 2018 (zitiert: Kühl StGB nach Bearbeiter, Paragraph und Randnummer)

Kuhlen, Lothar: Zum Strafrecht der Risikogesellschaft, GA 1994, S. 345 ff.

Kühne, Hans-Heiner: Wer mißbraucht den Strafprozeß?, StV 1996, S. 684 ff.

Kühne, Hans-Heiner: Die Rechtsprechung des Europäischen Gerichtshofes für Menschenrechte (EGMR) zur Verfahrensdauer in Strafsachen, StV 2001, S. 529 ff.

Kühne, Hans-Heiner: Die realen und potentiellen Auswirkungen des Beschleunigungsgebots für die Struktur des Strafverfahrensrechts – Erfordert das beschleunigungsgebot eine Umgestaltung des Strafverfahrens? JZ 2010, S. 821 ff.

Kühne, Hans-Heiner: Strafprozessrecht, 9 Aufl., Heidelberg 2015 (zitiert: Kühne, StPO nach Randnummer).

Küng-Hofer, Rolf: Die Beschleunigung des Strafverfahrens unter Wahrung der Rechtsstaatlichkeit, Frankfurt am Main 1984 (zitiert Küng-Hofer, Beschleunigung).

Lackner, Karl: Zu den Grenzen der richterlichen Befugnis, mangelhaft Strafgesetze zu berichtigen, in Festschrift der Juristischen Fakultät zur 600-Jahr-Feier der Ruprecht-Karls-Universität Heidelberg, hrsg. von Hochschullehrern der Juristischen Fakultät der Universität Heidelberg 1986, S. 39 ff.

Lagodny, Otto: Videovernehmungen im Strafverfahren: nur Risiken und Nebenwirkung?, in Der Strafprozess vor neuen Herausforderung? – Über den Sinn oder Unsinn von Unmittelbarkeit und Mündlichkeit im Strafverfahren, hrsg von Lagodny Otto, Baden-Baden 2000 (zitiert: Lagodny: Herausforderung).

Landau, Herbert: Chancen und Risiken einer Reform des Strafverfahrens, ZRP 2004, S. 146 ff.

Landau, Herbert: Die Pflicht des Staates zum Erhalt einer funktionstüchtigen Strafrechtspflege, NStZ 2007, S. 121 ff.

Landau, Herbert: Die Ambivalenz des Beschleunigungsgebots, in Festschrift für Winfried Hassemer, hrsg. von Herzog Felix, Heidelberg, 2010, S. 1073 ff.

Landau, Herbert: Das Urteil des zweiten Senats des BVerfG zu den Absprachen im Strafprozess vom 19. März 2013, NStZ 2014, S. 425 ff.

Larenz, Karl: Methodenlehre der Rechtswissenschaft, 6. Aufl., Berlin 1991 (zitiert: Larenz, Methodenlehre).

Laue, Christian: Das öffentliche Interesse an der Beschleunigung des Strafverfahrens, GA 2005, S. 648 ff.

Laufhütte, Heinrich Wilhelm/ Rissing-van Saan, Ruth/ Tiedemann, Klaus: Strafgesetzbuch, Leipziger Kommentar, Band 1, 12. Aufl., 2007, Berlin (zitiert: LK StGB nach Bearbeiter, Paragraph und Randnummer).

Laufhütte, Heinrich Wilhelm/ Rissing-van Saan, Ruth/ Tiedemann, Klaus: Strafgesetz-buch, Leipziger Kommentar, Band 2, 12. Aufl., 2006, Berlin (zitiert: LK StGB nach Bearbeiter, Paragraph und Randnummer).

Lee, Chien-Liang: Diskussion der innerstaatrechtlichen Wirkung der Konvention und seiner Verortung – Verhältnis zwischen der Konvention und der Verfassungsinterpretation, in Verfassungsrechtliche Interpretation: Theorie und Praxis Band 8, hrsg. Liao, Fu-Te, 2014, Taipei, S. 175 ff. 李建良（2014），論國際條約的國內法效力與法位階定序-國際條約與憲法解釋之關係的基礎課題，收於：廖福特編，憲法解釋之理論與實務（八），頁175-275，臺北：新學林。

Leipold, Klaus: Das Vollstreckungsmodell bei Verstoß gegen das Beschleunigungsge-bot, NJW-Spezial 2008, S. 152

Lemke, Michael/ Julius, Karl-Peter/Krehl, Christoph/ Kurth, Hans-Joachim/ Ratuten-berg, Erardo Cristoforo/ Temming, Dieter: Heidelberger Kommentar zur Strafprozessordnung, 3. Aufl., 2001, Heidelberg. (zitiert: HK nach Bearbeiter, Paragraph und Randnummer).

Lepsius, Oliver: Die Chancen und Grenzen des Grundsatzes der Verhältnismäßigkeit, in Verhältnismäßigkeit – Zur Tragfähigkeit eines Verfassungsrechtlichen Schlüsselkonzepts, hrsg von Matthias Jestaedt/ Oliver Lepsius, S. 2 ff.

Limbach, Jutta: Das Bundesverfassungsgericht und der Grundrechtsschutz in Europa, NJW 2001, S. 2913 ff.

Ludwig-Mayerhofer, Wolfgang: Entformalisierung ohne Materialisierung-Entwicklungstendenzen des Rechts nach dem Wohlfahrtsstaat, am Beispiel des Strafrechts erläutert, in Normenerosion, hrsg. von Winfried Hassemer/ Wolfgang Hoffmann-Riem/Manfred Weiss, Baden Baden 1996, S. 163 ff.

Lüderssen, Klaus: Abschaffen des Strafens, 1. Aufl., Frankfurt am Main 1995 (zitiert: Lüderssen, Abschaffen).

Lummel, Friederike: Das Gesetz über den Rechtsschutz bei überlangen Gerichtsverfahren und strafrechtlichen Ermittlungsverfahren, AL 2012, S. 223 ff.

Magnus, Robert: Das neue Gesetz über den Rechtsschutz bei überlangen Gerichtsverfahren und strafrechtlichen Ermittlungsverfahren, ZZP 125 (2012), S. 75 ff.

Manfred, Heine: Überlange Gerichtsverfahren – Die Entschädigungsklage nach § 198 GVG, MDR 2012, S. 327 ff.

Mansdörfer, Marco: Das Recht des Beschuldigten auf ein unverzögertes Ermittlungsverfahren, GA 2010, S. 153 ff.

Marx, Martin/ Roderfeld: Werner: Rechtsschutz bei überlangen Gerichts- und Ermittlungsverfahren, 1. Aufl., Baden-Baden 2013 (zitiert: Marx/Roderfeld, Rechts-schutz nach Paragraph und Randnummer).

Marx, Michael: Aufgaben der Staatsanwaltschaft in der strafrechtlichen Hauptverhandlung, GA 1978, S. 365 ff.

Matusche-Beckmann, Annemarie/Kumpf, Patrizia: Rechtsschutz bei überlangen Gerichtsverfahren – Nach langem Weg ins Ziel?, ZZP 2011, S. 173 ff.

Maunz, Theodor/Dürig, Günter: Grundgesetz Kommentar, München 2015 (zitiert: Maunz-Dürig nach Bearbeiter, Paragraph und Randnummer).

Meyer, Frank: Praxis und Reform der Absprache im Strafverfahren, StV 2015, S. 790 ff.

Meyer-Goßner, Lutz/ Ströber Hubert: Reform des Rechtsmittelsystem des Legislativverfahrens für ein Zweites Gesetz zur Entlastung der Rechtspflege, ZRP 1996, S. 354 ff.

Meyer-Goßner, Lutz/Schmitt, Bertram: Beck'scher Kurzkommtar StPO, mit GVG und Nebengesetzen, 60. Aufl., München, 2017 (zitiert: Meyer-Goßner/Schmitt, StPO nach Paragraph und Randnummer).

Meyer-Ladewig, Jens: EMKR Europäische Menschenrechtskonvention Handkommentar, 3. Aufl., Baden-Baden 2011 (zitiert: Meyer-Ladewig, EMRK nach Artikel und Randnummer).

Murmann, Uwe: Reform ohne Wiederkehr? – Die gesetzliche Regelung der Absprachen im Strafverfahren, ZIS 2009, S. 526 ff.

Murmann, Uwe: Grundkurs Strafrecht, 3. Aufl., München 2015 (zitiert: Murmann, Strafrecht nach Paragraph und Randnummer).

Müller, Ingo: Rechtsstaat und Strafverfahren, Frankfurt am Main 1980 (zitiert: Müller, Rechtsstaat).

Neumann, Ulfrid: Wahrheit im Recht- Zu Problematik und Legitimität einer fragwürdigen Denkform, 1. Aufl. Baden-Baden 2004. (zitiert: Neumann, Wahrheit)

Niemöller, Martin/Schlothauer, Reinhold/Wieder, Hans-Joachim: Gesetz zur Verständigung im Strafverfahren, München 2010 (zitiert: Niemöller/Schlothauer/Wieder, Verständigung).

Oliver, Dörr/Rainer, Grote/Thilo, Marauhm: EMRK/GG Konkordanzkommentar Band I, 2. Aufl., Tübingen 2013 (zitiert: EMRK/GG Band I nach Bearbeiter, Kapital und Randnummer).

Ossenbühl, Fritz: Staatshaftung bei überlangen Gerichtsverfahren, DVBl, 2012, S. 857 ff.

Ostendorf, Heribert: Strafvereitelung durch Strafverteidigung – zur Diskussion um Gründe und Leitbild berufsmäßiger Strafverteidigung, NJW 1978 S. 1345 ff.

Ostendorf, Heribert/ Radke, Marc: Anmerkung zum Urteil des BGH, Urteil v. 25.10.2000, JZ 2001, S. 1094 ff.

Paeffgen, Hans-Ullrich: Zur historischen Entwicklung des Beschleunigungsdenkens im Straf(prozeß)recht, GA 2014 S. 275 ff.

Park, Ro-Seop: Die Wahrheitsfindung im Ermittlungsverfahren, Frankfurt, 2003 (zitiert: Park Wahrheitsfindung).

Paschmanns, Norbert: Die staatsanwaltschaftliche Verfahrenseinstellung wegen Geringfügigkeit nach § 153, 153a StPO – Entscheidungsgrenzen und Entscheidungskontrolle, Frankfurt am Main 1987 (zitiert: Paschmanns, Verfahrenseinstellung).

Pauly, Jürgen: Anmerkung zum Urteil des EGMR vom 10.11.2005 – Individualbeschwerde Nr. 65745/01 – (Rechtssache Dzelili ./. Deutschland), StV 2006, S. 480 ff.

Peglau, Jens: Anmerkung zum Vorlagebeschluss vom 23.8.2007 – 3 StR 50/07, NJW 2007, S. 3298 ff.

Pestalozza, Christian: Art. 19IV GG – nur eine Garantie des Fachgerichtsweges gegen die Verletzung von Bundesgrundrechten i.S. der Art. 1–17 GG, NVwZ 1999, S. 140 ff.

Peters, Karl: Anmerkung zum Urteil des BGH v. 12.10.1977 – 3 StR 287/77, JR 1978, S. 247 f.

Peters, Karl: Beschleunigung des Strafverfahrens und die Grenzen der Verfahrensbeschleunigung, in Strafprozeß und Reform, hrsg von Werner Beulke, 1979 Neuwied und Darmstadt.

Pfeiffer, Gerd: Das Strafrechtliche Beschleunigungsgebot, in Festschrift für Jürgen Baumann, hrsg von Gunther Arzt, Bielefeld, 1992, S. 329 ff.

Pickenpack, Vanessa: Rechtschutz bei Verletzung von Verfahrensgrundrechten und bei Untätigkeit der Gericht, Frankfurt 2012 (zitiert: Pickenpack, Rechtsschutz).

Piel, Hannah Milena: Beschleunigungsgebot und wirksame Verteidigung, in Festschrift für Gunter Widmaier, hrsg. von Heinz Schöch/Helmut Satzger/ Gerhard Schäfer/Alexander Ignor/Christoph Knauer, Köln/München, 2008, S. 429 ff.

Pieroth, Bodo/ Aubel, Tobias: Die Rechtsprechung des Bundesverfassungsgerichts zu den Grenzen richterlicher Entscheidungsfindung, JZ 2003, S. 504 ff.

Pieroth, Bodo/Schlink, Bernhard/Kingreen, Thorsten/Poscher, Ralf: Staatsrecht II, 31 Aufl. Heidelberg 2015 (zitiert: Pieroth/Schlink/Kingreen/Poscher, Staatsrecht II).

Plankenmann, Juliane: Überlange Verfahrensdauer im Strafverfahren-Bestimmung-Kompensation-Rechtschutz, Berlin 2015 (zitiert: Plankenmann, Überlange Verfahrensdauer).

Prechtel, Günter, Das Verhältnis der Staatsanwaltschaft zum Ermittlungsrichter – Eine kritische Betrachtung der Mitwirkung des Richters im Ermittlungsverfahren, insbesondere zu Bedeutung des § 162 StPO, München (zitiert: Prechtel, Ermittlungsrichter).

Prittwitz, Cornelius: Funktionalisierung des Strafrechts, StV 1991, S. 435 ff.

Radke, Marc: Bestrafungshindernisse aufgrund des Zeitablaufs – Verjährungseintritt und Verfahrensüberlangen im Erwachsenen- und Jugendstrafrecht, Aachen 2001 (zitiert: Radke, Bestrafungshindernisse).

Radtke, Henning: Wahrheitsermittlung im Strafverfahren – Leitprinzipien, Methoden und Grenzen, GA 2012, S. 187 ff.

Radtke, Henning/Hohmann, Olaf: Strafprozessordnung Kommentar, München 2011 (zitiert: StPO von Radtke/Hohmann nach Bearbeiter, Paragraph und Randnummer).

Raucke, Wolfgang: Schwerpunktverlagerungen im Strafrecht, KritV 1993, S. 135 ff.

Reich, Anja-Maria: Überlange Verfahrensdauer und andere Verfahrensfehler im Strafverfahren unter Berücksichtigung der Vollstreckungslösung des Großen Senats für Strafsachen, Berlin 2011 (zitiert, Reich, überlange Verfahrensdauer).

Ress, Georg: Probleme überlanger Strafverfahren im Lichte der EMRK, in Festschrift für Heinz Müller-Dietz, hrsg von Guido Britz/Heike Jung/Heinz Koriath/Egon Müller, München 2001, S. 627 ff.

Ress, Georg: Verfassungsrechtliche Auswirkungen der Fortentwicklung völkerrechtlicher Verträge – Überlegung zum Verhältnis des Grundgesetzes zur Europäischen Wirtschaftsgemeinschaft und zur Europäischen Menschenrechtskonvention, in Festschrift für Wolfgang Zeidler, hrsg von Walther Fürst/Roman Herzog/Dieter C. Umbach, Berlin 1987, S. 1775 ff.

Ress, Georg: Wirkung und Beachtung der Urteile und Entscheidungen der Straßburger Konventionsorgane, EuGRZ 1996, S. 350 ff

Rieß, Peter: Prolegomena zu einer Gesamtreform des Strafverfahrensrechts, in Festschrift für Karl Schäfer, hrsg. von Helwig Haasenpflug, Berlin 1980, S. 155 ff.

Rieß, Peter: Löwe-Rosenberg Die Strafprozeßordnung und das Gerichtsverfassungsgesetz Großkommtar, 24. Aufl., Berlin, 1988 (zitiert: LR 1988 nach Bearbeiter, Paragraph und Randnummer)

Rieß, Peter: Prozeßmaximen und Ermittlungsverfahren, in Festschrift für Kurt Rebmann, hrsg von Heinz, Ezrich/ Walter Oderskz/ Franz Jürgem Säcker, München 1989, S. 381 ff.

Roxin, Claus: Über die Reform des deutschen Strafprozeßrechts, in Festschrift für Gerd Jauch, hrsg von Bernhard Töpper, München 1990, S. 183 ff.

Roxin, Claus: Strafrecht Allgemeiner Teil BandI, 4. Aufl. München, 2008 (zitiert: Roxin, Strafrecht AT nach Paragraph und Randnummer).

Roxin, Claus/ Schünemann, Bernd: Strafverfahrensrecht, 28. Aufl. München, 2014. (zitiert: Roxin/Schünemann, Strafverfahren nach Paragraph und Randnummer).

Roxin, Imme: Die Rechtsfolgen schwerwiegender Rechtsstaatsverstöße in der Strafrechtspflege, München 1988 (zitiert: I. Roxin, Rechtsfolgen).

Roxin, Imme: Anmerkung zum Urteil des EGMR, Urteil vom 31.05.2001 (Metzger gegen Deutschland), StV 2001, S. 490 ff.

Roxin, Imme: Anmerkung zum Urteil des BGH, Urteil von 23.10.2000, StraFo 2001, S. 51 ff.

Roxin, Imme: Anmerkung zum Urteil des BayObLG, Urteil vom 12.12.2002, StV 2003, S. 377 ff.

Roxin, Imme: Anmerkung zum Vorlagebeschluss des BGH vom 23.08.2007 – 3 StR 50/07, StV 2008, S. 14 ff.

Roxin, Imme: Die Entwicklung der Rechtsprechung zum überlangen Strafverfahren, in Festschrift für Klaus Volk, hrsg von Winfried Hassemer/ Eberhard, Kempf/ Sergio, Moccia, München 2009, S. 617 ff.

Roxin, Imme: Ambivalente Wirkungen des Beschleunigungsgebot, GA 2010, S. 425 ff.

Roxin, Imme: Ambivalente Wirkungen des Beschleunigungsgebotes, StV 2010 S. 437 ff.

Rudolphi, Hans-Joachim/Horn, Eckhard: Systematischer Kommentar zum Strafgesetzbuch, 8. Aufl., Köln 2012 (zitiert: SK-StGB nach Bearbeiter, Paragraph und Randnummer).

Rüping, Hinrich: Der Grundsatz des rechtlichen Gehörs und seine Bedeutung im Straf-verfahren, Berlin 1976 (zitiert: Rüping, Der Grundsatz).

Rüthers, Bernd: Demokratischer Rechtsstaat oder oligarchischer Richterstaat? JZ 2002, S. 365 ff.

Sachs, Michael: Grundgesetz Kommentar, 7. Aufl., München 2014 (zitiert: GG von Sachs nach Bearbeiter, Paragraph und Randnummer).

Salditt, Franz: Anmerkung zum Beschluss des BGH von 23.8.2007 – 3 StR 50/07 [=StraFo 2007, S. 469], StraFo 2007, S. 513 ff.

Salditt, Franz: Eckpunkte-Streitfragen des Partizipatorischen Strafprozesses, StV 2001, S. 311 ff.

Satzger, Helmut: Internationales und Europäisches Strafrecht, 7. Aufl., Baden-Baden, 2016 (zitiert: Satzger, Internationales Strafrecht nach Paragraph und Randnummer).

Satzger, Helmut/Schmitt, Bertram/Widmaier, Gunter: StGB Strafgesetzbuch Kommentar, Köln, 2009 (zitiert: SSW – StGB nach Bearbeiter, Paragraph und Randnummer).

Satzger, Helmut: Chancen und Risiken einer Reform des Strafrechtlichen Ermittlungsverfahrens, Gutachten C Zum 65. Deutschen Juristentag, München 2004 (zitiert: Satzger, Chancen).

Schäfer, Gerhard/M. Sander, Günther/ van Gemmeren, Gerhard: Praxis der Strafzumessung, 5. Aufl., München 2012. (zitiert: Schäfer/Sander/van Gemmeren, Strafzumessung nach Randnummer)

Schall, Hero: Umweltschutz durch Strafrecht: Anspruch und Wirklichkeit, NJW 1990, S. 1263 ff.

Schatz, Holger: Das Beweisantragsrecht in der Hauptverhandlung: Reformgerichte und Reformproblematik, Berlin 1999 (zitiert: Schatz, Beweisantragsrecht).

Scheffler, Uwe: Die überlange Dauer von Strafverfahren- materiellrechtliche und prozessuale Rechtsfolgen, Berlin 1991 (zitiert: Scheffer, Die überlange Dauer).

Scheffler, Uwe: Rechtsstaatswidrigkeit und Einstellung von Strafverfahren – zugleich eine Besprechung des „Schmücker-Urteils" des LG Berlin vom 28. Januar 1991, JZ 1992, S. 131 ff.

Scheffler, Uwe: Kurzer Prozeß mit Rechtsstaatlichen Grundsätzen, NJW 1994, S. 2191 ff.

Scheffler, Uwe: Systemwechsel ohne System – Eine Besprechung des Beschluss des Großen Senats vom 17.1.2008, ZIS 2008, S. 269 ff.

Schenke, Wolf-Rüdiger: Rechtsschutz bei überlanger Dauer verwaltungsgerichtlicher Verfahren, NVwZ 2012, 257 ff.

Schlothauer, Reinhold/Wieder, Hans-Joachim: Das „Gesetz zur Regelung der Verständigung im Strafverfahren" vom 3. August 2009, StV 2009, S. 600 ff.

Schlothauer, Reinhold/Wieder, Hans-Joachim: Untersuchungshaft mit Erläuterungen zu den UVollzG der Länder, 4. Aufl. Heidelberg 2010 (zitiert: Untersuchungshaft nach Randnummer).

Schlothauer, Reinhold: Gesetzesrecht - Richterrecht, StraFo 2011, S. 459 ff

Schmidt, Heiner Christian: Beurteilungsspielräume im Strafprozess- Zur Überprüfb-arkeit von Ermittlungsanordnungen aus dem Vorverfahren durch das erkennende Gericht, NJ 2008, S. 390 ff.

Schmidt, Manfred G./Ostheim Tobias/A. Siegel, Nico/Zohlnhöfer Reimut: Der Wohlfahrtsstaat - Eine Einführung in den historischen und internationalen Vergleich, Wiesbaden 2007

Schmidt-Bleibtreu, Bruno/ Klein, Franz: Kommentar zum Grundgesetz, 13 Aufl., Köln 2014 (zitiert: Grundgesetz von Schmidt-Bleibtreu nach Bearbeiter, Paragraph und Randnummer).

Schmitt, Bertram: Die überlange Verfahrensdauer und das Beschleunigungsgebot in Strafsachen, StraFo 2008, S. 313 ff.

Schmitt Glaeser, Walter: Meinungsfreiheit, Ehrenschutz und Toleranzgebot, NJW 1996, S. 873 ff.

Schnarr, Karl Heinz: Zur Verknüpfung von Richtervorbehalt, staatsanwaltschaftlicher Eilanordnung und richterlicher Bestätigung, NStZ 1991, S. 209 ff.

Schönke, Adolf/ Schröder, Horst: Strafgesetzbuch Kommentar, 27. Aufl., München 2006 (zitiert: Sch/Sch StGB 27 nach Bearbeiter, Paragraph und Randnummer).

Schönke, Adolf/ Schröder, Horst: Strafgesetzbuch Kommentar, 29. Aufl., München 2014 (zitiert: Sch/Sch StGB 29 nach Bearbeiter, Paragraph und Randnummer).

Schroth, Hans-Jürgen: Europäische Menschenrechtskonvention und Ordnungswidrigkeitenrecht, EuGRZ 1985, S. 557 ff.

Schroth, Ulrich: Strafrechtliche und Strafprozessuale Konsequenzen aus der Überlänge von Strafverfahren, NJW 1990, S. 29 ff.

Schünemann, Bernd: Kritische Anmerkungen zur geistigen Situation der deutschen Strafrechtswissenschaft, GA 1995, S. 201 ff.

Schünemann, Bernd: Wohin treibt der deutsche Strafprozess?, ZStW 114 (2002), S. 1 ff.

Schünemann, Bernd: Risse im Fundament, Flammen im Gebälk: Die Strafprozessord-nung nach 130 Jahren, ZIS 2009, S. 484 ff.

Schroeder, Friedrich-Christian/ Verrel, Torsten: Strafprozessrecht, 6. Aufl., München 2014 (zitiert: Schroeder/Verrel, StPO nach Randnummer).

Schroth, Ulrich: Strafrechtliche und strafprozessuale Konsequenzen aus der Über lange von Strafverfahren, NJW 1990, S. 29 ff.

Schubert, Manuel Julius: Vorgaben des Grundgesetzes und der Europäischen Menschenrechtskonvention für einen Rechtsschutz gegen überlange Gerichtsverfahren: eine Analyse des Gesetzes über den Rechtsschutz bei überlangen

Gerichtsverfahren und strafrechtlichen Ermittlungsverfahren, Frankfurt 2016 (zitiert: Schubert, Vorgabe).

Schuska, Frederek: Die Rechtsfolgen von Verstößen gegen Art. 6 EMRK und ihre revisionsrechtliche Geltendmachung, Frankfurt 2006 (zitiert: Schuska, die Rechtsfolgen).

Sendler, Horst: Kammermusik II – Kammerrechtsprechung und gesetzlicher Richter, NJW 1995, S. 3291 ff.

Senge, Lothar: Missbräuchliche Inanspruchnahme verfahrensrechtlicher Gestaltungsmöglichkeiten wesentliches Merkmal der Konfliktverteidigung? Abwehr der Konfliktverteidigung, NStZ 2002, S. 225 ff.

Söhngen, Uwe: Rechtsschutz bei überlanger Verfahrensdauer in der Sozialgerichtsbar keit – Zum Gesetz über den Rechtsschutz bei überlangen Gerichtsverfahren und strafrechtlichen Ermittlungsverfahren vom 24.11.2011, NZS 2012, S. 493 ff.

Sommer, Ulrich: Die Verzögerungsrüge: » Auf der Suche nach der verlorenen Zeit« – Die neuen §§ 198–201 GVG i.d.F. des Gesetzes über den Rechtsschutz bei überlangen Gerichtsverfahren und Strafrechtlichen Ermittlungsverfahren, StV 2012, S. 107 ff.

Sommermann, Karl-Peter: Völkerrechtlich garantierte Menschenrechte als der Verfassungskonkretisierung – Die Menschenrechtsfreundlichkeit des Grundgesetzes, AöR 114 (1989), S. 391 ff.

Starck, Christian: Kommentar zum Grundgesetz, 6. Aufl., München 2010. (zitiert: GG von Strack nach Bearbeiter, Paragraph und Randnummer)

Steinbeiß, Christine: Überlange Gerichtsverfahren- der Ruf nach dem Gesetzgeber, ZRP 2007, S. 177 ff.

Steinbeiß, Christine: Rechtsschutz bei überlangen Gerichtsverfahren – Zum neuen Gesetzentwurf der Bundesregierung, ZRP 2010 S. 205 ff.

Steinbeiß, Christine/Ott, Georg: Rechtsschutz bei überlangen Gerichtsverfahren, 1. Aufl., Köln 2013 (zitiert: Steinbeiß-Winkelmann/Ott. Rechtsschutz).

Stern, Klaus: Das Staatsrecht der Bundesrepublik Deutschland Band I, 2. Aufl., München 1984 (zitiert: Stern, Staatsrecht I).

Stern, Klaus/Sachs Michael: Das Staatsrecht der Bundesrepublik Deutschland, Band. III/2, München 1994 (zitiert: Stern/Sachs, Staatsrecht III/2).

Sternberg-Lieben, Detlev: Einstellungsurteil oder Freispruch – Überlegungen zur Rehabilitierung als zusätzlichem Zweck des Strafverfahrens, ZStW 108 (1996), S. 721 ff.

Strafrechtsausschuss der Bundesrechtsanwaltskammer: Vorschlag einer gesetzlichen Regelung der Urteilsabsprache im Strafverfahren, ZRP 2005, S. 235 ff.

Stollenwerk, Thomas: Abwehr von Konfliktverteidigung, DRiZ 2012, S. 225 ff.

Tepperwien, Ingeborg: »Schöpferische Rechtsfindung« in der neueren Rechtsprechung des Bundesgerichtshofs zum Strafverfahrensrecht, in Festschrift für Gunter Widmaier, hrsg. von Heinz Schöch/Helmut Satzger/Gerhard Schäfer/Alexander Ignor/Christoph Knauer, Köln/München, 2008, S. 583 ff.

Tepperwien, Ingeborg: Beschleunigung über alles? Das Beschleunigungsgebot in Straf- und Ordnungswidrigkeitenverfahren, NStZ 2009, S. 1 ff.

ter Veen, Heino: Zu den Gründen (über-)langer Verfahrensdauer in Strafsachen – Bericht über eine Strukturanalyse strafrechtlicher Großverfahren am Landgericht Hamburg in 1. Instanz, StV 1997, S. 374 ff.

Theile, Hans: Der Konsentierte Rechtsmittelverzicht – Überlegung zum Beschluss des Großen Senats, StraFo 2005, S. 409 ff.

Theile, Hans: Wahrheit, Konsens und § 257c StPO, NStZ 2012, S. 666 ff.

Tiwisina, Constanze: Rechtsfragen überlanger Verfahrensdauer nach nationalem Recht und der EMRK, Baden-Baden 2010 (zitiert: Tiwisina, Rechtsfragen).

Trüg, Gerson: Quo curris, Strafverfahren? – Zum Verhältnis der objektiven Dimension der Beschleunigungsmaxime zur Wahrheitsfindung, StV 2010 S. 528 ff.

Trurnit, Christoph/ Schroth, Marvin: Das Beschleunigungsgebot und die Konsequenzen einer überlangen Verfahrensdauer im Strafprozess, StraFo 2005, S. 358 ff.

v. Mangoldt, Hermann/ Klein, Friedrich: Kommentar zum Grundgesetz, Band 2, München 2010 (zitiert: Grundgesetz von v. Mangoldt Band 2 nach Bearbeiter, Paragraph und Randnummer).

Ulsamer, Gerhard: Art. 6 Menschenrechtskonvention und die Dauer von Strafverfahren, in Festschrift für Hans Joachim Faller, hrsg von Wolfgang Zeidler/Theodor Maunz/Gerd Roellecke, München 1984; S. 373 ff.

Ulsenheimer, Klaus: Zur Problematik der überlangen Verfahrensdauer und richterlichen Aufklärungspflicht im Strafprozeß sowie zur Frage der Steuerhinterziehung durch Steuerumgehung – Anmerkung zu BGH 3 StR 217/81 vom 27.01.82 (wistra 1982, 108), wistra 1983, S. 12 ff.

Villiger, Mark E.: Handbuch der Europäischen Menschenrechtskonvention (EMRK), 2. Aufl., Zürich 1999 (zitiert: Villiger, EMRK).

Volk, Klaus: Diverse Wahrheiten, in Festschrift für Hannskarl Salger, hrsg von Eser Albin, Köln 1995, S. 411 ff.

Volk, Klaus: Übermaß und Verfahrensrecht zur Spionage-Entscheidung des BVerfG, NStZ 1995, S. 369 ff.

Volk, Klaus: Grundkurs StPO, 7. Aufl., München, 2010 (zitiert: Volk, StPO).

Vogel, Hans-Jochen: Zur Diskussion um die Normenflut, JZ 1979, S. 321 ff.

Vogel, Joachim: Chancen und Risiken einer Reform des strafrechtlichen Ermittlungsverfahrens, JZ 2004, S. 827 ff.

Vogler, Theo: Straf- und strafverfahrensrechtliche Fragen in der Spruchpraxis der Europäischen Kommission und des Europäischen Gerichtshofs für Menschenrechte, ZStW 89 (1977), S. 761 ff.

Von Heintschel-Heinegg, Bernd: Münchener Kommentar zum Strafgesetzbuch Band 1 §§ 1–51 StGB, München 2003 (zitiert: Münchener Kommentar StGB nach Bearbeiter, Paragraph und Randnummer).

Vorwerk, Volkert: Kudla gegen Polen - Was kommt danach, JZ 2004, S. 553 ff.

Wagner, Heiz: Rechtliches Gehör im Ermittlungsverfahren, ZStW 109 (1997), S. 545 ff.

Walther, Susanne: Strafprozessuales Konfrontationsrecht - ade?, JZ 2004, S. 1107 ff.

Wank, Rolf: Grenzen richterlicher Rechtsfortbildung, Berlin, 1978 (zitiert: Wank, Grenzen).

Wassermann, Rudolf: Der große Moment findet ein kleines Geschlecht - Zur neueren Debatte über die Gesamtreform des Strafverfahrens in der Bundesrepublik Deutschland, in Festschrift für Franz Pallin, Wien 1989, S. 465 ff.

Waßmer, Martin Paul: Rechtsstaatswidrige Verfahrensverzögerungen im Strafverfahren als Verfahrenshindernis von Verfassungs wegen, ZStW 118(2006), S. 159 ff.

Weber, Klaus: Anmerkung zum Vorlagebeschluss des BGH des 3. Strafsenats v. 23.8.2007 - 3 StR 50/07, JR 2008, S. 31 ff.

Weigend, Thomas: Die Reform des Strafverfahrens - Europäisch und deutsche Tendenzen und Problem, ZStW 104 (1992), S. 486 ff.

Weigend, Thomas: Die Europäische Menschenrechtskonvention als deutsches Recht - Kollisionen und ihre Lösung, S. 384 ff.

Weigend, Thomas: Unverzichtbares im Strafverfahrensrecht, ZStW 113 (2001), S. 271 ff.

Weigend, Thomas: Unmittelbare Beweisaufnahme - ein Konzept für das Strafverfahrens des 21. Jahrhundert, in Festschrift für Ulrich Eisenberg, hrsg. von Henning Ernst Müller, 2009 München, S. 657 ff.

Weigend, Thomas: Verständigung in Strafprozessordnung - auf dem Weg zu einem neuen Verfahrensmodell?, in Festschrift für Manfred Maiwald, hrsg von Bloy, René, 2010 Berlin, S. 829 ff.

Weigend, Thomas: Rechtsvergleichende Bemerkungen zur Wahrheitssuche im Strafverfahren, in Festschrift für Ruth Rissing-van Saan, hrsg von Thomas Fischer/Klaus Bernsmann, Berlin 2011, S. 749 ff

Weiler, Edgar: Irreparable Verletzung des Rechts des Beschuldigten auf ein faires rechtsstaatliches Strafverfahren als Verfahrenshindernis, GA 1994, S. 561 ff.

Wessels, Johannes/ Beulke, Werner/ Satzger, Helmut: Strafrecht Allgemeiner Teil, 45. Aufl. 2015 Heidelberg (zitiert: Wessels/Beulke/Satzger, Strafrecht AT Nach Randnummer).

Wessel, Johannes/ Hillenkamp, Thomas: Strafrecht Besonderer Teil 2, 36. Aufl., Heidelberg 2014 (zitiert: Wessels/Hillenkamp, Strafrecht BT II Nach Randnummer).

Weßlau, Edda: Absprachen in Strafverfahren, ZStW 116 (2004), S. 150 ff.

Weßlau, Edda: Strategische Planspiele oder konzeptionelle Neuausrichtung? Zur aktuellen Kontroverse um eine gesetzliche Regelung der Absprache im Strafverfahren, in Festschrift für Egon Müller, hrsg von Jung, Heike, 2008 Baden-Baden, S. 779 ff.

Weßlau, Edda: Konsensprinzip als Leitidee des Strafverfahrens, StraFo 2007, S. 1 ff.

Widmaier, Gunter: Kritische Gedanke zur diskutierten Reform des Beweisantrags- und Revisionsrechts, NStZ 1994, S. 414 ff.

Wittig, Peter: Zum Standort des Verhältnismäßigkeitsgrundsatzes im System des Grundgesetzes, DÖV 1968, S. 817 ff.

Wohlers, Wolfgang: Rechtsfolgen prozessordnungswidriger Untätigkeit von Strafverfolgungsorganen, JR 1994, S. 138 ff.

Wohlers, Wolfgang: Das Strafverfahren in den Zeiten der „Eilkrankheit", NJW 2010, S. 2470 ff.

Wolff, Heinrich Amadeus: Der Verzögerungsentschädigungsanspruch im öffentlichen Recht, VR 2012, S. 289 ff.

Wolfslast, Gabriele: Zum 58. Deutschen Juristentag, NStZ 1990, S. 409 ff.

Wolter, Jürgen: Systematischer Kommentar zur Strafprozessordnung, Band II, 4. Aufl., Köln 2010 (zitiert: SK nach Bearbeiter, Paragraph und Randnummer).

Wolter, Jürgen: Systematischer Kommentar zur Strafprozessordnung, Band V, 5. Aufl., Köln 2016 (zitiert: SK nach Bearbeiter, Paragraph und Randnummer).

Wolter, Jürgen: Systematischer Kommentar zur Strafprozessordnung, Band X, 4. Aufl., Köln 2012 (zitiert: SK nach Bearbeiter, Paragraph und Randnummer).

Ziegert, Ulrich: Die überlange Verfahrensdauer- Strafzumessungs- vs. Strafvollstreckungslösung, StraFo 2008, S. 321 ff.

www.ingramcontent.com/pod-product-compliance
Ingram Content Group UK Ltd.
Pitfield, Milton Keynes, MK11 3LW, UK
UKHW020712041026
15590UKWH00002B/626

9 783631 817841